추악한 속임수, 비열한 모함, 그리고 10월의 깜짝 쇼

미국 대통령선거 이야기

미국 대통령선거 이야기

★★★★★★★★★★★★★★★★★★★★★★★★★★★

추악한 속임수, 비열한 모함, 그리고 10월의 깜짝 쇼

조셉 커민스 지음   박종일 옮김

인간사랑

★ ★ ★ **역자 서문** ★ ★ ★

국가의 최고권력자를 시민의 선거를 통해 뽑는 제도를 가장 오랫동안 유지하고 있는 나라가 미국이며, 민주주의의 전형을 보여주는 나라이다. 미국은 자신의 제도(정치, 경제)를 본받으라고 주장하고 또 많은 나라가 그렇게 하려고 노력하는 것도 사실이다. 미국의 대통령선거는 역사가 오랜 만큼 선진적인(?) 선거운동 기법도 발달해 있고, 우리나라에서도 대통령선거가 있으면 그런 기법을 배우려고 노력한다.

그런데 왜 우리의 선거는 미국처럼 선진적이지 못하고 유권자의 짜증을 유발하는 저질극만 보여줄까? 선진국 미국의 멋진 대통령선거를 제대로 배워올 수는 없을까?

그렇다면 이 책을 꼭 읽어보기 바란다. 우리가 배우고 싶은 것들이 모두 들어 있으니까. 잃어버린 10년, 퍼주기식 대북정책, 친북 좌파 … 그리고 여러 가지 흑색선전과 비방, 정적 때려잡기, 빨갱이 사냥, 이런 것들은 우리의 창작품이 아니다. 대통령을 비난하는 발언을 하면 붙잡혀 들어가던 '막걸리 반공법' 시대가 우리에게 있었다면 미국에서는 '위스키 반공법' 시대가 있었다.

미국은 50년 전에, 100년 전에, 200년 전에 그런 걸 우리보다 먼저 개발한 선진국이다. 자, 여러 수 배워봅시다.

참, 잊어버릴 뻔했는데, 궁정동 안가에서 여자 불러다 놓고 술 마시다 죽은 대통령이 있었지만 백악관 안에서 여자 불러다 재미 본 대통령도 있었고 백악관 여직원과 그짓한 대통령도 있었다.

이 책은 *Anything for a Vote : Dirty Tricks, Cheap Shots, and October Surprises in U.S. Presidential Campaigns*(Quirk Books, 2007)를 번역한 것이다. 원제는 "한 표를 위해서는 무슨 짓이든" 정도의 의미가 되겠다.

★ ★ ★ **서문** ★ ★ ★

"바보나 망나니도 정직한 사람이 되어 최고위직에 오를 수 있는
기회를 잡을 수 있는 대의정부로부터 우리가 얻을 게 무엇인가?"

– 노아 웹스터가 토마스 제퍼슨에게 보낸 편지 가운데서, 1801년 –

나는 2004년의 대통령선거 직후에 이 책을 쓰겠다는 생각을 하게
되었다. 논란이 많은 그 선거에서 전쟁영웅인 민주당 후보 존 케리는
〈진실을 위한 쾌속정 전역자들〉이란 단체로부터 겁쟁이란 비방을 받았
고, 현직 대통령 조지 W. 부시는 너무 아둔해서 공개토론에 나갈 때 무
선 송수신기를 끼고 나가 보좌관들의 도움을 받는다는 소문이 나돌았다.

선거가 끝난 후 나는 선거를 분석하는 어느 전문가가 선거운동이
얼마나 추악해졌고 후보들은 더러운 속임수와 사악한 비방연설의 유혹
에 유례없이 쉽게 넘어갔다고 탄식하는 얘기를 들었다. 그런데 내가 살
아오는 동안 대통령선거가 끝나고 나면 언제나 이런 얘기를 들었던 것
같다. 그래서 나는 자문해 보았다. 정말로 상황이 나빠지고 있는가? 대통
령 선거운동은 정말로 더 추악해졌는가?

이 책을 쓰기 위해 1년 반 동안의 시간을 보내고 나서 나는 그 질

문에 대해 기쁜 마음으로 '아니다'라고 말할 수 있게 되었다. 대통령선거는 더 나빠진 적이 없고 지금처럼 예전에도 언제나 추악했었다. 민주주의는 겁쟁이들의 놀이였던 적이 없었다. 역사를 조금만 거슬러올라가면 예외 없이 최근의 추악한 선거들에 필적하는 전례를 찾을 수 있다. 플로리다 주에서 민주당이 대통령선거를 도둑맞았다고? 그런 일은 1876년의 헤이스 대 틸던의 치열한 선거전에서도 있었다. "스모킹 빔보"(smoking bimbo : 아둔하지만 성적 매력이 있는 여자)와 어울리다가 사생아를 낳았다는 소문이 나돌았던 대통령 후보는 누구였을까? 1920년 선거의 워렌 하딩. 상대방 후보의 선거본부를 몰래 뒤진 후보는 누구였을까? 대통령은 상대 후보의 선거본부를 뒤져 무엇을 훔쳐냈을까? 왜 리처드 닉슨(Richard Nixon)뿐만이 아니라 린든 존슨(Lyndon Johnson)도 그런 짓을 했을까? [린든 존슨과 배리 골드워터(Barry Goldwater)가 겨루었던 1964년의 선거가 역사상 가장 추악한 선거운동 중 하나였다.]

미국 역사상 가장 깨끗한 선거는 조지 워싱턴이 출마한 1789년의 초대 대통령선거일 것이다. 이 선거에서는 워싱턴이 단독 후보였기 때문이다. 1792년의 두 번째 선거 때에 미국 역사상 처음으로 정당이란 것이 생겨나기 시작했다. 4년 뒤에 두 대항 후보가 나와 격전을 벌였다…. 그 후로 격전이 벌어지지 않은 적이 없다.

미국인이 대통령을 뽑은 지난 220년 동안 많은 것이 변했다. 헌법을 기초한 사람들은 시민의 직접선거를 염두에 두지 않았고 그 대신 주의 입법기관이 지명한 선거인이 대통령을 뽑는 방식을 채택했다. 선거인은 두 표를 행사했고, 최다득표자가 대통령이 되고 차점자가 부통령이 되었다. 이런 방식을 따르면 대통령과 다른 당 소속의 부통령이 나올 수 있고, 실제로 1796년의 선거에서 토마스 제퍼슨이 존 애덤스 대통령의 백악관 파트너가 되었다. (요즘으로 비유하자면 조지 W. 부시가 대통령이고 존 케리가 부통령인 셈인데, 그렇게 되면 어떤 문제가 생길지 상상해 보라.)

결국 1824년부터 시민의 직접투표로 대통령을 뽑기 시작했고, 이후로 선거전은 미국의 주요한 구경거리가 되었다. 19세기의 관습으로는 선거운동 기간 동안 후보들은 위엄 있는 침묵을 지키게 되어 있었지만 양당의 당원들이 이전투구를 벌이는 것을 막을 수는 없었다. 후보를 찬양하는 대규모 집회가 열렸고, 신문들은—정당의 노선에 따라 편을 지었고, 이런 행태는 20세기 중엽이 되어서야 멈추었다—유력한 후보에게 과도한 모욕을 퍼부었다. (여러분은 타블로이드판 신문이 쓰레기처럼 난무하던 19세기를 상상하지 못할 것이다.) 투표율은 매우 높아 항상 70%대의 상단을 나타냈다. 어떤 통계를 인용하는가에 따라 다르기는 하겠지만 49%에서 55% 사이를 오가는 오늘날의 투표율과 비교해 보라.

내가 대통령선거의 역사에 관한 책을 쓰고 있다는 것을 알고는 여러 사람들이 (눈빛을 반짝이며) 어느 당이 가장 추악한 속임수를 썼는지를 물어왔다. 질문을 받은 상황에 따라 약간씩 다르기는 했지만 나는 늘 이렇게 대답했다. 솔직히 말해 우리나라의 역사 전체를 통틀어 대통령선거에서는 양당이 모두 그때그때 매우 추악한 선거전을 펼쳤다고. 결론적으로, 나의 연구에 의하면 다음과 같은 두 가지 사실이 분명하게 드러난다.

1) 집권당이 보다 추악한 선거전을 펼치는 경향이 강한데, 이는 집권당이 돈과 영향력을 더 많이 갖고 있기 때문인 것 같다.

2) 보다 강력한 이데올로기를 내세우는 정당이—민주당이건 공화당이건—보다 비열한 선거전을 펼치는 경향이 있다. 당신이 더 나은 후보와 월등한 인생철학을 찾아냈다고 진정으로 믿는다면 당신이 지지하는 정당이 이기도록 하기 위해서 무슨 짓이든 하고 싶은 욕망은 더 커질 것이다.

추악한 속임수는 실제로 대통령선거 결과에 영향을 미친다. 역사상 가장 혼탁한 몇몇 선거—1800년 제퍼슨 대 애덤스의 혈전, 1928년 후버 대 스미스의 비방전, 최근의 부시 대 고어의 새천년 광기어린 선거—에서는 가장 추악한 속임수를 동원한 정당이 언제나 승리했다.

내 얘기가 너무 심하다 싶다면 그래도 힘내시라. 우리의 선거제도에서 비방과 빈정거림과 표 도둑질이 없다면 무엇이 흘러간 과거와 지금의 우리를 연결시켜 줄 수 있겠는가? 내 말을 믿으시라. 지난날의 휘그당이나 연방주의자 후보 가운데서 누구라도 끌어와 오늘날의 선거판에 풀어놓는다면 (그 사람들이 인터넷과 텔레비전에 익숙해지기만 하면) 곧바로 오늘날의 가장 강력한 후보와도 맞서 한바탕 시끄러운 소란을 피울 것이다.

결국 우리는 미국인이고, 우리의 핏줄 속에는 멋지고도 추악한 선거의 피가 흐르고 있다.

CONTENTS

1789

조지 워싱턴

★★★★★★★★★★★★ VS. ★★★★★★★★★★★★

단독 후보

"우리의 강력한 대장을 맞아들이자! 우리의 굳건한 지주(支柱)를 맞아들이자!
우리를 위협할 용병은 더 이상 존재하지 않나니!"

– 워싱턴이 취임식장으로 가는 행진을 할 때
13명의 소녀들(연방가입 13주를 상징)이 부른 워싱턴 찬가 –

혼탁도 | ★ ☆ ☆ ☆ ☆ ☆ ☆ ☆ ☆ ☆
1 2 3 4 5 6 7 8 9 10

조지 워싱턴의 서명

애초 예비선거도 없고 여론조작이나 천 공식 투표용지가 없던 시절에는 대통령을 선출하는 일은 깨끗하고 건전하며 기품 있는 행사였다.

1789년의 첫 번째 대통령선거를 치르기 전에 알렉산더 해밀턴(Alexander Hamilton)은 미래의 대통령 후보는 "그토록 복잡한 일을 감당할 수 있는 경험과 식견을 가진 인물일 가능성이 매우 높다"고 말했다. 그런 인물을 선택하는 사람들도 분명히 교회의 목사를 선정하거나 대학의 총장을 선발하는 사람들처럼 진지하고 경건한 사람이어야 할 것이다.

처음에는 바로 그런 식으로 치러졌다.

선거전

1789년에 미국은 갓 태어난 아기 같은 나라였다. 분열적인 유혈전쟁의 고통을 겪고서 태어난 이 아기에게는 중후한 아버지 같은 존재가 필요했다. 이런 조건에 꼭 들어맞는 유일한 인물이 총사령관 조지 워싱턴(George Washington)이었고, 그 당시에도 그는 건국의 아버지라고 불리고 있었다.

워싱턴은 구세주가 되는 일에 관심이 없었다. 당시 56세였던 그는 스스로는 전성기를 한참 지난 인물이라 그런 힘든 일을 맡기에는 적합하지 않다고 생각하고 있었다. 그는 정말 내키지 않는 마음으로 지도자의 자리에 올랐다. 그는 훗날 전쟁성 장관으로 임명하게 되는 헨리 녹스(Henry Knox)에게 이렇게 말했다. "정부의 자리를 맡으러 가는 내 심정

애초에는 대통령을 선출하는 일은 깨끗하고 건전하며 기품 있는 행사였다.

은 처형장으로 끌려가는 죄수의 심정과 다르지 않을걸세."

　　그는 민주적인 통치제도를 만들어낸 1787년 필라델피아 헌법 제정회의의 의장이었다. 그의 친구인 알렉산더 해밀턴과 제임스 매디슨(James Madison)이 미국은 그의 존재를 필요로 한다고 확신시켜 주었고, 대통령이란 주의 권리를 옹호하는 파와 강력한 중앙집권 정부를 원하는 파 사이의 내분 때문에 혁명의 과실이 사라지지 않도록 하기만 하면 된다고 설득하였다.

장군이 분명히 비민주적인 성격을 갖고 있다는 것—그는 자신을 삼인칭으로 부르는 18세기판 줄리어스 시저였고, 다른 사람과의 악수를 싫어하고 상대가 자신에게 고개 숙여 절하기를 원했다—은 문제가 되지 않았다. 워싱턴은 신생 미국이 원하는 인물이었다.

미국 역사상 최초의 대통령선거는 또한 가장 짧은 시간 안에 치른 선거이기도 했다. 시민들의 직접투표도 없었고, 시민들의 투표참여는 1824년에 가서야 있게 된다. 갓 제정된 헌법에서는 1789년 1월의 선거에서 각 주가 대통령선거인을 지명하도록 규정하고 있었다. (뉴욕 주는 할당된 8명의 선거인을 기한 내에 지명하지 못했기 때문에 이때의 선거에서는 배제되었다.) 첫 번째 선거인단이 이렇게 구성되었고, 선거인은 각기 2표를 동일인이 아닌 후보에게 투표하도록 되어 있었다. 이 방식은 건국 초기의 미국에 심각한 논쟁을 불러일으켰다. 이 제도에 따르면 최다득표자가 대통령이 되고 차점자는 부통령이 되었다.

재간꾼인 알렉산더 해밀턴이 난제를 해결할 유일한 힌트를 찾아냈다. 그는 선거인들에게 두 번째 표를 입후보조차 하지 않은 인물에게 "버리도록" 유도했고, 그렇게 해서 그의 라이벌인 존 애덤스(John Adams)—독립선언서를 기초한 애국자—가 대통령이 될 수 있는 기회를 완벽하게 막으려고 하였다.

승자 : 조지 워싱턴

해밀턴의 전략은 전혀 불필요한 것이었다. 워싱턴이 처음부터 압도적인 지지를 받아 선거인이 행사한 69표 전부를 가져갔다. 해밀턴이 얻은 것은 존 애덤스를 정중하게 몰아낸 것이었다. 애덤스는 훗날 자신이 부통령으로 뽑히게 된 "비열한 수법"을 비난했다.

이런 수법은 앞으로 있을 정치적 소란의 씨앗이 되었으나 당시로서는 모든 일이 순조롭게 진행되었다. 워싱턴은 1789년 4월 30일에 임시 수도인 뉴욕에 위풍당당하게 입성했다. 수천 명의 군중들이 마운트버논으로 향하는 길에 늘어서서 꽃을 뿌렸다. 초대 대통령은 13명의 흰색 제복을 입은 수병들이 운전하는 거대한 바지선을 타고 허드슨 강을 건넜다. 바지선 주변에는 형형색색의 배들이 호위하였고, 뱃전이 물에 잠길 정도로 많은 하객들이 부르는 워싱턴 찬가가 봄날의 하늘을 가득 채웠다.

여러 가지 의미에서 1789년의 선거는 미국 대통령선거 사상 가장 원만한 선거였다.

★ · ★

완벽하지만은 않은 원만한 출범 신랄한 말투로 정평이 나 있던 존 애덤스는 워싱턴이 대통령으로 선출된 유일한 이유는 그가 방안에 있던 다른 누구보다도 키가 컸기 때문이라고 하였다.

1792

조지 워싱턴

★ ★ ★ ★ ★ ★ ★ ★ ★ ★ vs. ★ ★ ★ ★ ★ ★ ★ ★ ★ ★ ★

단독 후보(재)

"빌어먹을, 빌어먹을, 빌어먹을 …
두고 보라고, 선거로 뽑은 정부는 작동하지 않을거야."

– 존 애덤스 –

혼탁도	★	★	★	★	★	★	★	★	★	★
	1	2	3	4	5	6	7	8	9	10

1792년에는 상황이 약간 나빠졌다. 조지 워싱턴은 대통령 자리와 관련된 수많은 의전절차를 만들어내야 했다. 예컨대 대통령을 어떤 경칭으로 불러야 하는지도 정해진 것이 없었다(결국 "미스터 프레지던트"로 낙착되었다. 존 애덤스는 프레지던트란 호칭이 '술집 사장' 같은 보통 사람을 연상시킨다고 불평하였다). 그런데 대통령으로서 해야 할 본질적이고 중요한 일이 더 많았다. 영국과의 관계를 어떻게 설정하느냐는 언제나 복잡하고 미묘한 일이었고, 프랑스에서 일어난 혁명에 미국이 어떻게 대응하느냐 하는 문제도 있었다(프랑스에서 공포정치가 시작되기 전까지는 워싱턴은 프랑스의 혁명정부를 지지했다).

또한 워싱턴은 건국의 아버지로서 싸우는 아이들을 다루어야 했다. 이 경우 아이들이란 내각의 각료인 알렉산더 해밀턴과 토마스 제퍼슨이었고, 두 사람의 싸움은 헌법을 기초한 사람들이 생각지도 못한 상황을 만들어냈다. 최초의 정당이 생겨난 것이다.

해밀턴은 가난한 집안 출신이었음에도 불구하고(또는 그렇기 때문에) 평범한 사람들을 신뢰하지 않았다. 그는 강력하고 단호한 중앙정부를 선호했고, 워싱턴 내각의 재무 장관으로서 연방은행을 설립하고 부유한 상인, 은행가, 동북부 지역 도시의 공장주들을 지원하는 조치들을 취했다. 해밀턴과 같은 노선을 걷는 사람들은 연방파라고 불리웠다.

국무부 장관인 제퍼슨은 대토지를 소유한 유서 깊은 가문 출신이었으나 평범한 사람들—이상적인 농업사회에서의 농민들—의 힘을 믿었다. 그는 해밀턴이 추구하는 정부형태는 소수의 사람들에게 너무 많은 권력을 집중시킨다고 생각했다. 제퍼슨과 생각을 같이 하는 사람들은 공화파라고 자칭하였다.

선거전 ─────────────────────

첫 번째 임기가 끝나갈 무렵 워싱턴은 고향 마운트 버논으로 돌아가 아내 마사와 함께 목가적인 여생을 보낼 생각밖에 없었다. 그러나 미국이 분열할 조짐을 보이자 그는 한 임기를 더 머물러 통합자의 역할을 하기로 결심했다.

1789년에는 10개 주가 선거에 참여했으나 1792년에는 15개 주가 선거에 참여했다. 노스캐롤라이나 주와 로드아일랜드 주가 마침내 연방 헌법을 인준했다. 첫 번째 선거에 참여하지 않았던 뉴욕이 이번에는 참여했다. 버몬트와 켄터키가 연방에 새로 가입했다.

워싱턴이 대통령이 되는 것은 기정사실이었기 때문에 남은 문제는 연방주의자인 부통령 존 애덤스가 다시 부통령이 되느냐 하는 것이었다. 다섯 개 주의 공화파 하원의원들이 가을에 회합을 갖고 뉴욕 주지사 조지 클린턴(George Clinton)에게 부통령 후보로 나설 것을 제안했다. 연방파는 이를 심각한 위협으로 받아들였고, 애덤스의 앙숙인 알렉산더 해밀턴까지 나서서 부통령(애덤스)에게 지나치게 연방파의 목소리를 높여 여론을 악화시키지 말도록 충고했다. 예컨대, 애덤스는 "부유하고 좋은 가문 출신들이" 통치한다면 나라가 더 좋아질 것이라는 글을 발표했다. 물론 이 말은 그의 진심을 표현한 것이었으나 선전효과로서는 최악이었다.

승자 : 다시 조지 워싱턴 ─────────────────

132명의 선거인 전원이 첫 번째 표를 조지 워싱턴에게 던진 것은

유권자들을 취하게 만드는 것이 그들의 지지를 확보하는 확실한 방법이다.

놀라울 게 없는 일이었다. 애덤스는 77표를 얻었고 클린턴 지사는 50표를 얻었다. 애덤스는 이 결과를 자신에 대한 불신으로 받아들였고, 이로써 1796년에 미국 대통령선거 사상 최초의 진정한 경선 기반이 조성되었다.

★·★

그들을 물리치려면 당신 자신의 신문을 만들어라 해밀턴과 그의 단짝 존 페노(John Fenno)—그는 *Gazett of U.S.A.*의 편집자였다—는 제퍼슨과 공화파 지지자인 제임스 매디슨을 목표로 삼고 기회가 있을 때마다 공격했다. 그들은 제퍼슨—해밀턴은 그를 신문지상에서 '총통'이라고 비아냥거리기를 즐겼다—은

"원대한 야망과 폭력적인 열정을 가진" 인물이어서 대통령이 되기 위해서라면 무슨 짓이든 할 사람이라고 주장했다.

제퍼슨은 *National Gazett*란 신문의 창간에 돈을 댔고 제임스 매디슨이 이 신문에 반연방파 여론을 선동하는 글을 19차례나 썼다. 매디슨은 해밀턴의 추종자들이 "돈 많고 힘 있는 사람들"이라고 비난했다. 그는 독자들에게 해밀턴의 계획을 받아들이게 되면 시민들은 "오직 복종만을 생각해야 하고 스스로의 자유를 지키는 일을 현명한 지배자들의 손에 맡기는 꼴"이라고 주장했다.

술판을 벌려놓으면 그들이 온다 오늘날에는 대통령 후보들이 텔레비전에 나가 가장 진지한 목소리로 시민의 의무를 다하기 위해 투표장으로 나오라고 호소한다. 1792년에는 후보들은 다른 방법을 사용했다. 당시에는 잘 구슬리면 유권자들이 표를 주는 것은 당연하다고 생각했다. *Gazett of U.S.A.*는 "대부분의 선거인들이 처해 있는 독특한 상황을 관찰하건대, 그들은 후보 중 한 사람이 제공하는 술잔치에 빠져 있고 … '시민의 소리'는 결국 '술꾼의 소리'임이 명백하다"는 기사를 실었다.

1796

존 애덤스

★ ★ ★ ★ ★ ★ ★ ★ ★ ★ VS. ★ ★ ★ ★ ★ ★ ★ ★ ★ ★

토마스 제퍼슨

"당신의 행정부가 영광과 행복으로 가득하기를 … ."

– 토마스 제퍼슨이 존 애덤스에게 쓴 보내지 않은 편지 –

혼탁도 ★ ★ ★ ★ ★ ★ ★ ★ ★ ★
      1 2 3 4 5 6 7 8 9 10

존 애덤스가 적확하게 표현했듯이 대통령 자리에 오래 있다 보면 예외없이 "정당 간 적대감의 희생물이 된다." 조지 워싱턴도 예외는 아니었다. 마지막 임기 동안에 워싱턴은 아내와 함께 고향으로 돌아가 마데이라 포도주를 실컷 마시고 싶다는 얘기를 여러 차례 털어놓았다.

매일매일 새로운 골칫거리가 생겨났다. 소수의 서부 펜실베이나 농부들이 위스키 소비세 납부를 거부하자 워싱턴은 자유를 사랑하던 건국 초기의 미국인들이 생각하기에는 지나치다 싶을 정도로 무력을 동원해 이른바 '위스키 반란'을 진압하였다. 쉽게 예상할 수 있는 일이지만 공화파는 미국의 초대 대통령을 폭군이며 독재자라고 부르기 시작했다.

영국과의 관계는 매우 예민한 문제였다. 미국은 당시에 영국과 교전상태에 있던 프랑스에 대해 우호적이었고, 이것이 런던의 심기를 건드렸다. 이전의 모국과 식민지 사이에 적대관계가 심화될 것이 분명해 보였다.

워싱턴은 대법관 존 제이(John Jay)를 런던으로 보내 조약을 추진하도록 하였다. 존 제이는 완벽하지는 않지만 영국과 미국이 평화적 관계를 지속할 수 있는 조약안을 가져왔다. 워싱턴이 이 조약에 서명하자 공화파는 이것이 연방파가 "군주주의자들"에게 항복한 것이며, 미국을 영국에 복귀시키려는 본심을 드러낸 것이라고 아우성쳤다.

워싱턴은 전 생애를 통해 시기 포착에 탁월한 감각을 갖고 있어서 많은 덕을 본 인물인데 1796년에도 예외는 아니었다. 그해 겨울에 그는 대통령직을 사임하고 고향으로 돌아가겠다는 암시를 하기 시작했고, 그해 9월 19일에 발표한 "고별사"를 통해 분열적인 정당에 경고를 보냈다. 그런데도 아무 소용이 없었다. 고별사가 발표되자마자 굶주린 정치가들이 워싱턴의 빈 자리를 차지하기 위한 책략을 꾸미기 시작했다.

그런 정치가 중 한 사람이며 워싱턴의 내각에서 국무성 장관을 지낸 토마스 제퍼슨은 자신의 옛 보스이자 독립전쟁의 동지가 물러나는 것을 기뻐하지 않을 수 없었다. "대통령은 비누방울 터지듯 홀연히 떠나갈 수 있는 행운을 잡았고, 뒤에 남은 사람들이 짐을 져야 한다."

독립선언서의 작자까지도 때때로 복합적인 은유를 즐겨 사용하였음을 알게 되는 것도 재미있는 일이다.

후보

존 애덤스의 서명

연방파 : 존 애덤스 존 애덤스는 부통령을 두 번이나 하면서 나이가 들어갔다. 그가 선거전에 뛰어들었을 때는 61살이었다. 그는 신랄한 어투 때문에 추종자도 얻었고 적도 생겼다. 그는 말로는 공직생활을 끝내고 싶다고 하면서도—그는 선거제도의 타락상을 지적하기를 좋아했다—내심으로는 대통령이 되고 싶은 강한 욕망을 갖고 있었다. 워싱턴이 세 번째 임기를 원치 않는다는 사실이 분명해지자 그는 아내 아비게일(Abigail)에게 보내는 편지 서두에 "됐어, 좋아! 사랑하는 아내여!"라고 썼다.

공화파 : 토마스 제퍼슨 제퍼슨은 1793년에 국무성 장관직을 떠나 몬티셀로(Monticello)로 돌아가 애정행각에 몰두하고 있었다[그 중에 한 건은 자신의 노예인 셀리 헤밍스(Sally Hemings)와 벌인 것이었고, 둘 사이에서 몇 명의 아이가 태어났다]. 1796년이 다가올 때까지도 그는 정치가로서의

생활은 "의미 없는 시간낭비"라는 태도를 보였다. 그러나 그의 야망이 무엇인지를 모든 사람이 간파하고 있었다.

선거전 _____

워싱턴의 고별사가 발표되고 나서 10주 동안 두 정당은 열병 같은 행동과 요란한 선언을 마음껏 풀어놓았으나 후보들은 짐짓 조용했다. 이번에 당선되는 대통령의 임기가 끝나면 세기가 바뀌는 중요한 의미를 갖는 선거를 앞두고 제퍼슨과 애덤스는 초연하고 근엄한 대중적 침묵을 지키고 있었던 것이다.

사실상 선거전의 대부분이 이미 진행되고 있는 상황에서도 후보를 선정하는 공식적인 절차는 진행되지 않고 있었다. 이 문제에 관해서 헌법에서는 아무런 규정이 없었고, 대통령 후보를 지명하는 대회는 이때부터 30년 더 지나고 나서야 처음으로 열리게 된다. 그때까지는 양당의 유력자들이 후보를 결정하고 나서 이를 당원들에게 알리고 지지해 주도록 설득하였다.

당 유력자들의 의지가 관철되는 정도는 그때 그때 달랐다. 정당 자체가 겨우 형성되기 시작하였고, 당의 정강이란 것도 농담 수준이었다. 선거인들은 흔히 지역연고, 개인적인 친분관계, 때로는 장난 같은 동기에 따라 투표했다. (1796년의 선거에서는 138명 선거인의 거의 40% 정도가 자신이 소속된 정당의 후보에게 투표하지 않거나 심지어 후보자 명단에도 없는 사람에게 투표했다.)

정당들은 부족한 조직력을 악의적인 인격 살인행위로 보충하였다. 민주적인 절차를 사랑하는 사람이라면 건국 초기의 미국인들이 손으로 쓴 쪽지, 팸플릿, 당 기관지를 동원하여 얼마나 신속하고 열정적으로 악의적인 공격을 벌였는지를 알고 놀라지 않을 수 없을 것이다.

공화파가 발행한 *Aurora*라는 신문—벤자민 프랭클린의 손자인 벤자민 프랭클린 베이취(Benjamin Franklin Bache)가 편집인이었다—은 배불뚝이 애덤스의 "복부의 포식성"을 공격하였다. 베이취는 또 애덤스가 왕, 귀족, 작위를 가진 자들의 대변인이라고 공격하였다.

이에 질세라 연방파도 제퍼슨을 무신론자이며 프랑스 대혁명을 흠모하고 특히 피에 굶주린 폭도들을 찬양하는 인물이라고 비방했다. 제퍼슨을 추종하는 공화파는 "몰려다니는 망나니이며 오물과 해충들 사이에서 잠자는 무리"로 묘사되었다.

한편으로는 후보들의 지역연고를 고려한 정·부통령 후보 균형 배치가 처음으로 시도되었다. 연방파는 뉴잉글랜드 출신인 애덤스를 보완하기 위해 남부 출신의 외교관 토마스 핑크니(Thomas Pinckney)를 부통령 후보로 내세웠고, 공화파는 버지니아 출신인 제퍼슨과 균형을 잡기 위해 인기 있는 뉴욕 출신의 변호사이자 초창기 태머니 협회(Tammany Society)[1]의 주요 멤버인 아론 버(Aaron Burr)를 부통령 후보로 내세웠다.

이번에도 알렉산더 해밀턴이 방해꾼으로 나섰다. 그는 다시 한 번 헌법의 맹점—선거인은 두 사람의 후보에게 한 표씩 투표하게 되어 있었다—을 활용하여 일부 연방파 선거인들에게 애덤스에게 표를 던지지 말고 핑크니—해밀턴은 애덤스보다 핑크니가 다루기 쉬운 인물임을 간파하고 있었다—에게만 투표하라고 부추겼다. 그의 계략이 성공했더라면 핑크니가 대통령이 되고 해밀턴은 왕좌 뒤의 실력자가 되었을 것이다.

연방파는 제퍼슨이 "프랑스에 대해서는 물렁하고" 피에 굶주린
폭도들을 지원했다고 경고했다.

승자 : 존 애덤스 _____

선거인은 각자의 주의 수도에서 12월의 첫 번째 수요일에 투표하였다. 당시에는 투표함은 상하 양원이 개회하는 다음해 2월 둘째 수요일까지 개봉해서는 안 된다는 이상한 법이 시행되고 있었다. 그래서 선거가 끝나고 나면 몇 주 동안 온갖 추측과 소문이 난무했을 것 같지만 12월 중순이 되자 투표함 속이 새어나와 존 애덤스가 71표를 얻어 68표를 얻은 제퍼슨을 제치고 대통령이 되었다는 것이 공공연히 알려졌다. 그는 대통령이 되었지만 헌법 기초자들의 현명함 덕분에 반대당 소속이 그의 부통령이 되었다.

이것은 이후의 4년 동안 분란이 끊이지 않을 것임을 의미할 뿐이었다.

★ ˙ ★ ˙ ★ ˙ ★ ˙ ★ ˙ ★ ˙ ★ ˙ ★ ˙ ★ ˙ ★ ˙ ★ ˙ ★ ˙ ★ ˙ ★ ˙ ★ ˙ ★ ˙ ★ ˙ ★ ˙ ★ ˙ ★

프랑스 광(狂) 대 영국인 후대에 이르러 아들라이 스티븐슨(Adlai Stevenson), 유진 매카시(Eugene McCarthy) 같은 후보들이 "백면서생"이란 비방을 받았듯이 연방파는 제퍼슨을 "철학자", 더 나쁘게 얘기할 때는 "몽상가"라고 불렀다. 어떤 작가는 제퍼슨은 "대학의 교수가 되기에는 적합한 인물이지만 … 위대한 나라의 최고집정관 감은 분명히 아니다"라고 평하였다. 독자들이 핵심을 파악하도록 몇 가지 단서를 더 제공하자면 제퍼슨은 아나키스트라는 평을 듣기도 하였고 프랑스 광이라는 비방도 받았다.

물론 애덤스도 자신을 비꼬는 기괴한 별명을 얻었다[그런 별명 가운데는 단순한 인간(Monoman), 영국인 등이 있었다]. 공화파 계통의 *Boston Chronicle*지는 애덤스가 당선되면 대통령은 세습제가 되어 그의 아들 존 퀸시 애덤스(John Quincy Adams)가 물려받게 될 것이라는 매우 그럴 듯한 기사를 내보냈다(이 신문은 제퍼슨에 대해서는 그런 걱정을 할 필요가 없다고 주장했다. 왜냐하면 그가 왕조를 세울 야망을 숨기고 있다 할지라도 이 사람은 딸밖에 두지 않았으니까).

1800

토마스 제퍼슨

★ ★ ★ ★ ★ ★ ★ ★ ★ ★ vs. ★ ★ ★ ★ ★ ★ ★ ★ ★ ★

존 애덤스

"공화국은 안전하다 …
그 당(연방파)은 분노와 절망에 빠져 있다."

– 존 도슨(John Dawson), 버지니아 출신 공화파 하원의원 –

혼탁도 ★ ★ ★ ★ ★ ★ ★ ★ ★ ★
　　　　1 2 3 4 5 6 7 8 9 10

1800년이 되자 미국의 인구는 5백30만으로 늘어났다. 워싱턴 D.C.가 필라델피아를 대체하여 새로운 "연방 시"가 되었다. 오하이오 준주(準州)에서는 동부 출신의 존 채프먼(John Chapman, 일명 Johnny Appleseed라고 불렸다)이 돌아다니며 설교도 하고 과수재배를 가르치고 있었다.

미국 역사의 앞날을 예언이라도 하듯 최초로 누구나 참가하는 난투극 같은 대통령선거가 벌어졌고, 난투극이 끝나자 도처에 사상자가 널려 있었다. 부시 대 고어의 선거전이나 닉슨 대 케네디의 선거전은 말도 꺼내지 마시라. 당신이 평생 동안 경험한 가장 추악한 선거라 할지라도 이때의 선거와는 비할 바가 못 된다. 존 애덤스와 토마스 제퍼슨 간의 1800년의 대통령선거전은 미국 역사상 가장 추악한 다섯 선거 중 하나이다. 그 이유는 두 가지다.

첫째 : 미국 역사상 존 애덤스를 내세운 연방파와 토마스 제퍼슨을 내세운 공화파 간의 선거처럼 정당 간에 증오와 비방으로 가득 찬 선거가 벌어진 경우를 찾기가 어렵다.

둘째 : 미국 역사상 처음이자 마지막으로 대통령이 자신의 부통령과 맞서 선거전을 벌였다.

후보

연방파 : 존 애덤스 당시에 미국 외교정책의 주요 이슈는 미국과 프랑스의 관계였다. 영국과 프랑스가 전쟁을 벌이고 있는 중에 미국은 영국과 제이 조약(Jay Treaty)을 체결하였다. 새로 출범한 프랑스공화

국은 미국의 영국에 대한 어떤 교역행위도 전쟁행위로 간주한다고 선언했고, 프랑스 수병이 미국 상선을 정지시키고 화물을 압류했다.

프랑스의 이런 행위에 대항하기 위해 애덤스가 해군의 군비를 확충하려 하자 공화파는 그를 전쟁광이라고 공격했다. 애덤스가 프랑스와 협상하려 하자 이번에는 해밀턴의 패거리가 그를 유화주의자라고 비난했다. 애덤스는 아무 것도 할 수가 없었다.

1800년의 선거에서 또 하나의 쟁점은 선동금지법(Alien and Sedition Act)이었다. 이 법령은 전쟁의 열기가 고조되고 있을 때 연방파가 통과시킨 법안으로, 선동금지법에 따르면 미국 정부나 미국 대통령을 전복시키려 하거나 비난하는 자는 벌금형이나 징역형에 처해질 수 있었는데, 실제로 그런 처벌을 받은 사람이 많았다. 공화파는 이 법령이 헌법이 보장한 권리를 침해한다고 비난했다. 시민들은 동네 술집에서도 안전하지 못했다. 뉴저지의 한 술꾼은 술김에 대통령의 엉덩이가 크다는 고상하지 못한 말을 했다고 하여 체포되고 벌금형을 선고받았다.

연방파는 애덤스에 대해 유보적인 입장을 갖고 있었지만—"유보적"이란 표현은 온건하다고 할 수 있다. 어떤 연방파 유력자는 공개적으로 대통령이 타고 가는 마차가 뒤집어지기를 비는 기도를 하였다—그 말고는 내세울 후보가 없었다. 연방파는 그의 부통령 러닝메이트로 찰스 코트워스 핑크니(Charles Cotesworth Pinckney) 장군을 지명했는데, 핑크니는 1796년 선거 때에 애덤스의 부통령 후보의 동생이었으며, 노련한 외교관이자 남부 출신임을 고려하여 선정된 인물이었다.

공화파 : 토마스 제퍼슨 토마스 제퍼슨은 부통령 임기 4년 동안 현명하게도 대통령 애덤스와 안전한 거리를 유지하였다. 그래서 애덤스와 관련된 일—예컨대 선동금지 같은 것, 제퍼슨은 이 법이 의회에서

통과되는 것을 막기 위해 어떤 노력도 하지 않았다─은 그에게 영향을 미치지 않았고, 그는 후보로서 유리한 입장에 있었다.

공화파는 제퍼슨의 부통령 후보로 1796년 선거 이후 인기가 상승하고 있던 아론 버를 다시 지명했다.

선거전 _____

4년 동안에 어떤 변화가 생겼을까? 1796년의 대통령선거전은 대략 선거일 100일 전부터 시작되었다. 1800년이 되자 정당들은 선거일 1년 전부터 본격적인 선거전을 시작했다.

애덤스에 대한 첫 번째 공격은 바로 부통령이던 제퍼슨이 시작했다. 제퍼슨은 비밀리에 제임스 캘린더(James Callender)란 작가(더러운 술집의 골방에 숨어서 펜을 굴리는 직업적인 문필가를 묘사한 그림에 나오는 것 같은 인물)를 고용하여 대통령을 비난하는 유인물을 만들게 했다. 캘린더는 악의에 가득 찬 글들을 만들어냈다. 그는 애덤스를 "혐오스러운 탁상공론가"이자 "비열한 위선자"라고 비방했으며, 가장 재미있는 것은 "드러나지 않은 자웅동체적 인격의 소유자로서 남성으로서의 힘과 결단력도 없고 그렇다고 여성적인 상냥함과 감수성을 갖지도 못한" 인물이라고 표현한 점이다. 놀랄 일도 아니지만 캘린더는 선동금지법을 위반했다 하여 체포되고 9개월간 투옥되었다. 이로써 공화파는 손쉽게 순교자를 만들어낼 수 있었다.

연방파도 제퍼슨이 변론 의뢰인을 속여먹었고, 그는 무신론자이기 때문에 그의 면전에서는 성경을 치워야 하며, 독립전쟁 시기에는 비겁한 행동을 한 겁쟁이이며, 몬티셀리의 자택에 있을 때는 흑인 여자 노

예와 잠자리를 같이 했다는 소문을 퍼뜨렸다. 더욱 악의적인 몇몇 연방
파는 심지어 몬티셀리의 바로 그 노예가 죽자 사실을 잘 알고 있으면서
도 죽은 사람이 제퍼슨이란 소문을 퍼뜨렸다.

악의적인 공격과 반격이 횟수를 거듭하면서 도를 더해갔다. 가을
이 되자 양당의 인격살인은 최고조에 다다랐다. 특히 공화파는 언론의
.힘을 알아차렸다. 그들의 공격은 한 장짜리 전단과 신문, 팸플릿을 주로
이용하였고 어떤 팸플릿은 50쪽에 이르는 것도 있었다. 제퍼슨의 당은
이런 유인물을 생산하고 유포시킬 전문적인 조직으로서 "통신원위원
회"(Committee of Correspondence)를 발족시켰는데, 이는 진정한 의미에서
전국적 조직을 구성한 첫 번째 사례였다.

광란의 선거전은 유인물을 통해서만 진행된 것은 아니었다. 연방
파는 군대를 동원한 시위를 즐겼고 공화파는 '자유의 깃대'를 세웠다.
양당은 경쟁적으로 야유회와 바베큐 파티를 열어 유권자들에게 엄청난
양의 알코올을 제공했다. 펜실베니아 주 랭커스터에서 열린 공화파가 주
최한 만찬회에서는 16차례—연방에 가입한 16개 주를 상징하는 숫
자—의 건배 제의가 있었고 반 톤의 육류가 소비되었다.

애덤스는 자신이 큰 표차로 승리하리라는 희망을 버리지 않았지
만 당시에 대부분의 정치가들은 제퍼슨의 당선을 확정적인 것으로 생각
하고 있었다. 애덤스의 껄끄러운 적수이자 어떤 일에나 빠짐없이 끼어드
는 알렉산더 해밀턴이 제퍼슨의 당선을 보다 확실히 하기 위해 나섰다.
해밀턴은 10월에 "합중국 대통령 존 애덤스 선생의 대중적인 행동과 성
격에 관한 알렉산더 해밀턴의 편지"라는 제목의 충격적인 문서를 출판
했다. 54쪽에 이르는 이 문서를 어떤 역사학자는 언급의 범위가 거의 무
한대인 비방문이라고 표현했다. "정부의 최고위직에 우리의 적을 앉힐
수밖에 없다면 그 사람은 우리가 반대할 수 있는 인물이어야 하며 … ,

자신의 어리석고 사악한 행동에 우리 당을 끌어들이지 않을 그런 인물이라야 한다." 해밀턴은 이렇게 썼다.

해밀턴은 오랜 세월 동안 간사한 지략으로 이름을 날린 인물이기는 하지만 이 편지는 모든 사람에게 충격이었다. 그 충격이 어느 정도였는지 이해하려면 존 매케인이 골수 공화당원들에게 "조지 W. 부시의 공적인 행동과 개성에 관한 존 매케인의 e-메일"이란 제목의 e-메일을 보내 대통령—자신의 소속 정당의 공식적인 지도자—을 "불균형한 질투"와 "극단적인 에고이즘"에 사로잡혀 있고 "통제할 수 없는 성격" 때문에 고통받고 있는 인물이라고 비난하는 상황을 상상해 보라.

어떤 역사학자는 해밀턴이 일시적으로 분별력을 잃었다고 평하기도 하고, 또 어떤 역사학자는 이 편지가 존 애덤스보다는 해밀턴의 극단적인 연방주의적 정책에 동조적인 찰스 핑크니에게 표를 던지도록 유도할 목적에서 발표되었다고 분석하기도 한다. 누군가 이 편지를 훔쳐서 해밀턴의 승낙을 받지 않고 공개했을 가능성도 있다. 여하튼 해밀턴은 양당으로부터 공격을 받고, 선거가 끝난 후 정계에서 은퇴했다. 4년 후에 그는 부통령 아론 버와 벌인 결투에서 총을 맞고 죽게 된다.

승자 : 토마스 제퍼슨 _____

선거일인 12월 3일에 선거인들은 각자의 주 수도에 모여 투표했다. 이때도 상·하 양원이 개회하는 2월 초까지 투표결과를 공개하지 않는 법령이 시행되고 있었다. 그리고 이때도 일찌감치 선거결과가 흘러나왔다. 제퍼슨이 승자였다. "결판이 났다!" 공화파계의 한 신문은 이런 제목을 달았다. 어떤 작가는 "이제 18세기는 끝났다. 19세기의 멋지고 깨끗

2달러 지폐에 나오는
제퍼슨 초상

한 아침이 시작된다"라고 선언했다.

　그런데 작은 문제 하나가 발생했다. 12월 말이 되자 공화당의 정·부통령 후보인 제퍼슨과 버가 각기 73표씩 똑같은 표를 얻었다는 사실이 드러났다(애덤스는 겨우 65표를 얻었다). 1인 2표 제도의 문제점이 과거 어느 때 선거보다 명백해졌다. 지난번 선거에서는 공화파 선거인들 중 일부가 애덤스나 핑크니에게 표를 던지거나 심지어 소수파 후보에게 표를 던짐으로써 제퍼슨과 버가 동수의 득표를 하는 상황을 피했고, 그럼으로써 제퍼슨의 부통령 자리를 확실하게 굳혀주었다. 그러나 이번 선거처럼 팽팽한 접전을 벌이는 상황에서는 공화파 선거인들은 빠짐없이 제퍼슨과 버에게 표를 던졌다. 결과는 동점이었다.

　일을 더욱 꼬이게 만든 것은 헌법에서는 이런 경우 하원에서 공화당 후보들을 대상으로 결선투표를 하도록 규정하고 있었는데 역설적이게도 그 하원을 연방파가 장악하고 있었다!

　버는 당초에는 제퍼슨 밑에서 일하게 되면 기쁠 것이라고 말했으나 이 말을 했을 때는 자신의 득표수가 제퍼슨보다 1표가 적다고 알고 있었기 때문이었다. 자신에게도 대통령이 될 수 있는 가능성이 상당히 많다는 것을 알게 되자 버의 협동심은 사라져 버렸다. 실제로 연방파 의원들 여럿이 그를 찾아와 지지―라기보다는 제퍼슨을 밀어내기 위한 계책―를 약속했고, 버가 대통령이 될 수 있는 가능성은 훨씬 높아졌다.

　2월 11일, 폭설이 내리고 있는 가운데 의회는 워싱턴 D.C.에서 대통령을 선출하기 위한 회의를 열었다. 의원 전원이 참석했다. 앓아 누워 있던 한 의원은 눈길을 헤치고 들것에 실려 투표장 옆방에까지 옮겨졌다. 부통령 제퍼슨―부통령은 상원의장을 겸했다―이 선거인의 투표지를 세고 나서 표수가 73표씩 동수로 나누어졌음을 확인했다. 의회는 누구를 다음 대통령으로 선출할지 논의를 시작했다.

이제 선거는 원점에서 다시 시작되었다. 16개 주는 각기 한 표씩을 행사할 수 있었고, 과반수를 얻기 위해서는 9개 주 이상의 지지를 얻어야 했다. 6일 동안 36번의 투표를 했다. 35번째 투표까지는 매번 결과가 같았다. 제퍼슨이 8개 주, 버가 6개 주, 나머지 2개 주는 기권―승자가 나오지 않았다. 술집 골방에서, 의회 휴게실에서 치열한 막후 협상이 벌어졌다. 연방파가 버에게 접근하여 대통령이 될 수 있는 기회를 제공할 터이니 연방파의 정책을 지원해 줄 것을 제안했으나 거절당했다. 교착상태는 계속되었다.

마침내 2월 17일, 제퍼슨을 반대하던 델라웨어 출신의 연방파 의원이 투표에 불참하자 이어서 같은 연방파인 매릴랜드, 버몬트, 사우스캐롤라이나도 투표에 불참했다. 이 주들이 투표에 불참하자 곧바로 제퍼슨이 당선되었다. 제퍼슨은 16개 주 가운데서 10개 주의 지지를 얻었고 아론 버는 부통령이 되었다.

무슨 일이 일어났는지 확인할 수 있는 기록은 남아 있지 않다. 이 역사적인 6일 동안에 일어났던 대부분의 중요한 일들은 철저히 비밀리에 행해졌다. 그러나 많은 사람들은 제퍼슨이 미국 대통령이 되기 위해 연방파와 거래를 했다고 의심했다.

제퍼슨은 언제나 거래설을 부인했지만 그가 임기 동안에 추진한 정책―해밀턴이 설립한 연방은행(Bank of United States)을 존속시켰고, 국채로 재정을 조달하였으며, 연방파 출신을 몇몇 공직에 남아 있게 하였다―을 보면 반대당과 비밀협정을 맺었음이 분명한 것 같다.

★·★

　　모니카만 빼고 연방파는 지극히 사적인 화제를 내세워 제퍼슨을 공격했지만 원한 만큼의 성과를 거두지는 못했다. 그들이 퍼부은 모욕적인 비방은 그로부터 거의 200년 후에 같은 남부 출신 후보인 빌 클린턴이 받았던 모욕과 같은 수준이라 할 수 있다. "제퍼슨은 비열한 성격의 야비한 인물이며, 미천한 집안에서 자랐다. 그의 어머니는 인디언 혼혈이며 아버지는 버지니아의 흑백 혼혈이다." 어느 전단에 적힌 글이다. 코네티컷 주의 한 신문은 제퍼슨이 프랑스 혁명을 숭배한다는 기사를 내놓았다. "여러분은 여러분의 집이 화염에 휩싸이고 … 여자들의 정절이 더럽혀지며 (당신의) 아이들이 두려움에 떠는 것을 바라볼 준비가 되어 있는가? 자비와 정의의 하나님, 우리나라를 파괴로부터 지켜주옵소서!" 빌 클린턴의 경우와 다른 점이라면 제퍼슨에게는 모니카 르윈스키가 없었던 것뿐이다.

　　영국 국왕 공화파는 애덤스가 자신의 아들 가운데 한 명을 영국 국왕 조지 3세의 딸과 결혼시켜 미국에서 왕조를 세우고 영국과 미국을 다시 합치려는 계획을 세우고 있다고 주장했다. 이런 주장이 반영국 공포감을 조성하기에는 충분하지 않자 공화파는 다시 애덤스가 러닝메이트 찰스 핑크니를 영국에 보내 미모의 영국인 정부 넷—두 명은 애덤스를 위해, 두 명은 핑크니를 위해—을 데려왔다는 주장을 내놓았다. (이 얘기를 들은 애덤스는 "만약 그게 사실이라면 핑크니 장군이 내 몫을 숨기고 네 명 다 차지한 모양이군!"이라고 하였다.)

　　패배의 원인을 미디어에 돌린 첫 번째 사례 선거전이 끝난 후 어느 연방파 시인은 연방파가 패한 원인은 전적으로 (자신이 보기에는) 분명히 공화파에 우호적인 미디어 탓이라고 하였다.

공화파는 존 애덤스와 그의 러닝메이트 찰스 핑크니가 영국에서 수입한
네 명의 정부를 공유했다고 주장했다.

"보라, 저 야한 차림으로 걸어오는
언론이란 이름의 매춘부를!
천박한 매력으로
누구의 품속에든 뛰어드는구나."

누가 당신 아버지인가? 알렉산더 해밀턴은 사생아였고 존 애덤스—그에게는 해밀턴을 미워할 충분한 이유가 있었다—는 해밀턴에게 이 사실을 기회 있을 때마다 상기시켰다. 애덤스는 해밀턴을 "크레올[2] 사생아", "윤리라고는 모르는 사생아"라고 불렀다.

되풀이되어서는 안 될 선거 선거의 후유증 때문에 공화파와 연방파는 한 가지 점에는 의견을 같이하였다. 1800년의 선거와 같은 선거가 다시 생기는 것은 어떻게든 피해야 했다. 그래서 의회는 헌법수정안을 통과시켰다. 수정헌법 12조에 따르면 앞으로 선거인은 대통령 후보와 부통령 후보를 나누어 투표하도록 했다. 이로써 최다득표 후보 두 사람이 모든 것을 가져가는 제도는 사라졌다.

1804

토마스 제퍼슨

★★★★★★★★★★ vs. ★★★★★★★★★★

찰스 핑크니

토마스 제퍼슨은 첫 임기 동안 양당의 이해를 잘 조화시킨 유능한 대통령의 모습을 보여주었기 때문에 1804년의 선거는 이렇다 할 재미가 없는 선거였다. 연방파들이 소리 높여 주장했듯이 제퍼슨은 미국을 무신론자의 사회로 만들어 놓지도 않았고, 자코뱅파의 유혈혁명을 선동하지도 않았으며, 뉴잉글랜드 상인들의 이익을 포기하지도 않았다. 오히려 대통령은 대중적인 영향력이 큰 몇 가지 중요한 결정을 하였다. 그 중에서 루이지애나 매입은 1천5백만 달러란 싼 값(개략 계산하면 1에이커에 3센트)으로 미국의 면적을 두 배로 늘려놓았다.

1804년 2월 25일에 최초의 공식적인 코커스라고 할 수 있는 공화파 의원들의 회의에서 토마스 제퍼슨이 다시 대통령 후보로 지명되었고 뉴욕 주지사 조지 클린턴이 부통령 후보로 지명되었다.

연방파는 1800년 선거전에서 애덤스의 러닝메이트였던 찰스 코트워스 핑크니를 대통령 후보로 지명하였다. 핑크니는 키가 크고 아래턱이 잘 발달한 얼굴을 갖고 있었으며, 양당으로부터 두루 존경을 받았으나 귀가 반쯤 멀었고 무미건조한 인물이었다. 뉴욕 주 출신 상원의원 루퍼스 킹(Rufus King)이 부통령 후보로 낙점받았다.

선거전 제퍼슨과 공화파가 이길 것이라는 것은 누구나 예측하고 있었다. 그러나 연방파도—지역적 기반인 뉴잉글랜드의 표를 지키기 위해—할 수 있는 방법은 모두 다 동원했다. 늘 써먹던 반제퍼슨 모함 소문—무신론자이며 흑인 여자 노예와 사랑에 빠졌다 등—도 다시 동원되었다.

승자 : 토마스 제퍼슨 제퍼슨이 162표를 가져가고 핑크니는 14표를 얻었으니 경쟁이라고 할 것도 못 되는 선거였다. 연방파는 코네티컷과 델라웨어 두 주에서만 이겼다. 매사추세츠 주도 공화파에 표를 던졌다.

1808

제임스 매디슨

★ ★ ★ ★ ★ ★ ★ ★ ★ ★ vs. ★ ★ ★ ★ ★ ★ ★ ★ ★ ★

찰스 핑크니

토마스 제퍼슨의 두 번째 임기는 첫 번째와는 사뭇 달랐다. 영국과 프랑스 사이의 적대관계가 점점 심화되고 있었기 때문이다. 강력한 영국 해군은 해군 탈주병을 찾는다는 핑계로 미국 선박을 정지시키는 극히 적대적인 행동을 보였다. 실제 목적은 미국 선박의 선원들을 강제하여 해군 병사로 끌고 가려는 것이었다. 이런 일들이 일어나는 가운데 버지니아 앞바다에서 영국 전함이 미국 프리깃함을 공격하여 21명의 선원이 사상하는 사건이 발생했다. 제퍼슨은 미국의 상선이 프랑스나 영국뿐만 아니라 유럽의 모든 나라와 교역을 금하는 "수출금지법"안을 의회에 제출하였다.

불행하게도 수출금지법의 최대 피해자는 곡물을 해외로 수출하던 미국의 농민들과 유럽과 활발하게 상품교역을 해오던 뉴잉글랜드의 상인들이었다. 한때는 떠오르는 영웅이었던 제퍼슨은 한 신문의 표현에 따르자면 "지옥의 악마"가 되었다.

워싱턴이 그랬듯이 제퍼슨은 언제 판을 섞어야 하는지를 알았다. 그는 은퇴하여 "가족과 책과 농장으로" 돌아가겠다는 선언을 하고 친한 친구이자 국무성 장관인 제임스 매디슨(James Madison)을 다음번 공화파 대통령 후보로 추천했다. 부통령 조지 클린턴은 이번에도 부통령 후보가 되었다.

57세의 매디슨은 화려한 경력에도 불구하고 좋은 첫인상을 주지 못하는 인물이었다. 키는 5피트 4인치에 몸무게는 백 파운드가 되지 못했고(그의 동시대인들을 그를 '꼬마 제이미'라 불렀다), 여러 가지 질병에 시달렸다. 그는 대화를 할 때면 눈을 똑바로 맞추지 못했고 얼굴빛은 항상 어두웠다. 그의 초상화를 보면 대부분이 레몬을 씹은 듯한 표정을 하고 있다.

종종 첫인상이 꼭 들어맞는 것은 아니다. '꼬마 제이미'는 머리 회전이 굉장히 빠르고 국가가 당면한 문제의 핵심을 재빨리 파악할 줄 알았다. 제퍼슨만큼 정치적 매력과 명철한 판단력을 갖고 있지는 못했지만 그는 나름대로 매우 가치 있는 정치적 자산을 갖고 있었다. 그보다 17살이나 나이 어린 그의 아내 돌리(Dolley)는 아름답고 생기발랄한 그 시대의 재키 케네디였다.

연방파는 그렇게 활력 있다고 할 수는 없는 1804년의 찰스 핑크니와 루퍼스 킹 팀을 다시 내세웠는데, 이 팀으로는 카리스마 넘치는 제퍼슨의 후광을 이겨낼 수가 없었다. 연방파가 별로 감동을 주지 못하는 팀을 다시 후보로 내세웠다는 것은 그만큼 당이 신선한 인물을 필요로 하고 있다는 반증이기도 했다.

선거전 1808년 여름이 되자 상황은 공화파에게도 그렇게 좋아 보이지만은 않았다. 그 원인은 인기 없는 '수출금지법' (Embargo)이었다 [반대파들은 이를 '빌어먹을 수출금지법' (Dambargo)이라 불렀다]. 그러나 영국과의 전쟁이 일어날지도 모르는 분위기에서 나라는 집권당을 중심으로 뭉쳤다.

승자 : 제임스 매디슨 매디슨은 122표의 선거인 표를 얻었고 핑크니는 47표를 얻었다. 제퍼슨은 1809년 3월 1일 퇴임하면서 '꼬마 제이미'에게 선물을 주었다. 그는 '수출금지법'의 폐기안에 서명을 하고 떠났다.

1812

제임스 매디슨

★ ★ ★ ★ ★ ★ ★ ★ ★ ★ VS. ★ ★ ★ ★ ★ ★ ★ ★ ★ ★ ★

드윗 클린턴

제임스 매디슨은 화려한 인물이 아니었다. 그는 임기 중에 때때로 아내와 함께 대중의 눈길이 미치지 않는 곳에 숨어 지냈다. 역사적 맥락에서 보아도 매디슨 행정부는 미국 역사에서 시청률이 낮아 중도하차한 TV 프로그램과 같았다.

고등학생들이라면 낄낄거리고 웃을 이름이지만 매디슨은 '관계금지법'(Non-Intercourse Act)이란 법령으로 인기를 얻었다. 매디슨 행정부가 강력하게 밀어붙여 의회를 통과한 이 법은 이름과는 달리 폐기된 '수출금지법'을 완화한 법이었다. '관계금지법'은 그 내용이 보다 정교하여 미국인이 영국과 프랑스를 제외한 어떤 나라와도 교역하는 것을 막지 않았다. 그래서 미국 상인들은 다른 시장을 찾아낼 수 있었고, 특히 네덜란드와의 교역이 활발해졌다.

1812년의 선거전이 달아오르고 있을 때 영국과의 전쟁은 피할 수 없는 것으로 보였다. 1810-1811년의 의회선거에서 혁명이 일어났다. 나이 많은 현역 의원들이 대거 낙선하고 이상에 불타는 헨리 클레이(Henry Clay)나 존 C. 칼훈(John C. Calhoun) 같은 젊은 인물들이 의회에 진출했다. 이들 '매파'는 수년 동안 영국으로부터 당한 모욕을 갚기 위해 전쟁을 벌여야 한다고 주장했다.

매디슨은 매파를 중심으로 하여 온 나라가 영국과의 전쟁을 원하고 있다는 것을 알았고, 전쟁은 불가피하다고 판단했다. 그는 1812년에 공화당 후보로 지명되었다. 부통령 조지 클린턴이 후보지명 수주 전에 (임기 중에) 죽자 공화파는 전직 매사추세츠 주지사인 엘브리지 게리(Elbridge Gerry)를 새로운 부통령 후보로 지명했다. [게리는 연방파 의원 후보를 낙선시키기 위해 선거구를 억지로 조정했고, 그래서 게리맨더링(gerrymandering)이란 용어가 생겼다.]

연방파가 후보지명을 하는 과정에서 일어난 일—정확하게는 일어나지 않은 일—때문에 1812년의 선거가 연기되었다. 연방파는 후보를 내지 않기로 결정하고 그 대신 다른 공화파를 지지하기로 하였다.

연방파의 지지를 받은 공화파 후보는 드윗 클린턴(DeWitt Clinton)이었다. 그는 뉴욕 시장이며 죽은 조지 클린턴의 조카이자 제임스 매디슨의 철저한 반대자였다. 그의 뒤에 등장하게 되는 또 한 사람의 클린턴과 마찬가지로 드윗은 사람들에게 모든 것을 해줄 것 같은 태도를 취했다. 그는 연방파에게는 반전 후보처럼 호소했고, "버지니아 왕조"(워싱턴에서 제퍼슨, 매디슨으로 이어지는 백악관에 대해 반감을 가진 남부 사람들이 만들어낸 표현)를 혐오하는 뉴잉글랜드의 공화파에게도 매력적인 인물이었다. 1812년 8월에 연방파는 극비리에 모여 암묵적으로 그를 지지하기로 결정했다.

선거전 클린턴 지지자들은 반전을 표방하면서도 선거인들에게는 클린턴이 당선되면 전쟁을 시작할 것이며, 다만 매디슨보다는 훨씬 현명한 방법으로 전쟁을 치를 것이라는 점을 확신시켜 주려 했다. (2004년 선거를 잘 살펴보라. 사고방식이 이 당시와 흡사하지 않은가!) 클린턴 지지자들은 현직 대통령인 매디슨을 "본심은 비겁자이면서 … 전쟁을 지지한다"고 비방했는데, 이는 대중들의 분노를 야기시켜 전쟁을 지지하게 만들려는 술책이었다. 그러나 영국과의 전쟁을 원하는 여론이 원체 강했기 때문에 이런 술책은 효과가 없었다.

승자 : 제임스 매디슨 연방에 가입한 18개 주의 선거인 투표를 세고 나서 제임스 매디슨이 승자로 선언되었다. 매디슨은 128표를, 클린턴은 89표를 얻었다. 이때부터 미국 역사상 "전쟁을 수행 중인" 대통령이 선거로 자리에서 물러난 적이 없었다.

이 선거는 연방파의 종말의 시작을 알리는 선거였다. 이후 수년 동안 연방파는 정치무대에서 자취를 감추어 갔다. 역설적이게도 그 이유는 연방파의 사상—연방은행, 상비군, 중앙의 지배를 받아들이지 않으려는 완강한 주들을 누를 수 있는 강력한 중앙정부 등—이 대부분 미국인들의 생활 속에서 구현되었거나 아니면 곧 실현될 것이기 때문이었다. 그러나 궁극적인 원인은 연방파가 자신의 역할—부유하고 세력 있는 자들을 대변하는 당, 북부 뉴잉글랜드 지역의 주들만 대변하는 당—을 지나치게 좁게 설정한 때문이었다. 미국인들이 대륙을 가로질러 팽창해 가자 미국인들은 이 신생국의 보다 광범위한 지역과 민주주의적인 가치관이 정치적으로 반영되기를 바랐던 것이다.

1 8 1 6

제임스 먼로

★ ★ ★ ★ ★ ★ ★ ★ ★ ★ ★ vs. ★ ★ ★ ★ ★ ★ ★ ★ ★ ★ ★

루퍼스 킹

1812년에 시작된 전쟁이 1814년에 미국 쪽에 유리하게 종결되었으나 매디슨은 두 번째 임기를 마치면 물러나는 전통을 지키겠다고 선언했고, 제임스 먼로(James Monroe)가 뒤를 이을 준비를 마치고 그의 뒤에 서 있었다.

먼로는 독립전쟁에 참가한 버지니아 출신으로서 대통령—워싱턴, 제퍼슨, 매디슨—이 된 마지막 세대였다. 그는 헌법을 제정한 대륙회의에 참가했고, 상원의원을 지냈으며, 워싱턴과 제퍼슨 밑에서 주 프랑스 대사를 맡았고, 국무성 장관을 지냈으며, 매디슨 행정부에서는 전쟁성 장관대리를 지낸 화려한 경력을 갖고 있었다.

이 모든 경력에도 불구하고 먼로는 열정이 부족한 장군으로서의 이미지를 갖고 있었다. 그는 정직하고 근면한 인물이었으나 카리스마가 부족했다. 그런데 반대당에서도 강력한 적수가 없었기 때문에 먼로[뿐만 아니라 그의 러닝메이트인 다니엘 톰킨스(Daniel Tompkins)]의 장점을 부각시킬 필요가 없었다.

　연방파에서는 북부의 서너 개 주가 모여서 만년 부통령 후보였던 루퍼스 킹을 먼로에 대항하는 대통령 후보로 내세우려는 결정을 하였지만 공식적인 후보지명을 하려는 의욕을 보이지는 않았다. 루퍼스가 나선 것은 죽어가는 정당의 의욕 없는 결정이었다. "우리 세대의 연방파는 과거에 만족할 수밖에 없어." 선거가 끝나기도 전에 루퍼스가 한 친구에게 한 말이다.

　선거전　선거전이라고 할 만한 게 없었다. 루퍼스 킹은 먼로에게는 "열정적인 지지자도 없고 … 그는 모든 사람의 적대감으로부터도 벗어나 있다"고 공격했다. 이 말은 정확한 표현이기는 하지만 공격의 포인트라고 할 수는 없다.

　승자 : 제임스 먼로　먼로 183표, 루퍼스 킹 34표. 바야흐로 "기분 좋은 시대"가 시작되고 있었다.

1820

제임스 먼로

★ ★ ★ ★ ★ ★ ★ ★ ★ ★ VS. ★ ★ ★ ★ ★ ★ ★ ★ ★ ★

단독 후보

1817년 3월의 취임식 연설에서 먼로는 "우리의 연방에 가득 찬 여론의 조화를 목격하는 것은 얼마나 영광스러운가. 우리의 제도에는 불화가 들어설 틈이 없다"고 언급하였다.

'건국의 아버지들'이라면 이렇게 말할 수 있겠지만 혐오스러운 정치가가 이 말처럼 행동한 적은 한번도 없었다.

1820년 무렵에는 성공적인 전쟁, 경제적 번영, 연방파의 쇠퇴만큼 공화파에게 기분 좋은 일은 없었다. 야생에서는 천적이 사라지면 포식자로부터 자유로워진 생명이 번성한다.

미국이 당면한 가장 심각한 과제는 인구 면에서 북부가 남부를 급속하게 추월하고 있었고, 그래서 정치의 기후가 변하고 있다는 것이었다. 만약 루이지애나 매입지로부터 노예제를 채택하지 않은 주들이 연방에 가입하게 된다면 남부는 곧바로 소수파로 밀려나게 될 형편이었다. 이런 우려를 달래기 위해 먼로는 북위 36° 30′ 이남에서는 노예를 소유할 수 있다는 '미주리 타협안'(Missouri Compromise)에 서명하였지만 이것은 미래의 분열의 기반을 만든 것이었다.

어쨌든 당시로서는 모든 것이 잘 되어갔다. 공화파는 제임스 먼로를 대통령 후보로, 다니엘 톰킨스를 부통령 후보로 다시 한 번 지명했다.

연방파는 그 존재가 없어졌기 때문에 후보가 나오지 않았다. 역사상 세 번째이자 마지막으로 상대 후보가 없는 대통령 후보가 나와 선거를 벌였다.

승자 : 제임스 먼로 먼로는 한 표를 제외하고 선거인 투표를 전부 얻었다. 뉴햄프셔에서 어느 인색한 선거인이 먼로 행정부의 국무성 장관인 존 퀸시 애덤스에게 한 표를 던졌다. 그래서 조지 워싱턴이 미국 역사상 만장일치로 당선된 유일한 대통령으로 남게 되었다.

1824

존 퀸시 애덤스

★ ★ ★ ★ ★ ★ ★ ★ ★ ★ ★ VS. ★ ★ ★ ★ ★ ★ ★ ★ ★ ★

앤드류 잭슨

"모든 거짓말쟁이들과 망나니들이
나의 명성을 무너뜨리기 위해 밤낮으로 애쓰고 있다."

– 존 퀸시 애덤스(John Quincy Adams) –

혼탁도 ★ ★ ★ ★ ★ ★ ★ ★ ★ ★
1　2　3　4　5　6　7　8　9　10

여러 대통령이 그랬지만 제임스 먼로도 자리를 내놓아야 할 때쯤 되어서 완숙한 대통령이 되었다. 서반구는 다른 강대국의 식민지가 될 수 없다는 역사적인 먼로 독트린이 발표된 것은 그의 두 번째 임기가 정점에 이르렀을 때였다. 먼로 독트린은 외교관계의 쿠데타와 같은 성격의 정책이지만 실제로 먼로의 두 번째 임기 동안의 뜨거운 쟁점은 그것이 아니라 후계자 지명문제였다.

1824년의 선거는 오늘날의 선거와 공통점이 많은데, 1821년에 먼로가 취임한 그 순간부터 다음 대통령 후보들이 비공식적인 선거운동을 시작했다는 점에서 특히 그러하다. *Nile Register*란 신문은 선거전에 뛰어들겠다는 의사를 밝힌 사람으로서 17명의 이름을 보도했다. 그 중에는 전쟁성 장관 존 C. 칼훈, 재무성 장관 윌리엄 크로우포드, 전임 하원의장 헨리 클레이, 뉴올리언스의 영웅이자 "평범한 시민의 친구"라고 불리던 앤드류 잭슨 같은 영향력 있는 인물들이 있었다. 그리고 국무성 장관이자 2대 대통령의 아들이며 명석하지만 도도하다는 평을 듣던 존 퀸시 애덤스도 포함되어 있었다.

크로우포드가 선두주자란 평가—먼로 자신이 그를 선호했다—를 받았고, 그는 코커스가 소집되면 경쟁자를 누르고 자신이 후보로 지명될 것이란 확신을 갖고 있었다. 그런데 후보지명 전에 재미있는 일이 벌어졌다.

1804년부터 소수의 영향력 있는 의원 그룹—코커스(caucus)—이 공화당의 후보를 선발해 왔었는데 이즈음에는 대중의 여론이 코커스의 결정에 우호적이지 않았다. 많은 미국인들은 코커스가 엘리트주의 집단이라고 느끼고 있었다. 미주리, 켄터키, 테네시, 오하이오, 일리노이 같은 서부지역 주의 주민들은 대통령선거에서 자신들의 목소리가 좀 더 직접적으로 반영되기를 원했고, 그래서 그들의 바람을 보다 진지하게 대변해 주는 인물들을 의회로 보냈다. 테네시 주는 버지니아 출신의 가발 쓴 귀족보다 못할 게 없다며 반쯤 문맹이자 너구리 털모자를 쓴 데이비 크로켓(Davy Crockett)을 뽑아 연방의회로 보냈다.

세상이 바뀌고 있다는 것을 알아차린 후보들은 코커스 통과절차를 보이코트하고 직접 지지자를 모아 선거운동을 시작했다. 그런데 크로우포드만은 이런 흐름에 합류하지 않았다. 코커스가 크로우포드를 대통령 후보로 지명했으나 효력이 없었다. 거칠고 혼란스러운 상황이 벌어졌다. 미국의 선거제도는 다시 만들어져야 했고, 아무도 크로우포드를 단독 후보로 인정하지 않았다. 이른바 '대통령을 만드는 코커스' 제도는 공식적인 사망선고를 받았고, 이후로는 코커스에서 후보를 지명하는 일이 없어졌다.

후보

앤드류 잭슨 앤드류 잭슨(Andrew Jackson)은 1767년 사우스캐롤라이나 주에서 태어났다. 그의 부모는 아일랜드 이민이었고, 벽촌의 가난한 농민이었다. 그런 연유로 그는 19세기의 가장 인기 있는 상품—진정한 "시골뜨기" 출신의 대통령 후보(그런 후보로는 미국 역사상 그가 첫 번째였다)—이 되었다. 그는 14살에 고아원에 보내졌다가 성공한 변호사, 정치가, 장군으로 성장했다. 1815년에 뉴올리언스에서 영국군을 물리친 후 잭슨은 국가적인 영웅이 되었다. 그는 큰 키에 얼굴도 잘 생겼고, 전쟁터와 선거에서 그와 맞섰던 사람들이 인정하듯 극도로 냉혹한 인물이었다.

윌리엄 크로우포드 말하자면 환상적인 후보였다. 그의 화려한 이력을 열거하자면 상원의원, 주 프랑스 대사, 전쟁성 장관(매디슨 대통령 내각), 재무성 장관(먼로 대통령 내각)이었다. 그는 건장하고 잘 생긴 얼굴에다 상냥하고 붙임성이 있는 인물이었다. 그러나 후보로 지명된 직후에 불행하게도 뇌졸중으로 쓰러졌고, 그 후유증으로 거의 실명상태에 빠졌다. 크로우포드(William Crawford)는 우여곡절 끝에 내각의 각료 자리에는 복귀하였으나 대통령선거전의 선두주자 자리는 잃어버렸다.

헨리 클레이 켄터키 토박이. 클레이(Henry Clay)는 1812년 전쟁[3] 때에 '매파'의 리더였고 이제는 하원의장이었다. 그는 국립은행과 상비군을 설치할 것을 주장하는 열렬한 애국주의자였으며, 또한 도박을 몹시 즐겨 어디를 가나 카드 게임을 벌리는 것으로 유명하였다.

존 퀸시 애덤스 애덤스는 좋은 가문—그의 아버지는 미국의 2대 대통령—과 뛰어난 경력을 자랑하는 인물이었다. 그는 1812년 전쟁을 종식시킨 겐트(Ghent) 조약 협상을 성공적으로 이끌어냈고, 제임스 먼로 대통령의 국무성 장관으로서 열정적으로 일했다. 그러나 잘 생긴 그의 적수와는 달리 애덤스는 키가 작고 눈동자를 쉴 새 없이 굴리는 버릇이 있었다. 그 자신조차도 스스로를 "냉정하고 과묵하며 근엄하여 다른 사람이 쉽게 접근하지 않는 매너를 가졌다"고 평하였다.

선거전

한마디로 말해서 추악했다. 특히 애덤스에 대한 악의적인 소문—그의 아버지인 노년의 전직 대통령은 아들과 정치적 관계를 단절했고, 당선되면 자리를 주겠다는 약속으로 표를 모으고 있다는 소문—이 유포되었다. 그러나 사람들은 그의 면전에서는 웃는 얼굴을 보였다. 그는 "불만스러운 것은 내 평판을 모조리 흠집내려는 움직임이 아니라" 그런 모함이 "존경받고 명망 있는 인물들로부터 나오고 있다는 것"이라고 썼다.

20여 년 동안의 조용했던 대통령선거가 끝나고 전단과 팸플릿을 만드는 자들이 다시 깨어나 진흙덩이를 던지기 시작했다. 그들은 애덤스의 고상하지 못한 옷차림—애덤스는 실제로 튀는 옷차림을 자주 했다. 넥타이를 찾지 못하면 목에 검은 리본을 둘렀다—을 풍자했고, 클레이를 주정뱅이라 불렀으며, 잭슨은 1813년에 명령불복종 병사를 살해했다는 비난을 받았다(이 혐의는 다음 선거에서도 잭슨을 따라다녔다). 크로우포드는—몸을 움직일 수도 없고 실명인 상태에서도 선거전을 계속하였다—재무 장관으로서의 임무를 제대로 수행하지 않는다는 비난을 받았다.

어떤 정치가는 만약 이 모든 비난과 혐의가 사실이라면 "우리의 대통령들, 장관들, 의원들은 모두 반역자이자 도둑"이라고 하였다.

(최후의) 승자 : 존 퀸시 애덤스

대통령선거인의 투표는 12월 초에 끝났으나 또 한 차례의 경주를 더 벌여야 했다. 앤드류 잭슨은 선거인 투표의 99표를 얻었고 (사상 처음으로 실시된 유권자 직접투표에서도 잭슨은 선두를 차지했다. 물론 이때도 24개 주 가운데서 6개 주는 주 의회에서 선거인을 지명하고 있었다) 그 뒤를 애덤스가 84표를 얻어 바짝 뒤따랐고 윌리엄 크로우포드는 41표, 헨리 클레이는 37표를 얻었다. 과반수를 얻은 후보가 없었기 때문에 결국 대통령 선출은 의원 한 사람이 한 표씩을 행사하는 하원으로 넘겨졌다. (존 C. 칼훈은 부통령으로서 이미 과반수 표를 획득했기 때문에 누가 대통령이 되든 그의 자리는 정해졌다.)

투표일은 1825년 2월 9일로 정해졌고 후보자들은 의회 안의 지지자들을 모으기 위해 바삐 움직였다. 잭슨이 선거인 투표에서 최다득표를 했기 때문에 많은 사람들은 그가 당선되리라고 믿었다.

헨리 잭슨이 경선을 포기하자 사태는 결정되었다. 그는 자신을 지지한 3개 주—오하이오, 미주리, 켄터키—를 존 퀸시 애덤스에게 몰아주었다. 클레이는 잭슨과 애덤스 사이에서 저울질을 하다가 애덤스에게 표를 몰아주기로 결심한 듯하다. 애덤스가 서부 변경의 주들이 간절히 기대하던 도로와 운하를 건설할 재원을 제공해 줄 것으로 기대했기 때문이다. 물론 많은 사람들이 그들 둘 사이에서 애덤스에게 표를 몰아주면 클레이에게 각료 자리를 준다는 "부패한 타협"이 있었다고 추측했다. 애덤스는 그후 그런 타협은 없었다고 항상 주장했다.

결과적으로 2월 9일에 선거가 끝나자 애덤스는 13개 주의 표를 얻어 과반수를 득표했고 잭슨은 7개 주, 크로우포드는 4개 주의 표를 가져갔다. 애덤스는 대통령이 되었고, 이후의 4년은 그에게 끊임없는 재난을 안겨주었다.

★·★

대통령이 될 수 있을까 없을까? 존 퀸시 애덤스는 1824년의 선거를 앞두고 햄릿 식의 갈등에 빠졌다. 그는 일기에 다음과 같이 썼다. "심장이 오그라드는 듯하다. 엄청난 불확실성의 선거에서 내가 성공을 기대해도 될까?" 그는 한편으로는 "내 마음이 간절히 바라는 바는 연방의 모든 시민이 서로 조화를 이루게 하는 것"이라고 썼다. 다른 한편으로는, 이기고 지는 "전망을 예측해 보면 고통스럽지만 아무래도 성공하는 쪽이 가능성이 가장 많은 것 같다. 성공하지 못했을 때의 수치스러움은 그것 때문에 내게 주어질 안락한 생활이 보상해 주는 것보다 훨씬 더 고통스러울 것이고, 그래서 나는 당선을 간절히 바랐던 게 사실이다"고 적었다.

클레이 대 잭슨 헨리 클레이는 앤드류 잭슨을 싫어했고—그는 잭슨을 무식하고 난폭한 군인 자객으로 평가했다—굳이 그것을 숨기려 하지 않았다. "나는 뉴올리언스에서 2천5백 명의 영국인을 죽인 것이 어렵고 복잡한 최고행정관의 자리에 오를 수 있는 자격이라고 생각하지 않는다." 클레이가 한 말이다.

잭슨 대 클레이 애덤스가 대통령이 된 직후 헨리 클레이를 국무성 장관으로 임명한다고 발표하자 잭슨은 한 친구에게 이렇게 말했다. "그것 봐, 서부의 유다(클레이)가 계약을 이행하고 은화 30냥을 받았다니까. 그도 같은 최후를 맞을거야. 이런 뻔뻔한 부패가 다른 나라에도 있은 적이 있는가?"

결투 1824년의 선거는 치열했고 그 후유증으로 결투가 있었다. 1826년 4월에 성격이 불 같은 버지니아 출신의 상원의원 존 랜돌프가 의회에서 헨리 클레이가 존 퀸시 애덤스에게 선거를 갖다 바쳤다고 비난하는 연설을 하였다. 이 연설에서 그는 클레이를 'backleg'이라 불렀는데, 이 말은 카드 게임에서 속임수를 쓰는 사람을 일컫는 속어였다. 이 말을 참을 수 없었던 클레이는 랜돌프에게 결투를 신청했다.

두 사람은 이른 아침 포토맥 강가의 인적이 없는 곳에서 만났다. 두 사람은 정해진 위치에 섰고 상원의원 토마스 하트 벤튼 등이 증인으로 참관하였는데 코미디 같은 실수가 생겼다. 랜돌프가 실수로 피스톨을 발사하여서 다른 피스톨을 건네주어야 했다. 두 사람은 각자를 향하여 피스톨을 발사하였고 둘 다 맞히지 못했다. 다시 장전한 후 클레이가 쏜 총알이 랜돌프의 외투를 뚫었으나 부상은 입히지는 못했다. 랜돌프는 잠시 멈춘 후에 일부러 공중에다 피스톨을 발사했다.

"클레이 씨, 나는 당신을 맞히고 싶지 않습니다." 랜돌프가 말했다. 두 사람은 악수를 나누었고, 그후로 친한 사이가 되었다. 벤튼 의원은 이 결투가 "내가 본 마지막 고상한 결투였다"고 냉소적인 평가를 하였다.

패션감각이 있는 정적들은 존 퀸시 애덤스의 옷차림이
대통령이 되기에는 너무 형편없었다고 비난했다.

1828

앤드류 잭슨

★ ★ ★ ★ ★ ★ ★ ★ ★ vs. ★ ★ ★ ★ ★ ★ ★ ★ ★

존 퀸시 애덤스

"투표장으로! 투표장으로! 성실한 파수꾼은 졸지 않아야 한다.
누구도 집에 머물지 말고 모두 투표장으로!"

– *United States Telegraph*지 –

혼탁도 ★ ★ ★ ★ ★ ★ ★ ★ ★ ★
　　　 1 2 3 4 5 6 7 8 9 10

1828년의 선거는 앤드류 잭슨의 분노가 폭발하는 것으로부터 시작되었다. 잭슨은 키가 6피트에 뉴올리언스 개척민의 영웅이었다. 독립전쟁 시기에는 13살의 소년으로서 영국군 장교의 신발을 닦으라는 명령을 거부하다 군도로 머리를 얻어맞은 적이 있었고, 일가족이 천연두에 걸려 어머니와 두 형제가 죽었을 때도 살아남았으며, 1814년에는 영국군을 무찔렀을 뿐만 아니라 크릭 인디언 동맹, 세미놀 인디언, 스페인 군대를 물리쳤다. 한마디로 잭슨은 버릴 수 없는 인물이었다.

영국군 장교의 신발 닦기를 거부하는 잭슨

잭슨은 존 퀸시 애덤스가 대통령이 되기 위해 헨리 클레이와 "더러운 뒷거래"을 했다고 믿고 있었으며, 그래서 일을 바로 잡아야 한다는 확신을 갖고 있었다. 테네시 출신 의원들의 적극적인 지지를 받고 있던 그는 1825년에 상원의원직을 사임하고 대통령 선거운동에 들어갔다.

임기가 시작하자 평탄치 않은 길을 가고 있었던 존 퀸시 애덤스로서는 이것은 나쁜 소식이었다. 애덤스의 취임식 날에 순회 서커스단이 도시로 들어오자 취임식은 빛이 바랬다(1800년대 초기에 서커스 구경은 쉬운 일이 아니었다). 그와 아내 루이자(Louisa)는 백악관에 들어갔을 때 전임 먼로가 백악관을 쓰레기장처럼 남겨두고 나갔다는 것을 알게 되었다. 가구들은 부서져 있었고 집안은 엉망이었기 때문에 루이자는 훗날 비난을 듣지 않기 위해 사람들을 불러와 그런 모습을 직접 보게 하였다.

애덤스의 집권은 대실수와 함께 시작되었다. 그는 의회에 보낸 첫 번째 시정방침에서 외교문제나 팽창하는 서부의 미래에 대해서는 언급하지 않고 "하늘의 등대"가 될 일련의 천문관측소를 설치하는 국립관측소 설립계획을 발표하였다. 애덤스가 시대를 훨씬 앞서가고 있었음은 인정해야 하지만(그는 또한 도량형 제도를 개선하는 정책을 추진하였다), 그러나 이것은 현대의 대통령이 한 시간짜리 시정방침을 발표하면서 미터법을 채택하는 정책을 열정적으로 주장하는 것과 비슷한 일이다.

사태는 더욱 나빠졌다. 그에 대해 동정적인 전기작가가 쓴 글을 보면 애덤스 행정부는 대부분의 임기 동안 "운 나쁜 실수의 연속이었고, 대중의 관심으로부터 잊혀졌으며, 남은 것이라고는 실패에 따른 대통령의 개인적 고뇌뿐이었다." 서부의 잭슨 지지자들(그 가운데는 애덤스의 부통령이었던 존 C. 칼훈도 들어 있었다)이 "부패와 뒷거래"를 요란스럽게 공격하였고, 애덤스는 언제나 수세에 몰렸다. 그가 "음모가들"에게 포위되어 있고 "비밀 심문관들"에게 심문을 당하고 있다고 느낀 것은 이상한 일이 아니었다. 실제로 그랬다. 악의에 찬 의회의 반대파들이 외교정책과 국내문제 모두를 두고서 그를 가로막았다.

이토록 수많은 충돌과 분열 속에서 공화파는 둘로 나누어질 수밖에 없었다. 국민공화파(The National Republican)는 애덤스와 그가 선택한 부통령 후보이자 재무성 장관인 리처드 러시(Richard Rush)를 지지했다. 국민공화파는 부유한 상인계층과 대토지 소유자들이 중심인 구파 공화파였다.

이들에 맞선 앤드류 잭슨과 러닝메이트 존 C. 칼훈은 서부의 소농과 동부의 노동자 계층의 지지를 받고 있었다. 이들은 처음에는 스스로를 '앤드류 잭슨의 친구들'이라고 부르다가 후에는 '민주공화파'라고 불렸고, 결국에는 '민주당'이라고 불렸다. 이 그룹이 미래의 민주당의 핵심을 형성하게 된다.

1828년에는 두 그룹이 선거절차의 중요한 변화—직접선거의 확대—를 두고 경쟁을 벌였다. 1828년에는 1824년보다 4배나 많은 사람들이 대통령선거에서 표를 던졌다. 두 개의 주(델라웨어와 사우스캐롤라이나)를 제외한 모든 주에서 그들의 후보를 결정하는 데 이런 방식의 투표를 하였고, 이는 곧 그렇지 않아도 소란스러운 대통령선거전이 더욱 소란스러워졌다는 것을 의미한다.

후보

민주공화파 : 앤드류 잭슨 잭슨 장군—이때 61세였다—은 전성기를 맞고 있었다. 1824년의 선거에서 백악관을 도둑맞았다고 믿고 있었고, 또한 평생 동안 권력을 특권층으로부터 찾아와 시민들의 손에 쥐어주어야 한다는 진지한 믿음을 갖고 있었던 잭슨은 자신의 사랑스러운 아내 레이첼과 함께 앞장서서 보통 사람들을 대변하는 대통령이 되는 꿈을 갖고 있었다. 그러나 불행하게도 그의 꿈은 부분적으로만 이루어지게 된다.

국민공화파 : 존 퀸시 애덤스 존 퀸시 애덤스—그도 61세였

다―는 지난 수년 동안 힘든 날들을 보냈기 때문에 정말로 강인한 자부심을 가지고 선거전에 뛰어들었을 것이다. 한 예를 들자면 그는 역사상 최초로 살해된 대통령이 될 뻔하였다. 한 정신이상인 의사가 (시민들이 대통령을 만날 수 있도록 백악관이 공개되는 날에) 백악관에 들어와 공개적으로 그를 죽이겠다고 소리쳤다. 애덤스는 이 정신병자와 맞서 당당하게 꾸짖어 주었다. 오늘날의 역사학자들은 애덤스가 의학적으로는 신경쇠약 상태에서 1828년의 대통령선거전에 뛰어들었다고 추정한다. 이는 그럴 듯한 해석이다.

선거전

한쪽은 국가를 "시끄러운 민주주의"로부터 지킨다고 주장하고 다른 한쪽은 "거만하고 지갑 자랑 하는 특권층"에 대항하여 싸운다고 주장하는 선거전이 어떤 양상이겠는가? 악의로 가득 찬 선거전이 아니면 이상하지 않은가?

선거전은 두 후보가 지명된 후인 1827년 9월에 시작되었다(양당은 그때까지도 후보지명 전국대회 같을 것을 열지 않았고, 그래서 잭슨과 애덤스는 일련의 주 단위 후보지명 특별대회와 군중집회를 거쳐 후보가 되었다).

잭슨은 각 주마다 당 조직을 갖출 필요가 있다는 것을 이해했기 때문에 곧바로 앞서 나가기 시작했다(그는 지지자들에게 "여러분은 사람들을 조직하여 물리적인 힘을 가져야 합니다"라고 말했다). 곧 전국 도처에서 "잭슨의 친구들"이 '뉴올리언스의 영웅', '올드 히코리' (Old Hickory)[4]에게 몰려오기 시작하였다. 이들 "만세부대"가 정치적인 노래를 지어 부르고 팸플릿을 만들어 돌리며 애덤스를 맹렬하게 공격하였다. 잭슨의 어느 지지자는 "[애덤스의] 습관과 사상은 … 민주적인 시민의 관념과는 상통하지 않는다"고 썼다. 그들은 애덤스의 "수상쩍은 외국인 아내"(루이자는 영국 출신이었다)와 관련된 소문을 퍼뜨렸다. 대통령이 백악관에 당구대와 상아로 만든 서양 장기를 사들이자 잭슨의 지지자들은 "게임 테이블과 도박용 가구"를 사들였다고 비난했다. 그들은 애덤스를 왕권주의자라고 불렀고, 안식일에 여행을 하였다고 해서 반(反)종교주의자라 공격했다. 뿐만 아니라 애덤스와 국무성 장관인 헨리 클레이와의 우정과 교분을 두고도 "더러운 뒷거래"로 장관 자리를 준 것이라고 모함했다. (*New Hampshire Patriot*란 신문은 클레이는 정치인이 아니라 "간사한 정상배, 시골 신사 [애덤스] 앞에서 아첨을 떠는 자"라고 비방했다.)

애덤스의 지지자들도 조직을 만들어 반격하기 시작했다. 그들은 1806년에 아론 버가 연방에 대한 반역을 시도했을[5] 때 잭슨이 그를 도왔다고 주장했다. 그들은 또 잭슨이 독재자의 성향을 갖고 있다고 주장했을 뿐만 아니라, 그들은 잭슨이 철자법도 제대로 알지 못한다고 조롱했다(잭슨은 '유럽'을 '우럽'으로 발음했다고 한다).

공화파는 또한 내용은 말할 수 없이 비열하지만 제목은 그럴 듯한 "회상록 : 잭슨 장군의 23세에서 60세까지의 활기 넘치는 행적 일람표"란 팸플릿을 제작하여 뿌렸다. 이 책자는 잭슨이 벌였다고 하는 싸움, 결투, 요란한 음주파티, 총싸움 등을 나열하고 잭슨을 간통자, 노름꾼, 투계도박꾼, 노예상인, 술주정뱅이, 도둑, 거짓말쟁이, 엄청나게 뚱뚱한 아내의 남편으로 묘사했다.

농촌지역에서 절실히 필요한 공공사업이나 뉴잉글랜드의 수공업자를 보호하기 위한 관세 같은 문제에 대해서 진지하게 대책을 모색하는 논쟁은 거의 찾아볼 수가 없었다. 잭슨은 자신의 견해를 밝히는 것을 회피했고, 이런 태도를 자신의 장점으로 부각시키려 했다. "나의 진정한 친구들이라면 국내문제의 개선이나 공장 같은 주제에 관하여 내게서 어떤 의견을 기대하지는 않을 것이다 …. 내가 나서서 이런 주제들에 관해 나의 의견을 밝히고 강조하면 이기적인 동기에서 표를 모으려고 한다는 비난을 받을 것이다." 잭슨이 한 말이다.

애덤스의 입장은 잘 알려져 있었다. 그는 관세부과와 공공사업을 지지했지만 그의 목소리는 전투의 아우성 속에 파묻혀 버렸다. 그가 의기소침했던 것은 이상한 일이 아니다.

승자 : 앤드류 잭슨 _____

투표는 1828년 9월부터 11월 사이에 각 주마다 다른 날짜에 실시되었다. 잭슨이 깨끗하게 이겼다. 잭슨 642,553표, 애덤스 500,897표. 선거전이 너무나 치열했기에 선거가 끝나면 상대 후보를 찾아가 인사하던 관습을 누구도 지키지 않았다(존 퀸시 애덤스는 그의 아버지에 이어 후임자의 취임식에 참석하지 않은 두 번째 대통령이 되었다).

3월에 잭슨은 취임선서를 하였고, 그날 워싱턴 거리는 이 역사적인 날을 보기 위해 수백 마일 떨어진 곳에서부터 몰려온 보통 사람들의 물결로 넘쳐났다. 잭슨의 지지자들이 백악관으로 몰려들어 가면서 값비싼 카펫에다 흙발을 닦았다는 얘기는 유명한 얘기다. 골동품 의자는 부서졌고 사람들은 눈에 보이는 대로 먹고 마셨다. 수천 달러가 나가는 유리잔과 도자기가 깨지고 싸움판이 잇달았으며, 부녀자들은 정절이 더럽혀질까 두려워했다고 한다. 끝판에는 지친 잭슨이 뒷문으로 몰래 빠져나가 시골 여관에서 잠을 잤다.

★ · ★

존 Q. 애덤스, 뚜쟁이 정말 비열한 사람은 벨트 아래를 친다. 잭슨 지지자들은 도덕군자인 체하는 애덤스가 주 러시아 대사로 일할 때 아내의 하녀를 차르 알렉산더 1세에게 후궁으로 바쳤다고 주장했다. 그들은 이것을 정말 진지하게 믿고 있었다. 애덤스는 결백했지만 이런 거짓말이 쉽게 먹혀들 만한 단서는 있었다(애덤스는 차르에게 젊은 여성을 소개해 준 적은 있었다).

앤드류 잭슨, 중혼자(重婚者) 공화파는 잭슨뿐만 아니라 그의 아내 레이첼을 향해 복수의 일격을 날렸다. 레이첼은 전에 루이스 로버즈(Lewis Robards)와 결혼한 적이 있었는데, 루이스는 아내를 학대하고 병적으로 질투심이 강한 사람이었고, 결국 1790년에 이혼하기 위해 레이첼과 헤어졌다. 잭슨은 레이첼의 이혼이 완결된 것으로 알고 1791년에 그녀와 결혼했다. 그런데 그런 게 아니었다. 루이스 로버즈는 이혼 수속을 미루고 있었다. 목사는 이혼선언을 2년 동안이나 팽개쳐 두고 있었고, 이 사실이 알려지자 잭슨과 레이첼은 합법성을 갖추기 위해 다시 결혼해야 했다.

이 일 때문에 레이첼—잭슨은 그녀를 깊이 사랑하고 있었다—은 상상할 수 있는 가장 추악한 모함의 희생자가 되었다. 공화파는 그녀를 "창녀", "더럽고 음침한 탕녀", "공개적이고 악명 높은 간부(姦婦)"라고 불렀다. *Cincinnati Gazette*지는 "처벌받아야 할 간부와 그녀의 정부(情夫)가 이 자유로운 기독교 국가의 최고위직에 오를 수 있단 말인가?"라는 기사를 실었다.

애덤스의 지지자들은 잭슨이 냉정을 잃고 누군가에게 결투를 신청하기를 바랐고, 그래서 그를 고문하는 사람 중 누군가를 실제로 죽이기를 기대했다. 그런데 정작 일은 레이첼에게서 벌어졌다. 과체중에다 건강상의 문제를 갖고 있던 레이첼에게 이 공격은 바로 심장에 일격을 가했다. 잭슨이 선거에서 승리한 직후인 1828년 12

성경을 들먹이는 공화파는 앤드류 잭슨의 아내를 "더럽고 음침한 탕녀"로 묘사했다.

월에 레이첼은 심장마비로 죽었다. 잭슨은 깊은 슬픔에 빠졌고, 구약성서에 나오는 선지자처럼 분노했다. 아내의 장례식에서 잭슨은 비통한 어조로 이렇게 말했다. "이 선량한 천사 앞에서 나는 내 모든 적들을 용서할 수 있다. 그러나 그녀를 살해한 악랄한 비겁자들은 신에게 자비를 빌어야 할 것이다."

가장 악의적인 욕설 퍼붓기 아마도 잭슨을 향한 가장 비열한 정치적 공격은 악명 높은 '관(棺) 전단'일 것이다. 여섯 개의 관이 그려진 그림 위쪽에 "잭슨 장군의 피로 얼룩진 행적의 일부분의 부분"이란 제목이 붙은 이 전단은 널리 유포되었다. 1812년 전쟁 동안에 잭슨은 6명의 민병대원을 처형하는 명령서에 서명한 적이 있었다. 이들 6명은 복무기한이 지났다고 생각한 200명의 민병대가 더 이상의 전투를 거부하고 반란을 일으켰을 때 주동자들이었다. 군부는 그들의 요구를 거부하고 군사재판에 부쳤다. 재판결과 대부분은 벌금형에 처해졌으나 6명의 주동자는 사형선고를 받았다. 잭슨은 이들의 처형 명령서에 서명했고, 당시에는 이에 이의를 제기한 사람은 없었다. 선거전이 벌어지자 '관 전단'은 잭슨을 피에 굶주린 무자비한 인물로 그려냈다. "잭슨이 갚아야 한다! 죽은 자들의 억울한 비명을 들어보라! 그 무자비한 짓을!"

'왜 그에게 투표하면 안 되는지'를 가장 포괄적으로 설파한 글 반잭슨 진영에서 뿌린 전단은 모든 것을 언급하고 있었다. "잭슨은 심판관도 아니며 정치가도 아니다. 그는 역사, 정치, 통계에 대해서는 아무런 지식도 갖고 있지 않다. 그는 그가 쓰는 언어의 철자법, 발음, 인칭도 제대로 알지 못한다. 그는 노동이 무엇인지 알지 못하고, 참을성도 없으며, 일을 처리하는 방법도 모른다. 여러분은 이 모든 것을 알고 있을 것이다. 요컨대, 그가 남보다 나은 것이라고는 동물적 흉포함과 육체적인 에너지뿐이다. 그는 교육, 습관, 기질 등 그 어느 면으로 보아도 대통령 자리에 완벽하게 부적합한 인물이다."

1 8 3 2

앤드류 잭슨

★ ★ ★ ★ ★ ★ ★ ★ ★ ★ ★ VS. ★ ★ ★ ★ ★ ★ ★ ★ ★ ★ ★

헨리 클레이

"왕좌에 앉아 있는 왕, 흙먼지 속에 앉아 있는 시민들!!"

– 반잭슨 기사 제목 –

혼탁도 ★ ★ ★ ★ ★ ★ ★ ★ ★ ★
　　　　1　2　3　4　5　6　7　8　9　10

앤드류 잭슨에 관한 최고의 역설은, 그가 통나무 오두막에서 태어난 최초의 미국 대통령이고 스스로는 보통 사람들의 대변자라고 자부하는 사람이었는데 1832년의 선거에서는 그의 적들이 그를 독재자라고 비난한 것이다.

잭슨이 취임식 날 백악관에서 벌어진 난장판 때문에 발생한 집기 파손을 변상하고 나서 첫 번째로 한 일은 평생 동안 보장된 자리에서 할 일 없이 보내는 무능한 관료들을 추려내는 것이었다. 그는 "공무원의 일이란 … 너무나 쉽고 간단하기 때문에 지각이 있는 사람이라면 누구나 그런 일을 할 수 있는 자격을 갖추고 있음을 쉽게 증명할 수 있을 것"(이 말은 달리하자면 백치도 공무원이 하는 일을 할 수 있다는 뜻이다)이라고 선언하고 이른바 순환근무를 실시할 것을 지시했다. 반대파는 이를 노획 시스템(spoil system)이라 이름을 붙였는데, 해고당한 공무원의 자리에는 민주당원이 충원되었기 때문이다. 연방 공무원 가운데 해고된 사람은 전체의 10% 정도였지만 관료사회 전체가 새로운 대통령을 두려워했다.

1832년의 선거는 정치지형을 바꾸어 놓았다. 그 전까지는 각 주의 입법부가 선거인을 지명했기 때문에 정치적 이슈는 지방차원의 분파적 논쟁을 넘어서지 못하고 있었다. 이를 타파하기 위해 처음으로 전국 규모의 당대회가 열렸다.

첫 번째 대회는 반(反)메이슨파가 열었다. 제3당인 이 정당은 강력한 비밀결사인 프리메이슨에 반대하는 운동에서 생겨났다. 이 당의 후보로 선출된 인물은 이름난 웅변가인 윌리엄 워트(William Wirt)였다. 또한 이 당은 당정강위원회와 당규위원회 같은 상설기구를 처음으로 도입하였다.

국민공화파는—얼마 지나지 않아 스스로를 휘그(Whig)라고 부르기 시작했다—1831년 12월에 전당대회를 열고 헨리 클레이 의원을 대통령 후보로, 전직 검찰총장 존 서전트(John Sergeant)를 그의 러닝메이트로 선출했다.

　　민주공화파는 1832년 5월에 볼티모어에 있는 한 호텔의 살롱에서 모임을 가졌고, 당연히 잭슨을 대통령 후보로 재지명했다. 부통령 후보는 잭슨이 직접 고른 마틴 반 뷰런(Martin Van Buren)이었다. 민주당도 정치집회의 혁신을 가져왔는데, 이후로는 각 주 대표의 과반수로 단일 (대통령) 후보를 선출하기로 결정했다.

후보

　　민주당 : 앤드류 잭슨 사랑하는 아내 레이첼이 떠난 후로 잭슨은 여러 면에서 무언가가 비어 있는 듯한 인물이었다. 개인적으로 만났을 때 그는 기사도 정신이 넘치고 예의바른 사람이었으나 대중들에게는 점차로 냉정하고 완강하며 곧 화를 낼 것 같은 존재로 비쳤다. 실제로 잭슨의 적들은 그의 강인한 기질 때문에 그에게 굴복하는 경우가 많았다.

　　국민공화파 : 헨리 클레이 클레이는 켄터키 출신의 상원의원이며 달변가였다. 그는 잭슨이 "더러운 뒷거래"가 있었다고 주장한 1824년 선거 이후로 민주당의 신랄한 강력한 적수가 되었다. 그럼에도 그와 잭슨은 한 가지 공통점을 갖고 있었다. 클레이는 상원의원 존 랜돌프와 결투를 벌인 적이 있고 잭슨도 여러 곳에서 두 차례에서 (그의 적들의 비방을 그대로 믿는다면) 백여 차례까지 결투를 벌인 적이 있었다.

선거전 _____

미국의 대중들은 1832년의 선거에 대해서 별로 관심이 없었다. 이유는 두 가지였다. 첫째, 1832년에 콜레라가 미국 동부를 휩쓸었기 때문이다. 재난이 덮친 가운데 정치에 관심을 가질 사람은 없었다. 둘째, 선거의 주요 이슈는 잭슨이 연방은행을 공격한 것이었는데, 이런 이슈는 사실 매우 중요하기는 하지만 유권자의 관심을 끄는 주제는 아니었기 때문이다.

초대 재무성 장관 알렉산더 해밀턴이 세금징수, 국가채무 상환, 지폐발행을 위해 연방은행(Bank of America)을 설립하였다. 그런데 잭슨은 주머니 속에서 실감나게 딸랑거리는 소리를 내는 동전을 선호했다. 그는 연방은행을 싫어했고, 특히 연방은행 총재인 니콜라스 비들(Nicho-las Biddle)을 싫어했다(비들은 공화당원이고 은행가 출신이었다). 잭슨은 은행이 엘리트들이 모여 너무 많은 권력을 갖고 있는 기관이며, "부자를 더 부유하게 만들고 힘 있는 자를 더욱 힘세게 만든다"고 생각했다(그의 이런 인식은 어느 정도는 정확했다).

잭슨은 은행 특허 갱신을 거부했고, 이는 곧 연방은행의 업무를 정지시키는 것을 의미했다. 이 조처는 공화당에게도 즐거운 일이 아니었다. 그들은 소리지르기 시작했다. "무지막지한 로마황제 숭배자가 서명한 문서 가운데서 이보다도 더 잘못되고 과격하며 법을 뒤집어 엎는 문서는 반포된 적이 없다." 뉴잉글랜드의 한 신문 편집자가 잭슨의 거부권 행사를 두고 쓴 기사이다. 잭슨에 반대하는 성난 군중들이 연방은행의 필라델피아 본점으로 몰려가 잭슨은 "동료 시민의 이익을 야만적으로 짓밟았다"고 소리쳤다. 노아 웹스터(Noah Webster)는 잭슨이 은행 특허

공화파는 앤드류 잭슨을 소독재자라고 비난했지만 그의 면전에서는 그렇게 말하지 못했다.

갱신을 거부함으로써 "짐이 곧 국가"임을 선언했다고 주장했다.

잭슨은 공격을 멈추지 않았다. 그는 지폐를 발행하는 은행을 혐오했다. 그의 표현을 빌리자면 지폐는 "교활한 쓰레기 돈"이었다. 잭슨의 지지자들은 "헌법이 인정하는 유일한 화폐인 금과 은"을 위하여 축배를 들었다. 잭슨은 니콜라스 비들에게 차르 니콜라스란 이름을 붙여주었다. (비들은 미국 정부가 맡긴 돈을 이용하여 잭슨의 정적들―헨리 클레이를 포함하여―을 지원하고 있었다.)

공화당은 잭슨에게 국왕 앤드류 1세라는 이름을 붙여 반격하였다. 그들은 또 잭슨의 건강문제―직설적인 표현을 즐기는 전임 부통령 존 C. 칼훈의 말을 빌리자면 그의 건강에는 "문제가 있었다"―에 관한 얘기를 지어내어 퍼뜨렸고, 주일에 여행을 한다고 비난했다(역설적이지만 민주당이 존 퀸시 애덤스를 향해 똑같은 비난을 한 적이 있다).

결국 잭슨의 당 조직이 이겼다. 당시 미국을 방문 중이던 프랑스의 관리[6]는 뉴욕에서 잭슨 지지자들이 벌이는 횃불 행진이 1마일이나 이어지는 광경을 목격했다. 잭슨은 클레이의 출신 주인 켄터키에서도 이겼다. 켄터키의 클레이 지지자 가운데 한 사람은 수많은 군중들이 '올드 히코리'에 대한 존경의 표시로 히코리 가지와 히코리 막대기를 들고 행진하는 광경을 바라보고 가슴 아픈 심정을 토로했다.

승자 : 앤드류 잭슨

마침내 잭슨은 선거전을 끝냈다. 잭슨 701,780표, 클레이 484,205표. 그는 연방은행이라는 "부패한 세력가들"의 "압도적인 영향력"을 쳐부수고 정책집행권의 독점을 계속 유지할 수 있었다. (이후로 미국인들은 대통령의 정책집행권 독점을 당연한 것으로 받아들였다.)

★·★

잭슨 풍자하기 1820년대에 미국에서 평판인쇄술이 상업적으로 보편화되어 신문만화를 찍는 일이 손쉬워졌다(그 전에는 삽화는 목판이나 동판에 새겨야 했다). 비쩍 마른 큰 키, 디즈니 만화의 딱따구리처럼 삐죽 솟은 은발머리는 공화당 지지 신문들이 만화로 즐겨 그리던 잭슨의 모습이 되었다.

1832년의 선거전 동안 잭슨은 군침을 흘리는 클레이와 웹스터 앞에 놓인 곧 잡아먹히게 될 바베큐용 돼지, 상대 후보인 클레이와 윌리엄 워트를 상대로 포커 게임—잭슨이 쥐고 있는 카드에는 "음모", "부패"라고 씌어 있다—을 하는 노쇠한 늙은이, 왕관을 쓰고 제왕의 홀을 든 채 헌법과 은행 특허장을 밟고 서 있는 왕의 모습—그림 아래쪽에는 "명령하기 위해 태어난 자"란 제목이 붙어 있다—으로 그려졌다.

하나님! TV 연속극 '길리건의 섬' (Gilligan's Islad)[7]에 나오는 주인공 서스턴 하우월(Thurston Howell)처럼 앤드류 잭슨은 "전능하신 신의 이름으로", "영원하신 신의 이름으로", "신의 피를 걸고서" 같은 계시록 스타일의 과장된 서약을 즐겼다. 그 말고 그처럼 풍부한 저주의 표현을 즐긴 대통령은 린든 존슨(Lyndon Johnson)—존슨은 20세기판 잭슨이라 할 수 있다. 그는 때때로 아주 정선된 구절들을 인용하기를 좋아했다(뒤에 나오는 린든 존슨 편을 보라)—일 것이다.

기사도 정신이 넘치는 잭슨 잭슨은 첫 임기 동안 소위 페기 이튼 사건(Peggy Eaton Affair) 때문에 대부분의 각료들로부터 신임을 얻지 못했다. 잭슨의 절친한 친구이자 전쟁성 장관이던 존 헨리 이튼(John Henry Eaton)이 워싱턴의 술집 주인 딸이며 아름답지만 정조관념이 희박하기로 이름난 페그 오닐(Peg O'Neil)과 결혼했는데, 각료들과 칼훈 부통령의 부인들이 그녀를 멀리하였다. 아내 레이첼이 정적들의 비방 때문에 충격을 받아 죽은 아픈 상처를 아직도 간직하고 있던 잭슨은 페그를 감싸주었다. 그는 페그를 "처녀처럼 순결한 여자"라 불렀고, 정적들은 이를 호재로 활용했다. 그런데 국무성 장관인 마틴 반 뷰런은 이것을 대통령이 되고 싶은 자신의 야망을 키울 수 있는 기회로 생각하고 기회 있을 때마다 페그 이튼을 옹호해 주었다.

화려한 남성편력으로 이름을 날리던 페그 이튼은 당대의 신화적인 인물이었다. 그녀는 남편이 죽고 많은 유산을 물려받았다. 훗날 늙은 페그는 이탈리아의 유명한 발레리나와 결혼하였는데, 이 사내는 페그의 손녀딸과 눈이 맞아 달아났다.

1836

마틴 반 뷰런

★ ★ ★ ★ ★ ★ ★ ★ ★ **VS.** ★ ★ ★ ★ ★ ★ ★ ★ ★

윌리엄 헨리 해리슨

"그[마틴 반 뷰런]의 가슴은
말뚝에 묶여 작은 원을 그리며 도는 길들인 곰처럼 뛴다."

— 데이비 크로켓(Davy Crockett) —

혼탁도 ★ ★ ★ ★ ☆ ☆ ☆ ☆ ☆ ☆
1 2 3 4 5 6 7 8 9 10

데이비 크로켓 의원은 마틴 반 뷰런 의원이 여성용 코르셋을 입고 있다고 비난했다.
그런데 데이비 의원은 그걸 어떻게 알아냈을까?

1836년은 미국 역사상 중요한 변화가 발생한 해였다. 이해 3월에 데이비 크로켓은 알라모에서 싸우고 있었다. 새뮤얼 콜트 (Samuel Colt)는 미국인들이 "평화의 제조자"라 부르게 되는 콜트 연발총을 만들어 특허를 받았다. 예전보다 훨씬 수척해지고 성격이 급해진 앤드류 잭슨이 니콜라스 비들과 연방은행을 상대로 선거전을 계속하고 있었다. 잭슨은 정부의 세수를 연방은행에 맡기기를 거부하고 그 대신 자신의 친구들이 운영하는 "총애"하는 은행에 맡겼다(당연히 이들 은행은 방만한 대출을 해주었고, 결국 정부 세수를 축냈다). 잭슨은 자신의 계획을 따르지 않는 재무 장관을 두 사람이나 해임했고 세 번째에 가서야 자신의 지시를 따르는 재무 장관을 만났다.

잭슨은 두 임기를 채우면 물러나는 전통을 지켰고, 자신이 고른 후계자 마틴 반 뷰런이 민주당 대통령 후보로 지명되도록 조처하였다. 반 뷰런의 후보지명을 확실히 해두기 위해 잭슨은 전당대회의 개최를 요구했고, 이에 따라 1835년 5월에 볼티모어에서 당대회가 열렸는데 선거까지는 1년하고도 9개월이나 남아 있었다. 잭슨이 부통령 후보로 리처드 M. 존슨(Richard M. Johnson)을 미는 과정에서 문제가 있기는 했지만 반 뷰런은 이의 없이 대통령 후보로 지명되었다. 존슨은 1812년 전쟁 때 테임즈 전투에서 인디언 지도자 터컴서(Tecumseh)를 죽였다고 알려진 전쟁영웅이었다. 그러나 그는 줄리아 친(Julia Chinn)이란 흑인 여성과 살면서 이를 감추지 않았고, 둘 사이에서 딸 둘이 태어났다. 존슨은 자신의 가족을 대중 앞에 공개할 만큼 뱃장이 있는 사람이었고, 그래서 남부의 민주당원들은 그의 이름이 호명되자 휘파람을 불어서 반대의사를 표시했다.

1832 휘그당의 만화.
잭슨이 반 뷰런을 업고 가고 있다.

잭슨의 적 공화당은 새로운 정당을 구성했다. 휘그당은 공화파, 반메이슨파, 민주당 이탈파가 모여서 만들었다. 그들의 공통점이란 잭슨과 그의 정책을 싫어한다는 것이었다. 휘그당—이 이름은 왕권에 대한 의회의 우위를 위해 싸웠던 영국의 휘그당에서 따온 것이다—은 후보지명 대회를 생략하고 반 뷰런과 존슨 팀에 대항하기 위해 세 사람의 후보를 내세웠다. 그들의 전략은 반 뷰런의 과반수 득표를 저지하여 대통령 선출을 하원으로 끌고 가는 것이었다. 휘그당의 후보는 메사추세츠 출신 상원의원 다니엘 웹스터, 테네시 출신 상원의원 휴 화이트(Hugh White), 63세의 전직 인디애나 준주의 지사이자 티피카누 전투의 영웅인 윌리엄 헨리 해리슨이었다. 셋 가운데서 해리슨이 훨씬 강력한 후보였다.

후보

민주당 : 마틴 반 뷰런 53세의 반 뷰런은 뉴욕 주지사와 상원의원을 지냈고, 중산층 집안에서 자랐는데도(어쩌면 그렇기 때문에) 귀족적 분위기를 풍기는 멋쟁이였다. 그의 아버지는 뉴욕 주 알바니 근처의 인기 있는 술집의 주인이었다. 그의 친구들도 적도 다 인정하는 바이지만 그의 장점은 잭슨에 대한 충성심이었다. 반 뷰런은 잭슨 밑에서 부통령을 지냈고 잭슨의 정치적 책사였다(그래서 그는 "작은 마술사"란 별명을 얻었다).

휘그당 : 윌리엄 헨리 해리슨 오하이오 출신으로 하원의원과

상원의원을 지낸 해리슨은 그의 아버지가 독립선언서에 서명한 사람이었다. 그는 빚을 많이 지는 습성이 있었는데도 대통령 후보가 될 수 있었던 것은 1812년 전쟁의 영웅이었기 때문이다. 그는 티피카누 전투에서 쇼우니족 인디언을 무찔러 '올드 팁'(Old Tip)이란 별명을 얻었다. 그리고 세 개 또는 그 이상의 앵글로 색슨계 이름을 가졌다는 것도 대통령 후보로서는 나쁠 게 없었다(존 피츠제랄드 케네디, 린든 베인즈 존슨, 조지 허버트 워커 부시 … 이런 이름들을 떠올려 보면 감이 잡힐 것이다).

선거전 _____

선거전은 1835년 초부터 일찌감치 달아올랐다. 휘그당 계열의 저질 신문 *New York Courier* 와 *Enquirer*가 반 뷰런에 대해 야만스런 공격을 시작했다. 이 신문들은 반 뷰런을 "헛간 근처를 어슬렁거리며 기회를 노리는 여우, 땅속을 뒤지고 다니는 두더지"에 비유하였다. 한 만화는 반 뷰런과 해리슨이 웃통을 벗고 권투를 하는 모습을 보여준다. 궁지에 몰린 반 뷰런이 소리를 지르고 있다 : "도와주세요, 올드 히코리. 나는 끝장난 초심자예요!"

승리를 자신한 민주당으로서는 휘그당 후보 3인조의 분노를 돋우기가 쉽지 않았다. 그들은 휘그당에게 "연방주의자, 헌법의 약속을 깨는 사람들, 은행가들"이라는 이름을 붙여주었고, 한편으로는 반 뷰런의 승리를 위해 정부조직을 동원하였다.

대중적 인기와 카리스마를 가진 대통령의 후임을 선출하는 이후의 여러 선거가 그러했듯이 1836년의 선거전은 반 뷰런이나 해리슨의 싸움이 아니라 앤드류 잭슨에 대한 평가전이었다. 잭슨을 좋아하면 반 뷰런을 찍고 아니면 휘그당의 후보 가운데 한 사람을 찍으시오.

승자 : 마틴 반 뷰런

반 뷰런은 손쉽게 승리했다. 그의 득표수는 764,176표였고 전체 휘그당 후보는 합하여 738,124표를 얻었다(휘그당은 그래도 부통령선거에서는 자신들의 의도대로 어지럽힐 수 있었다. 누구도 과반수를 얻지 못했기 때문에 부통령 선출은 상원으로 넘어갔고 상원은 리처드 존슨을 선택했다).

휘그당은 그래도 헨리 해리슨이 얻은 550,816표에서 용기를 얻었다. 그리고 그들은 반 뷰런의 당선은 당 조직과 앤드류 잭슨의 영향력의 승리라는 것을 알아차렸다. 반 뷰런 자신은 대중의 열정을 불러일으키지 못했다. 모든 것이 다음번 선거의 양상을 예고하고 있었다.

★ · ★ · ★ · ★ · ★ · ★ · ★ · ★ · ★ · ★ · ★ · ★ · ★ · ★ · ★ · ★ · ★ · ★ · ★

투견(鬪犬) 데이비 크로켓 데이비 크로켓의 정치적 이력을 살펴보면 1950년대의 TV 연속극에 나오는 것처럼 너구리 털모자를 쓴 미국의 토종 영웅과는 다른 모습을 보게 된다. 데이비 크로켓은 휘그당의 투견이자 그 시대의 앤 쿨터(Ann Hart Coulter)[8]였다. 크로켓은 그(또는 그의 대필 작가)가 쓴 광기어린 비방책자—'정부의 유력한 계승자, 앤드류 잭슨 장군의 지명후계자 반 뷰런의 생애 : 그의 비상한 성격이 형성된 모든 진정한 원인. 유례없는 승진을 가능케 한 사건들의 시말과 그 요약. 정치인으로서의 그의 정책에 대한 비평'—에서 마틴 반 뷰런을 이렇게 평했다. "53세. 머리 둘레의 머리카락이 다 없어지고 머리 꼭대기에 머리카락이 반쯤만 남은, 한 줌의 머리카락이 붙어 있는 복숭아빛 석고두상 같은 그의 대머리와는 어울리지 않게 그의 나이는 나보다 한 살밖에 많지 않다. 그의 얼굴은 주름투성이이고, 무엇을 이룰 것인가를 생각해서가 아니라 무엇을 잃게 될까 하는 걱정 때문에 얼굴색은 수심에 잠겨 있다."

크로켓은 더 나아가 이렇게 최후의 한방을 날린다. "마틴 반 뷰런은 나들이 옷을 입은 여인네처럼 코르셋을, 그것도 어떤 여인네보다 바짝 조인 코르셋을 하고 다닌다. 그의 외모로 보아서는 남자인지 여자인지 알 수가 없다. 회색 구레나룻만 없다면 … ."

유감스럽게도 크로켓은 자신이 찌른 총검이 반 뷰런에게 어떤 충격을 주었는지 확인해 보기 전에 진짜 멕시코제 총검에 찔려 죽었다.[9]

늙은 집행인은 결코 죽지 않는다, 다만 더 많이 죽이기를 바랄 뿐 반 뷰런의 취임식이 있고 나서 얼마 후에 앤드류 잭슨은 한 친구와 대통령 시절을 회상하는 얘기를 나누었다. 그는 두 가지 일이 마음에 걸린다고 말했다. 하나는 헨리 클레이를 쏘아 죽이지 못해 유감이고 다른 하나는 존 C. 칼훈을 교수형에 처할 기회가 있었더라면 정말 좋았을 텐데 … .

1840

윌리엄 헨리 해리슨
★ ★ ★ ★ ★ ★ ★ ★ ★ VS. ★ ★ ★ ★ ★ ★ ★ ★ ★
마틴 반 뷰런

"정당 경쟁에서
정열과 편견은 적절하게 일으켜 제대로 대상을 찾는다면
주의(主義)와 이성만큼 성과를 낼 수 있다."

– 토마스 엘더(Thomas Elder), 휘그당 정치가 –

혼탁도   ★ ★ ★ ★ ★ ★ ★ ★ ★ ★
        1 2 3 4 5 6 7 8 9 10

마틴 반 뷰런은 대통령이 되었을 때는 몰랐지만 막 집무를 시작하자마자 자신이 "끝장난 초심자"임을 알게 되었다. 1837년에는 미국이 그때까지 경험하지 못했던 최악의 경제불황이 닥쳐 왔고, 그러자 휘그당이 마틴 반 뷰런을 조롱하기 시작했다.

이 공황의 원인이 앤드류 잭슨의 잘못된 재정정책 때문이었기에 반 뷰런은 더욱 곤경에 빠졌다. 잭슨 정권 때에 미국 정부는 투기꾼들에 게 토지를 팔아 수백만 달러를 걷어들였다. 정부는 이 돈을 잭슨이 혐오 하던 연방은행이 아니라 잭슨이 "총애하는"―친구들이 운영하는―은 행에 맡겼고, 은행은 이 돈을 투기꾼들에게 대출해 주었으며, 투기꾼들 은 다시 정부로부터 더 많은 땅을 사들었다. 인플레의 악순환에다 더하 여 1835년에 흉년이 들자 정부는 새로운 "경화법"(硬貨法)을 제정하여 은행들에게 정부로부터 빌린 돈을 통화가 아닌 정금(正金)으로 상환할 것을 요구하였다. 그 결과 1837년 여름이 되자 미국의 경제는 꼼짝도 하 지 않았다. 공황은 몇 년 동안 계속되었고, 공장은 문을 닫고 시민들은 길거리로 내몰려 구걸을 하였다.

휘그당은 1839년 12월에 펜실베니아 해리스버그에서 처음으로 후보지명 전당대회를 열었다. 이 대회에서는 이상한 일이 벌어졌다. 농 민들, 불만에 싸인 은행가들, 관세부과 찬성론자들과 반대론자들, 노예 소유주와 노예제도 폐지론자들이 참석하여 난장판을 이룬 당대회는 열 성파 민주당원들의 모임 같았다. 헨리 클레이는 휘그당의 대통령 후보가 되고 싶은 욕심을 갖고 있었으나[이 대회에 참석한 일리노이의 젊은 변호사 애 이브럼 링컨(Abraham Lincoln)이 클레이 지지연설을 하면서 그를 "이상적인 정치인" 이라고 표현했다] 클레이는 메이슨 단원이었고 반메이슨파가 반대하였다. 결국 '올드 팁' 윌리엄 헨리 해리슨이 대통령 후보가 되었다. 부통령 후

보는 득표 균형추로서 버지니아 출신의 상원의원 존 타일러(John Tyler)
가 되었다.

민주당은 5월에 볼티모어에서 대통령 후보를 선출하기 위한 당
대회를 열었을 때 사태가 심상치 않음을 알게 되었다. 수천 명의 휘그당
원들이 피켓을 들고 노래를 부르며 거리에서 그들을 맞이했다 :

올드 팁과 타일러와 함께
뷰런의 분통을 터뜨리자.

현장에 직접 가서 보았더라면 좋았겠지만 휘그당원들의 시위는
상당한 정도로 민주당원들에게 심리적 영향을 주었다. 세상이 바뀌고 있
었다. 어쨌든 반 뷰런이 대통령 후보가 되었다. 많은 민주당원들이 이번
에도 리처드 존슨을 야유했으나(익명의 한 작가는 "수치스럽게도 공개적으로
풍만한 니그로 여자와 간음을 즐기고 있다"는 서한을 발표했다) 결국에는 존슨도
부통령 후보로 지명되었다.

후보

민주당 : 마틴 반 뷰런 반 뷰런은 기본적으로 인격을 갖춘 인물
이었고 정부의 여러 가지 일에서 경험을 쌓았으나 경제위기를 어떻게
다루어야 할지 몰랐다. 대통령으로서 첫 임기를 마쳤는데도 사람들은 여
전히 그를 잭슨의 시종이라고 생각하고 있었다. 이때의 선거에서 민주당
을 당나귀로 상징한 만화가 처음 등장했다. 만화에서는 앤드류 잭슨이
당나귀를 타고 가고 있고 그 뒤를 반 뷰런이 모자를 들고 따르면서 공손

하게 "나는 위대한 전임자의 발자국을 따라갈 테야"라고 말하고 있다.

휘그당 : 윌리엄 헨리 해리슨 68세의 나이에도 해리슨은 여전히 출연하였다. 전쟁영웅으로서의 그의 명성은 아직도 많은 사람들에게 충성심을 불러일으켰다. 뉴잉글랜드의 부잣집 도련님이던 조지 허버트 부시가 어느 날 텍사스의 "소탈한" 석유사업가로 변신했듯이 버지니아의 유서 깊은 가문 출신이 "평범한 사람"이 되어 통나무 오두막집 사람들과 어울렸다. 유권자들은 이 점을 마음에 들어했다.

선거전

1840년의 선거전이 시작되자 휘그당은 훌륭한 선물을 받았다. 전당대회가 끝난 직후 *Baltimore Republican*지에 (아마도 헨리 클레이를 지지하는 휘그당원이 썼음직한) 해리슨에 대한 비평기사가 실렸다. "내가 보기에는 과실주 한 통과 연간 2천 달러의 생활비를 마련해 주면 그는 통나무 오두막집의 난로가에 앉아 윤리철학을 공부하며 여생을 보낼 그런 인물이다."

기사의 원래 의도는 조롱하는 것이었으나 휘그당은 이 기사를 선거전의 가장 중요한 자산으로 바꾸어 놓았다. 한 순간에 해리슨은 "통나무 오두막집과 과일주"의 후보, 너구리 털모자를 쓰는 사람들과 함께 사는 사람, 집 뒤의 채마밭을 자기 손으로 가꾸는 사람, 언제나 과일주 한잔을 들어 건배를 해줄 준비가 되어 있는 사람으로 바뀌었다. 버지니아의 문벌 좋은 조상들에 대해서는 얘기를 꺼내지 마, 최소한 2천 에이커의 땅을 가진 지주라는 것도 잊어버려. 그는 이제 우리 같은 보통 사람들의 대표야. 휘그당은 수천 명의 사람들이 참가하는 군중대회를 조직했고 행렬은 4, 5마일이나 이어졌다. 통나무 오두막집 상징이 도처에 나붙었다. 통나무 오두막집을 닮은 신문도 생겼고, 통나무 오두막집을 찬양하는 노래와 팸플릿, 그리고 배지가 나왔다. '통나무 오두막' 연고도 나왔고, F. C. 부즈(Booz) 양조장에서는 통나무 오두막 모양의 병에 담은 위스키를 내놓았다[말이 나온 김에 덧붙이자면 booze(폭음하다)라는 단어는 이렇게 해서 생겨났다].

민주당은 해리슨이 통나무 오두막에서 태어난 사람이 아니고, 과일주를 마시는 사람도 아니며, 알고 보면 그리 대단한 전쟁영웅도 아니라고(해리슨은 중급의 작전장교였기에 치열한 티피카누 전투에서 심한 부상을 면할 수 있었다) 반격했지만 별로 먹혀들지 않았다. "티피카누와 타일러도 맞다!" 휘그당은 소리치며 앞으로 나아갔다. 민주당이 해리슨은 정치적 조종자들이 없으면 아무 것도 할 줄 모르며, "앞줄에 내세워진 노신사"일 뿐이란 소문을 퍼뜨리자 휘그당은 자신들의 대통령 후보를 내세워 몇 차례 유세를 하게 하였다(그는 선거유세를 한 최초의 대통령이다). 민주당원들은 그의 연설이 알맹이가 없다고 투덜거렸지만 사람들은 사방에서 그의 연설을 들으러 모여들었다.

승자 : 윌리엄 헨리 해리슨

유권자의 직접선거 결과는 예상했던 것보다 박빙의 접전이었다. 해리슨 1,275,390표, 반 뷰런 1,128,854표. 그런데 해리슨이 선거인단의 표를 휩쓸어 갔다. 해리슨 234표, 반 뷰런 60표. 유효투표의 78%를 얻는 믿을 수 없는 일이 벌어진 것이다.

휘그당원들은 자신들의 후보인, 버지니아의 유서 깊은 가문 출신인
헨리 해리슨이 선량한 시골 사람이라고 주장했다.

선거전은 적개심으로 가득 찼고, 그래서 선거가 끝난 후에도 축하의 키스나 인사치례도 없었다. 민주당계의 *Wheeling Times*지는 이런 기사를 실었다. "우리는 노래 때문에 졌고, 거짓말 때문에 졌고, 술 때문에 졌다. 어쨌든 1840년의 선거가 끝이 난 게 그나마 기쁘다." 휘그당도 승자가 되었다고 해서 품위 있게 굴지는 않았다. 그들은 해리슨의 승리는 유권자들이 "독재의 연대기에 등장하는 그 어떤 집단보다 지독하고 야심적이며 부도덕한 선동가 집단에게 압수영장을 붙였다"는 것을 증명한다고 주장했다.

입으로 만드는 비방전단 찰스 오글(Charles Ogle)이란 하원의원이 의회에서 사흘 동안이나 쉬지 않고 백악관을 비방하는 연설을 하였다. 이 의원은 백악관이 "시저의 처소처럼 화려하고 아시아의 가장 전제적인 황제의 저택보다도 더 화려하게 장식되었다"고 주장했다. 오글의 주장에 따르면, 반 뷰런 대통령은 길이 9피트나 되는 거울을 사용하고, 침대에 최고급 프랑스산 린넨을 깔고 자며, 음식을 먹을 때는 은쟁반에 담아 금으로 만든 포크를 사용하며, (가장 믿기지 않는 얘기지만) "아마존 여전사의 젖가슴을 닮은 절묘한 크기의 두 개의 동산을 만들어 놓고 젖꼭지에 해당하는 부분을 드러내기 위해 작은 둔덕을 올려놓았다"고 한다.

민주당의원들 뿐만 아니라 일부 놀란 휘그당 의원들도 이는 그때까지 하원에서 행한 발언 가운데서 가장 기괴하고 왜곡된 거짓말이라고 항의했다. 그런데 이 발언의 내용은 전국적으로 널리 유포되었고, 반 뷰런은 귀족적이고 그의 적수 해리슨은 시골 사람같이 소박하다는 이분법적 구분을 만들어내는 바탕이 되었다.

침묵이 말하는 것이다 민주당은 정치적인 조종자들—그 중에서도 뛰어난 태머니 협회의 간부이며 선거전의 총지휘자였던 설로우 위드(Thurlow Weed)—
의 간섭 때문에 해리슨이 정치문제에 관한 가장 무해한 질문에도 답변을 못한다고
공격했다. "해리슨 영감"은 답변을 못할 정도로 노쇠했는가? 그는 "철창 속에 갇힌 존
재"인가? 휘그당은 이런 비난을 부인했지만 휘그당의 유력자 니콜라스 비들 같은 이
는 사석에서는 이렇게 말했다. "정신병원에 갇힌 미친 시인에게 하듯 [해리슨에게] 펜
과 잉크 사용을 철저하게 금지시켜라."

올드 킨더훅, OKAY? 1840년의 대통령선거는 미국인들이 그토록 즐겨
쓰는 오케이라는 말을 남겨주었다. 반 뷰런은 뉴욕 주 킨더훅(Kinderhook)에서는 인
기가 좋았고, 그곳의 지지자 일부가 반 뷰런의 후보지명을 지원하기 위해 O. K. 클
럽이란 단체를 만들었다. O. K.는 Old Kinderhook을 의미했다. 어떤 어원학자는 반
뷰런의 선거전 이전에도 이 말이 있었다고 주장하지만(많은 사람들이 이 말은 'all cor-
rect'의 준말이라고 믿고 있다) 올드 킨더훅에서 자란 반 뷰런 때문에 이 말이 널리
쓰이게 된 것은 분명하다.

해리슨의 업적을 묘사한 포스터

제임스 포크

★ ★ ★ ★ ★ ★ ★ ★ ★ ★ vs. ★ ★ ★ ★ ★ ★ ★ ★ ★ ★

헨리 클레이

"정당이 지금까지 내세운 후보 가운데서
이보다 더 우스꽝스럽고, 경멸스러우며, 가련한 후보는 없을 것이다."

– 제임스 포크에 관한 *New York Herald*지의 기사 –

혼탁도 ★ ★ ★ ★ ★ ★ ★ ★ ★ ★
　　　 1　2　3　4　5　6　7　8　9　10

휘그당에게는 불행한 일이지만 좋은 시절은 너무도 일찍 끝나버렸다. 윌리엄 해리슨은 취임 후 한 달 만에 폐렴으로 죽었다. 3월의 바람이 심하게 부는 날 거행된 취임식에서 모자도 쓰지 않고 외투도 입지 않은 채 100분 이상이나 연설한 것이 폐렴의 원인이었던 것 같다.

휘그당은 상실감에 빠졌고 민주당은 기쁨으로 충만했다. 1840년 선거에서 억울하게 패배했다는 감정을 아직 떨치지 못하고 있었기 때문에 대부분의 민주당원들은 죽은 대통령을 위한 가식적인 침묵조차도 지키려 하지 않았다. 시인 윌리엄 컬런 브라이언트(William Cullen Bryant)는 해리슨의 죽음에 대해 슬퍼하는 단 하나의 이유는 "대통령으로서 무능함을 증명하기 전에 죽어버렸기 때문"이라고 하였다. 그리고 전임 대통령 앤드류 잭슨은 하늘을 바라보며 해리슨의 죽음은 "거역할 수 없는 섭리의 자비로운 배려"라고 불렀다.

휘그당은 타일러에게 기대를 걸었다. 타일러는 현직 대통령을 승계한 최초의 부통령이 되었다. 이후에 전개된 사태는 후대에게 부통령 후보를 선택하는 일은 배우자를 고르는 일만큼이나 중요함을 깨우쳐 주는 교훈이 되었다. 허니문이 끝나자 상황이 바뀌었다.

"확고부동한" 휘그당원이라고 공언했던 타일러는 권력을 잡게되자 오히려 민주당원보다 더 민주당적으로 행동했다. 그는 휘그당이 통과시킨 연방은행 설치법에 대해 거부권을 행사했고, 휘그당의 지도자 헨리 클레이와 사사건건 대립했다. 클레이는 항의의 표시로 상원의원직을 사임했다. 각료들도 한 사람을 제외하고는 모두 사임했다. 핵심을 말하자면 당은 대통령을 잃어버렸다. 휘그당은 비상선언을 발표했다. "대통령을 배출한 우리들은 [그의 행동에 대해] 더 이상 어떠한 책임도 지지 않을 것이며, 마찬가지로 어떤 비난도 받아들이지 않을 것이다."

그러므로 타일러가 1844년의 선거에서 휘그당의 후보가 될 가능성은 제로가 아니라 마이너스였다. 그는 민주당에 신호를 보냈지만 민주당도 그를 신뢰하지 않았다. 결국 그는 추운 바깥에 팽개쳐졌다. 그러나 그의 주머니 속에는 아직도 깜짝 카드 한 장이 남아 있었다. 1843년에 타일러는 노예제도를 시행하고 있는 '텍사스 공화국'을 합병하는 협상을 시작했다(노예제도는 인화성이 강한 이슈라 그때까지 양당이 모두 텍사스 문제는 덮어두고 있었다). 타일러는 논쟁에 애국주의를 끌어들였다. 우리가 움켜쥐지 않으면 멕시코가 낚아챌 것이다. 1844년에 타일러가 제시한 조약이 상원에서 부결되었지만 합병문제는 선거의 핵심 이슈로 변했다.

휘그당은 1844년 5월에 볼티모어에 모여 헨리 클레이를 대통령 후보로 지명했다. 부통령 후보로는 뉴저지의 정치가 시어도어 프렐링휘슨(Theodore Frelinghuysen)을 선출하였다. 프렐링휘슨은 이른바 기독교인 신사였고, 클레이의 폭음과 도박을 즐기는 무절제한 생활을 한다는 평판을 희석시켜 줄 것이란 기대 때문에 선택되었다.

민주당은 한 달 뒤에 전당대회를 열었다. 그들의 대회는 아무리 좋게 얘기하더라도 폭풍우 같은 난장판이었다. 마틴 반 뷰런이 선두주자란 평가를 받고 있었지만 많은 당원들은 그가 텍사스 합병을 반대하기 때문에 싫어했다. 여덟 차례 투표를 거쳐 타협 끝에 전임 하원의장이며 앤드류 잭슨의 부하였던 제임스 K. 포크(James K. Polk)가 후보로 선출되었다. 부통령 후보로는 펜실베니아의 변호사 조지 M. 달라스(George M. Dallas)가 낙점을 받았다.

민주당은 헨리 클레이가
"낮에는 도박 테이블 앞에서 지내고 밤에는 유곽에서 지낸다"고 경고했다.

후보

민주당 : 제임스 K. 포크 제임스 K. 누구? 민주당의 후보가 발표되자 많은 미국인들이 이렇게 물었다. 전직 테네시 주지사와 하원의장을 지낸 포크는 당내에서는 건실하고 충성스러운 당원이란 칭송을 듣고 있었다. 물론 휘그당은 그를 혐오했다. 포크가 하원의장으로서 마지막 사회를 하고 있을 때 헨리 클레이는 상원 회의장에서 나와 일부러 하원 회의장을 찾아갔다. 그는 하원 방청석에서 소리질렀다. "빌어먹을 자식아 돌아가란 말이야. 네가 있어야 할 곳으로 돌아가란 말이야!"

휘그당 : 헨리 클레이 클레이는 25년 동안 하원의장, 상원의원, 당의 지도자로서 미국 정치에 영향을 끼쳤다. 이번이 세 번째 출마였다. 1824년, 1832년에 이어 대통령이 되고 싶은 강렬한 욕망을 갖고 있었다.

선거전

휘그당은 즉각 포크의 낮은 인지도를 공격의 포인트로 삼고 전국의 신문 편집자들에게 웅변조의 평론을 돌렸다. "도대체 제임스 K. 포크가 누군가? 하나님 감사합니다, 이런 후보를 내주시다니!" 그들은 쾌재를 불렀다. 테네시 숲속의 너구리들도 이런 노래를 부를 거라고. "하하하, 후보라고, 테네시의 지미 포크가 후보라고!"

헨리 클레이는 인지도가 낮다고 할 수는 없기 때문에 민주당은 다른 공격 포인트─도박용품, 결투용품, 계집질에 필요한 용품을 가득

담은 여행가방과 "영원한 하나님의 이름으로!"를 함부로 내세우는 맹세의 버릇—를 찾았다. 목사라고 자처하는 어떤 사람이 클레이가 증기선을 타고 여행하는 동안에 심하게 불경스런 표현을 하는 것을 들었다는 내용을 담은 편지를 보냈고, 수많은 민주당계 신문들이 이를 실었다. "클레이가 대통령으로 선출되어서는 안 되는 21가지 이유"라는 팸플릿이 유포되어 대중의 인기를 끌었다. 21가지 이유 가운데 두 번째 이유는 "클레이는 낮에는 도박 테이블 앞에서 지내고 밤에는 유곽에서 지낸다"는 것이었다. 또한 민주당은 클레이가 1824년에 잭슨으로부터 대통령 자리를 훔치기 위해 존 퀸시 애덤스와 "더러운 뒷거래"를 했다는 낡은 얘기를 끄집어내 다시 써먹었다. 대부분이 사실이 아니었지만 클레이가 카드 놀이를 지나치게 즐기고 술을 지나치게 마신다는 비난은 부인하기가 어려웠다. 제임스 K. 포크를 모함하는 일이 훨씬 더 어려웠다. 그는 철저하게 무미건조한 사람이라 별명이 "성실한 포크"였다.

휘그당은 노예제 반대론자들의 표를 얻기 위해 포크가 노예를 소유하고 있다는 소문을 퍼뜨렸는데, 이는 좀 위험한 술책이었다. 포크나 클레이 둘 다 노예를 소유하고 있었기 때문이다. 휘그당은 이것을 정도의 문제라는 주장을 펼쳐 기술적으로 피해나갔다. 포크는 "극단적인" 노예주이며 노예제에 "모든 것을 걸고 있다"고 비난했다. 어떤 휘그당계 신문은 포크가 자기 소유의 노예 가운데서 40여 명의 어깨에 J. K. P.라는 낙인을 찍었다고 주장했다. 이는 너무나 명백한 거짓말이었고, 결국 이 신문은 나중에 취소 기사를 내보냈다.

승자 : 제임스 K. 포크

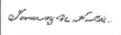

제임스 포크의 서명

'자명한 운명'(Manifesto Destiny)[10]이라는 용어는 뉴욕의 신문기자 존 L. 오설리번(John L. O'Sullivan)이 1845년깨에 만들어낸 말인데, 이 말은 1844년 선거의 핵심 쟁점을 정확하게 표현한 것이다. 포크는 합병—텍사스뿐만 아니라 오레곤 준주까지도—을 강력하게 지지했고, 그래서 선거전의 슬로건이 "54-40 아니면 전쟁!"(Fifty-Four Forty or Fight!)이었다. 이것은 미국이 확장해 가야 할 최북단의 위도를 의미했다. 클레이는 합병문제에 대해 애매한 태도를 취했고, 그 때문에 남부 사람들의 표를 잃었으며 북부 사람들을 불쾌하게 만들었다. 또 다른 요인도 있었다. 노예제 반대론자들과 급진주의자들이 야유회 하듯 만든 제3당인 뉴욕의 자유당이 선전하여 전국적으로 62,000표를 모았다.

결국, 포크는 직접투표에서는 클레이보다 39,000표밖에 더 얻지 못했지만 선거인단 표에서는 170 : 105로 이겼다.

★·★

헨리 클레이가 진실이기를 바란 추악한 개인적 비방 민주당은 클레이(그는 공인된 도박애호가였다)가 새로운 포커 게임까지 고안했다고 비난했다. 클레이가 새로운 게임을 고안했던 것은 아니지만 실제로 그는 당시 유행하던 최신 카드 게임의 고수였다.

어이, 괜찮으니까 마셔봐! 텍사스를 차지하기 위한 멕시코와의 전쟁영웅인 샘 휴스턴(Sam Houston)은 포크에게서 헐뜯을 만한 결점을 찾지 못하자 절도 있게 술을 즐기는 포크를 "물을 음료라고 생각하는 불쌍한 사람"이라고 비하했다. 상대 후보를 술을 잘 못 마신다고 헐뜯는 이런 수법은 효과가 없었고, 이후의 선거전에서는 비방기법으로 쓰인 적이 거의 없었다.

유권자에 대한 사기, 1844년 스타일 포크는 스코트랜드와 아일랜드 혈통이었다. 뉴욕 시의 일부 민주당원들이 표를 얻기 위해 수천 명의 아일랜드 이민자들에게 시민권을 주도록 영향력을 행사했다. 휘그당도 재빨리 시민권을 받은 이민자들에게 접근하여 클레이의 실제 이름은 "패트릭 오' 클레이"(Patrick O'Clay)라고 속였다.

이번 선거에서 유권자 실어 나르기가 처음으로 등장했다. 뉴올리언스의 민주당 책임자는 민주당원들을 배에 태워 미시시피 강을 거슬러올라가며 세 군데에 들러 투표하게 하였다.

1848

재커리 테일러
★★★★★★★★★★★ VS. ★★★★★★★★★★★
루이스 캐스

역사가들은 지미 포크가 개성이 없는 인물이라고 평할지 모른다(역사가들은 그가 "무미건조하고 품행방정한" 인물이며 "외톨이", "호감을 사지 못하는 사람", "엄격한 작업반장", "융통성 없는 사람", "청교도"라고 불렀다). 그러나 모든 역사가들이 인정하고 있듯이 그는 열심히 일한 대통령이었다. 49세에 당선된 포크는 당시까지는 가장 젊은 대통령이었다. 그는 매일 어김없이 10시간에서 12시간씩 일했고 일 주일에 2번씩 각료회의를 열었다. 포크는 자신의 일하는 스타일을 이렇게 표현했다. "성실하고 양심적으로 임무를 수행하고자 하는 대통령이라면 쉴 틈을 낼 수 없다."

포크가 얼마나 성실하게 일했는가를 판단하려면 그 자신이 대통령이 되면서 설정한 4가지 목표를 어느 정도 이루었는지 살펴보면 된다.

그가 세운 목표는 세금축소, 독립된 재무기구 설립(중앙은행을 세우지 않고도 국고관리를 개인 은행으로부터 빼내는 방안), 영국으로부터 오레곤의 획득, 멕시코로부터 캘리포니아의 획득이었고, 첫해에 앞의 3가지 목표를 이루었다.

마지막 목표는 멕시코와 "작은 전쟁"(포크 자신이 한 말이다)을 치르고서 달성했다. 그러나 이 전쟁은 포크가 생각했던 것보다는 훨씬 크고 많은 피를 흘린 전쟁이었다. 멕시코는 중요한 전투에서 모두 졌지만 항복하려 하지 않았다. 죽어서 돌아오는 병사들의 수가 자꾸 늘어나자 온 나라가 피로감을 느끼기 시작했다. 1848년이 되자 전쟁에서 이겼고, 미국의 국토는 엄청나게 넓어졌지만 포크의 대중적 인기는 상당한 타격을 입었다.

멕시코와의 전쟁 같은 대규모 유혈분쟁은 군인들 가운데서 영웅을 만들어냈고, 이 영웅이 대통령이 되려고 했다. 그런 인물이 부에나비스타 전투의 영웅이자 "거칠고 준비된 장군"이란 별명을 가진 재커리 테일러(Zachary Tayler)였다. 휘그당은 1847년 6월에 필라델피아에서 전당대회를 열고 테일러를 대통령 후보로 지명했다. 그의 러닝메이트로는 하원의원을 지냈고 뉴욕 주 감사원장인 밀러드 필모어(Millard Fillmore)가 선정되었다.

민주당은 대통령 후보를 찾는 데 애를 먹고 있었다. 포크는 당내에 친구가 별로 없었고 재선 도전을 포기하기로 결정했다. 민주당이 고를 수 있는 최고의 후보는 미시간 주지사를 지낸 바 있는 상원의원인 루이스 캐스(Lewis Cass)였다. 캐스는 또 다른 멕시코 전쟁의 영웅 윌리엄 O. 버틀러(William O. Butler)를 부통령 후보로 선정했다.

선거전 64세의 테일러는 대통령 후보로서 완벽한 투표기록을 갖고 있었다. 그는 대통령선거에서 한번도 투표한 적이 없었고, 철저하게 중도적인 인물이었다. 또한 그는 남부 사람이면서 많은 노예를 소유하고 있지 않았고, 전쟁영웅이었지만 전쟁을 시작한 사람은 아니었으며, 휘그 당원이었으나 스스로 평했듯이 "골수 휘그당원"은 아니었다. "거칠고 준비된 장군"이 무슨 생각을 하는지 알고 있다고 말할 수 있는 사람은 없었지만 "그렇게 많은 생각을 하고 있지 않다"는 것을 의심하는 사람도 별로 없었다.

　　루이스 캐스는 매력적인 인물인 데다 특출한 경력을 갖고 있었다. 그러나 그의 성이 "항문"(ass)과 "방귀"(gas)를 연상케 했다. 충분히 짐작할 수 있겠지만 그를 풍자하는 만화는 "Gass 장군"이란 제목을 붙여놓고 유독 가스를 내뿜는 대포로 묘사하거나, "가스 주머니"란 제목을 붙여 열기구처럼 엄청나게 큰 엉덩이를 하늘로 치켜들고 있는 모습으로 그려놓고 있다. 휘그당은 캐스가 백인을 노예로 팔아넘겼다고 비방했다 (이는 사실이 아니다). 또한 휘그당은 그가 인디언 문제 총감독으로 재직하면서 뇌물을 받았다고 주장했다(이는 또 하나의 거짓말이다). 꼬투리를 잡을 게 없자 휘그당은 결국 그를 이전에 비방하던 표현의 요약판이라 할 수 있는 "배불뚝이", "돌대가리"라고 조롱했다.

　　테일러도 적지 않은 조롱을 받았다. 어떤 만화는 골상학자가 한 쌍의 측경기를 들고 그의 머리통을 재는 모양을 보여준다. 훌륭한 과학자께서 내리신 결론은? "완고하며 고집불통"일 뿐만 아니라 "모든 종류의 동정심을 절실히 필요로 함."

승자 : 재커리 테일러 새로 제정된 연방법에 따라 투표일은 11월 7일이 되었다. 승자는 1,361,393표를 얻은 테일러. 캐스는 1,223,460표를 얻었다. 마틴 반 뷰런이 노예제도 철폐를 외치며 만든 '자유농민

당' (Free Soilers)을 업고 중간에 선거전에 뛰어들어 29만여 표를 끌어갔음에도 결과는 박빙이었다. 노예제도가 선거 이슈로 급부상하고 있었다.

재미있는 후일담 : 휘그당이 승리하자 민주당 끈으로 세일럼(Salem) 세관에서 일하던 공무원 나다니엘 호손(Nathaniel Hawthorn)이란 사람이 쫓겨났다. 글 쓰는 일 외에는 할 게 없어진 이 가난한 인물 덕분에 우리는 『주홍 글씨』라는 명작을 갖게 된다.

1852

프랭클린 피어스
★ ★ ★ ★ ★ ★ ★ ★ ★ ★ vs. ★ ★ ★ ★ ★ ★ ★ ★ ★ ★
윈필드 스캇

"멕시코에서 부대를 이끌고 가다
피어스는 갑자기 기절하여 말에서 굴러 떨어졌다네."

– 휘그당 캠페인 송 –

혼탁도 ★ ★ ★ ★ ★ ★ ★ ★ ★ ★
1 2 3 4 5 6 7 8 9 10

대단한 휘그당이다! 어떻게 하면 당을 곤경에 빠뜨릴지를 잘 아는 정당이었으니까. 몇 년 전에 헨리 해리슨이 임기 중에 사망한 첫 번째 대통령이 되는 기록을 세웠는데 이번에는 재커리 테일러가 두 번째 기록을 세운다. "거칠고 준비된 장군"은 1849년 3월 으스스하고 바람부는 날 취임연설을 한 후 16개월 동안 대통령직을 수행했다. 1850년 7월 9일에 테일러는 위장염으로 죽었다. 찌는 듯 무더운 7월 4일 독립기념일 행사날 상한 과일을 먹고 찬 우유와 물을 마신 것이 원인이었다. 그의 죽음을 두고 비소를 사용한 독살이라는 소문이 몇 년 동안 나돌았다. 1991년에 테일러의 시신에서—자신의 별명보다 더 '거칠고 준비된' 꼴을 겪은 셈이다—머리카락과 손톱을 채취하여 검사해 본 결과 사망에 이를 만큼의 유독성 물질은 검출되지 않았다.

그의 짧은 재임기간 동안 테일러는 새로운 영토문제를 두고 씨름했고, 이 문제는 다음 10년 동안 뒤이은 대통령들이 고심하게 되는 정치적 과제였다. 1849년에 골드러시가 시작되었고 켈리포니아의 인구가 팽창하여 연방가입을 요구했다. 헨리 클레이가 유명한 '1850년 타협안'을 제시했는데, 그 내용은 캘리포니아는 (노예제를 시행하지 않는) 자유 주로서 뉴멕시코(오늘날의 유타와 아리조나 주)는 "노예제도에 관한 언급 없이" 연방가입을 받아들이고 '도망 노예법'을 더 엄격하게 시행한다는 것이었다.

클레이의 타협안은 '도망 노예법'을 반대하는 북부의 급진주의자들을 만족시키지 못했고, 그 무렵 이미 연방 탈퇴를 언급하기 시작한 남부도 만족시키지 못했다. 테일러가 죽은 후 부통령 밀러드 필모어가 대통령직을 승계하고 '타협안'을 지지했다. 이것은 대실수였다. 1852년 6월에 휘그당은 볼티모어에서 전당대회를 개최했다. 클레이 타협안에 반대하는 60명 이상의 불만파 대의원들이 버지니아 출신이자 멕시코 전쟁의 영웅인 윈필드 스캇(Winfield Scott) 장군에게 표를 던졌다. 혼란이 일어났다. 53번의 투표를 치른 끝에 스캇이 밀러드 필모어와 나다니엘 웹스터(Nathaniel Webster)를 꺾었다. 해군성 장관 윌리엄 그래이엄(William Graham)이 부통령 후보가 되었다.

휘그당은 반노예제 정책에 대해서는 "시간과 경험이 보다 진전된 입법을 필요로 한다는 것을 밝혀줄 때까지" '타협안'을 지지하겠다는 어정쩡한 입장을 취했다.

민주당도 볼티모어에서 후보선출을 위한 당대회를 열었는데 혼란스럽기는 휘그당이나 마찬가지였다. 그들은 이번에는 루이스 캐스와 제임스 뷰캐넌(James Buchanan) 같은 노련한 정치인들을 건너뛰고 혼란스러운 논쟁을 거쳐 별로 알려지지 않는 뉴햄프셔 출신의 프랭클린 피어스(Franklin Pierce)를 뽑았다. 그의 러닝메이트는 알라바마 출신의 상원의원 윌리엄 킹(William King)이었다. 민주당은 '타협안'을 확고하게 지지했다.

후보

민주당 : 프랭클린 피어스 피어스는 뉴햄프셔 주지사의 아들이었고, 사람들에게 호감을 주는 준수한 용모에 하원의원과 상원의원을 지낸 경력을 갖고 있었다. 그는 멕시코 전쟁에 참전한 경험이 있고 대통령 후보로서는 상대적으로 나이가 젊은 48세였다. 그러나 알코올 중독과 가정적 불행이 그를 따라다녔다(그 무렵에만도 그의 자녀 셋 중 둘이 이미 죽었다). 피어스는 도망 노예법을 포함하여 타협안의 모든 조건을 지키겠

다고 약속했다.

휘그당 : 윈필드 스캇 이 멋진 장군은 66세에 키는 6피트 5인치, 어디를 보아도 맥시코 전쟁의 영웅다운 풍모를 갖추고 있었다. 스캇은 기본적으로는 타협안에 반대하는 입장이었지만 공개적으로는 모호한 입장을 취했다. 그러나 그에 앞서서 출마했던 클레이나 그의 뒤에 출마한 여러 대통령 후보가 그랬듯이 그는 중요한 이슈에 대해 어느 쪽으로든 분명한 입장을 취하기를 주저한 대가를 치르게 된다.

선거전 _____

누구나 나라를 위해 봉사한 전쟁영웅을 축하하는 데는 주저함이 없지만 바로 그 전쟁영웅이 대통령선거에 나서기로 결정하면 문제가 달라진다. 일단 후보자 명단에 이름이 오르면 이른바 영웅적 행동이란 것은 한순간에 의문의 대상이 된다. 2004년 선거에서 부시 지지자들이 존 케리를 통렬하게 비난했듯이 1852년에는 프랭클린 피어스가 공격을 받았다.

공격의 핵심은 맥시코 전쟁 중 피어스의 "졸도(하여 안전한 곳으로 옮겨진) 사건"이었다. 피어스가 그 전 해에 입은 무릎부상 때문에 심각한 고통을 받고 있었다는 사실은 무시하고 휘그당은 때를 만난 듯이 그를 공격했다. 그들은 피어스를 '졸도 장군'이라고 불렀고 유권자들에게 겁쟁이 대통령을 뽑을 것인지를 물었다. 휘그당이 배포한 만화를 보면 스캇 장군은 당당한 수탉처럼 걷고 피어스는 기죽은 오리처럼 걷고 있다. 그리고 스캇 장군이 적수에게 묻는다. "왜 그래 피어스, '졸도' 할 것 같은가?"

민주당도 나름의 방식으로 반격했다. 그들은 스캇 장군을 "공연한 법석"이라고 조롱했다. 이것은 그의 밑에서 직접 전투를 한 적이 있는 장교들이 붙여준 별명인데, 그는 부하 장교들로부터 (좋게 말해서) 좀 허풍 센 바보라는 평을 들었다. 타협안 문제에 대한 그의 모호한 태도를 겨냥하여 민주당은 그를 급진적인 노예제 반대론자이자 뉴욕 주 출신 상원의원인 윌리엄 H. 수워드(William H. Seward)의 꼭두각시라고 비난했다.

아일랜드 이민자가 늘어나자 가톨릭교가 선거전의 주요 이슈가 되었다. 스캇이 가톨릭 교도인 아일랜드인들에게 자신의 딸 하나가 지금은 죽었지만 수녀였다고 하자 민주당은 아일랜드 이민자들의 비위를 맞추고 있다고 조롱했다(이 얘기는 사실이었으나 그 방식이 너무 노골적인 아첨이었기 때문에 거짓말같이 들렸다). 휘그당은 뉴햄프셔 주 헌법에 가톨릭 교도는 공직을 맡을 수 없다는 규정이 있는 것을 들추어내고는 이 규정을 기초한 사람이 바로 피어스라고 반격했다.

스캇은 이민자 집단에 다가가기 위해 순회연설(당시까지는 보편적인 방식이 아니었다)을 시작하여 한 발 앞서 나갔다. 그는 정치적으로는 가장 옳았던 20세기의 대통령 후보들이 그랬듯이 청중들을 향해 자못 감동적인 연설을 했다. "동료 시민 여러분, 내가 동료 시민이라고 부를 때는 이 나라에서 태어난 시민과 이 나라에 받아들여진 시민, 그리고 이 나라의 시민이 될 의향이 있는 모든 사람을 의미합니다." 청중들 가운데서 아일앤드 억양이 들리면 스캇은 "풍부한 아일랜드 방언은 나로 하여금 내가 전장으로 이끌고 나가 함께 승리를 일구어낸 아일랜드인들의 고귀한 행동을 기억하게 합니다"라고 하였다.

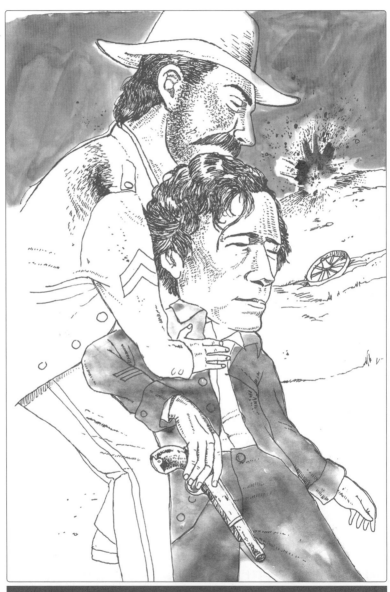

프랭클린 피어스는 멕시코 전쟁 동안에 전장에서 졸도한 적이 있었다.
그의 정적들은 이를 끈질기게 써먹었다.

승자 : 프랭클린 피어스 _____

스캇의 아일랜드 이민자 비위맞추기는 별로 효과가 없었다. 결국에 가서는 미국인들은 최소한 자기 생각을 말하는 사람에게 더 많은 점수를 주었고, 많은 사람들이 헨리 클레이의 타협안이 노예제도를 둘러싼 논쟁을 종식시켜 줄 것으로 기대했다. 투표에 참여한 31개 주 가운데서 프랭클린 피어스는 4개 주를 제외한 나머지 주에서 이겨 1,607,510표를 얻었다. 스캇은 1,386,942표. 새 대통령은 취임연설에서 이렇게 말했다. "나는 [노예제도] 문제가 해결되기를 간절하게 바라며, 앞으로 어떤 당파적·야망적·광신적 흥분도 다시는 우리 제도의 영속성을 위협하지 않기를 기대합니다."

★ · ★

술병과의 전투에서 이긴 사람 프랭클린 피어스는 술 때문에 문제가 있다고 알려졌었고, 하원의원과 상원의원을 지내는 동안에는 금주단체에 가입하여 술을 멀리하였다. 그러나 그의 알코올 중독증은 1972년 대통령선거에서 토마스 이글턴 (Thomas Eagleton) 상원의원의 알코올 중독증과 "신경쇠약"이 이슈가 되었듯이 선거전에서 조롱과 비난의 빌미가 되었다. 휘그당은 그를 "술병과의 전투에서 이긴(well-fought bottle) 영웅"이라고 불렀고, 선거전 내내 이 이슈를 집요하게 물고 늘어졌다.

피어스의 술병과의 전투는 결국 패배로 끝났다. 그는 1869년에 간경화로 죽었다.

위대한 미국 작가가 내 편이 되면 도움이 된다. 정말 그럴까? 프랭클린 피어스와 나다니엘 호손은 보도인 대학(Bowdoin College) 동창이고 평생 친구였다. 지난번 선거에서 휘그당의 승리로 직장을 잃은 호손은 1852년에 피어스의 전기를 썼고, 피어스는 그 보답으로 그에게 리버풀 영사 자리를 주었다. 불행하게도 성격이 우울하고 자기 회의가 심한 호손에게 선거용 후보 전기를 쓰게 한 것은 프란츠 카프카를 고용하여 여성봉사단체의 보도자료를 쓰게 하는 것이나 다를 바가 없는 일이었다. 아래에 인용한 것은 『프랭클린 피어스의 생애』 서문의 발췌이다.

"이 회고록의 저자는—정치가 무엇인지 거의 모르기 때문에 자신을 어떤 정당의 구성원이라고 부를 자격이 전혀 없다고 느끼고 있다—대중에게 내놓을 이 작품을 자발적으로 맡을 생각은 없었다. 또한 저자는 이 작품이 정치적인 전기이며 … 대통령선거전 동안 대중의 마음을 움직일 목적에서 씌어짐을 감안할 때, 자신의 임무를 수행함에 있어서 뛰어나게 성공적이었다고 스스로를 칭찬할 수가 없다. 이런 부류의 집필은 저자의 일상적인 직업—그리고 저자가 덧붙이고 싶건대 개인적인 취향—과 거리가 너무 멀어서 만족스럽게 씌어진 작품이라고 할 수 없고, 또 목적에 맞게 충분한 시간을 가지고 퇴고를 거친 것도 아니다."

수고하셨어, 나다니엘 씨.

1856

제임스 뷰캐넌

★ ★ ★ ★ ★ ★ ★ ★ ★ ★ VS. ★ ★ ★ ★ ★ ★ ★ ★ ★ ★

존 프레몬트

"그 자를 죽일 생각은 아니었어.
그 자에게 몇 대 매질을 해주고 싶었을 뿐이야!"

– 사우스캐롤라이나 주 출신 하원의원 프레스턴 브룩스(Preston Brooks), 상원 회의장에서
매사추세츠 주 출신 섬너(Sumner) 상원의원을 거의 죽도록 두들겨 패고 나서[11] –

혼탁도 ★ ★ ★ ★ ★ ★ ★ ★ ★ ★
1 2 3 4 5 6 7 8 9 10

피어스는 3월의 매서운 폭풍이 불고 눈발이 하늘을 가득 뒤덮은 날에 취임선서를 했다. 불과 몇 주 전에 그는 가족과 함께 열차사고를 당했다. 유일한 희생자는 그의 눈앞에서 죽어간 하나 남은 11살짜리 아들 베니(Bennie)였다. 이 사고의 충격에서 벗어나지 못한 그의 아내는 워싱턴으로 동행하지 못했고, 피어스는 신앙심이 깊은 사람이었지만 취임선서 때 성경에 손을 얹기를 거부한 유일한 대통령이 되었다. 부통령 당선자 윌리엄 킹도 폐결핵을 앓고 있어서 취임식에 참석하지 못했고, 결국 한 달 뒤에 죽었다.

피어스는 다시 술을 입에 대기 시작했고 그것도 심하게 마셨다. 결국 그는 자신의 당도 결속시키지 못한 무능한 대통령이 되었다. 일리노이 주 출신 민주당 상원의원 스티븐 A. 더글러스(Stephen A. Douglas)—그는 자신의 강력한 지지층인 시카고의 유권자들을 기쁘게 해줄 대륙횡단철도의 건설에 관심이 많았다—가 대통령에게 미주리 주 서부의 땅을 캔자스와 네브라스카 두 개의 준주(곧 캔자스와 네브라스카 주가 되었다)로 재획정하는 법령을 지지하도록 설득했다.

더글러스는 자신의 목적을 달성할 욕심에서 남부에 추파를 보내는 실수를 저질렀다. 더글러스는 남부의 요구를 반영한 캔자스-네브라스카 법안의 통과를 추진했는데, 이 법안은 '미주리 타협'—이 법은 북위 36° 30′ 이하에서만 노예제를 인정한다—을 완전히 부정하는 것이었다. 북위 36° 30′ 이북에 위치한 캔자스와 네브라스카는 캔자스-네브라스카 법에서 인정한 "주민주권"(popular sovereignty)에 따라 노예제 인정 여부를 직접 결정하겠다고 선언했다.

이제 지옥문이 열렸다. 정당은 노예제 찬반에 따라 갈렸고, 휘그당은 사실상 해체되었다. 휘그당 내에서 대통령선거에서의 패배와 당이 확실하게 노예제 반대 노선을 표시하지 않는 데 불만을 품은 그룹이 민주당 내에서 노예제를 반대하는 그룹과 합류하여 1854년 2월에 위스콘신 주 리펀에서 대회를 열고 공화당—이 이름은 제퍼슨이 만든 정당의 이념을 계승한다는 의미에서 채택되었다—이라는 이름으로 새로운 정당을 결성했다. 이전의 휘그당원들(대부분이 북부와 서부지역 출신)이 새로이 합류해 와 힘을 얻은 공화당은 1856년 6월에 필라델피아에서 전당대회를 열었다. 서부개척의 영웅 존 C. 프레몬트(Jophn C. Frémont)가 대통령 후보로 선출되었고 뉴저지 출신의 상원의원 윌리엄 L. 데이튼(William L. Dayton)이 부통령 후보가 되었다. 공화당의 선거 정강은 캔자스를 자유주로서 연방에 받아들이고 앞으로는 노예제를 시행하는 어떤 주도 연방에 받아들이지 않는다는 것이었다.

민주당은 6월에 신시내티에서 당대회를 열고 현직 대통령이 다시 대통령 후보가 될 수 있는 모든 가능성을 차단하는 결정을 했다(전당대회에 등장한 구호 가운데 하나는 "피어스가 아니라면 누구라도 좋다."였다). 그들은 제임스 포크 대통령 밑에서 국무성 장관을 재냈고 피어스 행정부의 영국주재 대사였던 제임스 뷰캐넌(James Buchanan)을 대통령 후보로 선출했다. 뷰캐넌은 다행스럽게도 캔자스-네브라스카 법을 둘러싼 논쟁이 나라를 들끓게 하던 시기에 미국을 떠나 있었기 때문에 대중은 그를 캔자스-네브라스카 법과 연관지어 바라보지 않았다.

후보

민주당 : 제임스 뷰캐넌 뷰캐넌은 65세에 독신이었고 대통령 후보로 자주 이름이 올랐던 인물이었다. 그는 1844년, 1848년, 1852년에도

유력한 후보 물망에 올랐으나 그때마다 다른 사람이 후보 자리를 낚아 채 갔다. 한 유력한 민주당 인사가 말했듯이 그는 이번에는 "당선 가능성 이 가장 높고 반대가 가장 적은 후보"였다. 그가 선택한 부통령 후보는 켄터키 출신의 상원의원 존 C. 브레킨리지(John C. Breckinridge)였다.

공화당 : 존 C. 프레몬트   프레몬트는 45세에 잘 생기고 활기찬 인물이었고, 서부탐험 원정을 통해 "길눈이"(Pathfinder)란 별명을 얻은 전직 군 장교였다. 공화당은 프레몬트를 흥행 아이돌로 만들기로 결심하 고 포스터 크기의 평판 칼라 인쇄의 프레몬트 초상화를 한 장에 1달러로 팔았다. 심지어 존 그린리프 휘티어(John Greenleaf Whittier)**12)**는 프레몬트 를 찬양하는 「시에라네바다로 가는 길」이란 시를 지었다. 부통령 후보는 뉴저지 출신 전직 상원의원 윌리엄 데이턴이었다.

선거전

1856년 선거전의 핵심 이슈는 매우 심각한 주제인 노예제였고, 베 트남 전쟁 이슈가 등장하기 전까지는 이토록 심각하게 선거전을 양극화 시킨 단일 이슈는 없었다. 이 이슈는 미국인들 사이에 극렬한 논쟁을 불 러일으켰고 폭력적인 충돌이 다반사가 되었다. 노예제 찬성론자들이 캔 자스 주 로렌스빌에 있는 노예제를 반대하는 신문사를 습격하여 다섯 명의 목숨을 앗아갔다. 그 보복으로 존 브라운(John Brown)과 그 일당이 노예제 지지 마을을 돌아다니며 다섯 명을 살해했다. 눈에는 눈, 이에는 이 ….

공화당은 대중집회를 열고 가두시위를 하였다. 이 시위에는 랄프

제임스 뷰캐넌의 취임식, 1857년 3월 4일.
대통령취임식 사진으로서는 최초의 것이다.

왈도 에머슨, 헨리 워즈워스 롱펠로우 같은 철학자와 시인들이 참가했다. 공화당 부통령 후보로 거론되고 있던 애이브럼 링컨이 북을 치며 앞장섰다.

민주당은 프레몬트를 향해 선거전에서 늘 쓰여왔던 각양각색의 모욕을 퍼부음으로써 반격했다. 프레몬트는 술주정꾼, 노예소유주, 캘리포니아 인디언들에게 가혹행위를 한 사람, 서부를 탐험하면서 자신의 업적을 과장하거나 속인 인물이란 비난을 받았다. 민주당은 프레몬트의 선거구호 "자유로운 땅, 자유로운 사람, 프레몬트, 그리고 승리!"(Free Soil, Free Men, Frémont and Victory)를 뒤틀어 "자유경작자, 프레몬트주의자, 자유로운 깜둥이 그리고 도적놈들!"(Freesoilers, Frémonters, Free Niggers and Freebooters)이라는 노래를 만들어 불렀다.

민주당이 프레몬트를 비방하고 조롱한 것 중에서 최소한 한 가지는 옳은 얘기였다. "그는 국론을 양극화시키는 후보이고, 급진적인 노예제 반대론자이며, 그래서 그가 대통령이 되면 남부는 연방에서 탈퇴할 것이다."

승자 : 제임스 뷰캐넌

등록된 유권자의 거의 80%가 투표에 참여했는데, 이는 미국 역사상 세 번째로 높은 투표율이다(1876년 81.8%, 1860년 81.2%). 제임스 뷰캐넌 1,836,072표, 프레몬트 1,342,345표. 공화당은 신생정당이고 선거자금도 달렸으나 프레몬트의 득표율은 다음번 선거에서 기회가 올 것임을 암시해 주는 것이었다.

★·★

19세기 스타일의 동성애 추문 제임스 뷰캐넌은 평생 독신으로 지냈다. 워싱턴에서 오랫동안 그의 룸메이트였던(그때도 지금처럼 많은 의원들이 비용을 아끼기 위해 아파트를 공동으로 사용했다) 사람은 알라바마 출신 상원의원 윌리엄 루퍼스 킹(William Rufus King)이었다. 뷰캐넌과 킹의 동성애에 관련된 소문은 잭슨 행정부 때까지 거슬러올라간다. 앤드루 잭슨은 뷰캐넌을 "미스 낸시"라 불렀고, 그것이 뷰캐넌의 별명이 되었다(뷰캐넌은 잭슨 지지자였으나 잭슨은 그를 극도로 싫어했다. 잭슨이 친구에게 한 말에 따르면, 그가 뷰캐넌을 러시아 주재대사로 내보낸 것은 "시야에서 가능한 한 멀리 그를 내보낼 수 있는 곳이 그곳이었기 때문"이었다). 헨리 클레이도 동료 상원의원인 뷰캐넌을 면전에서 조롱하기를 즐겼다. "나도 좀 더 숙녀답게 자신을 드러낼 수 있으면 좋겠습니다."

가톨릭이란 죄 윌리엄 T. 수워드(William T. Seward)는 프레몬트가 "가톨릭으로 몰릴 뻔한" 적이 있다고 했다. 프레몬트의 아내[상원의원 토마스 하트 벤튼(Thomas Hart Benton)의 딸]는 가톨릭 신자였고 (마땅한 다른 성직자가 없었기 때문에) 그래서 프레몬트는 가톨릭 신부가 결혼식을 집전하는 것을 받아들였다. 그러나 프레몬트 자신은 철저한 감리교 신자였다.

그러나 프레몬트를 비방하는 "로마 가톨릭의 설립" 같은 팸플릿은 그가 비밀 가톨릭 신자이며, 선거가 끝나면 로마 교황에게 충성하는 본색을 드러낼 것이라고 주장했다. 당시로서는 정치인이 가톨릭 신자이면 중요한 결격사유였고, 그래서 이런 비방은 정계에서 일정부분 프레몬트에게 타격을 주었다. 프레몬트는 나서서 이런 비방을 반격하면 오히려 비방의 신빙성만 높여줄 것이라고 판단하여 침묵으로 감수했다.

목매달아 버려! 제임스 뷰캐넌은 선천적인 마비증세를 갖고 있어서 고개가 왼쪽으로 약간 젖혀졌다. 프레몬트 지지자들은 이를 두고 뷰캐넌이 목을 매어 자살을 시도했다가 실패했기 때문에 생긴 후유증이라고 주장했다. 자신의 목숨도 제대로 끊지 못하는 사람은 대통령이 될 자격이 없다. 안 그런가? … 이것이 그들 주장의 핵심이었다.

공화당은 제임스 뷰캐넌이 자살을
시도했다가 무능하여 제대로 해내지 못했다고 주장하였다.

1860

애이브럼 링컨

★ ★ ★ ★ ★ ★ ★ ★ ★ ★ VS. ★ ★ ★ ★ ★ ★ ★ ★ ★ ★

스티븐 더글러스

"공화당이 이번 [링컨] 지명을 통해서 보여준 것은
그렇지 않아도 적은 그들의 지성이 더욱 적어졌다는 사실이다."

– *New York Herald*지–

혼탁도 ★ ★ ★ ★ ★ ★ ★ ★ ★ ★

1 2 3 4 5 6 7 8 9 10

1860년에 미국의 인구는 3,100만을 약간 넘어섰고 남자, 여자, 어린 아이 할 것 없이 다가오는 참혹한 전쟁의 폭풍을 지켜보고 있었다.

제임스 뷰캐넌 행정부는 노예제를 둘러싼 극심한 분열적 논쟁의 볼모가 되어버렸다. 취임식 이틀 후에 대법원은 해방노예라도 미시시피(노예 주)로 돌아가면 합법적으로 노예로 만들 수 있다는 취지의 드레드 스캇 사건 판결13)을 내렸다.

이것은 이런 일이 새로운 주에서 일어나면 판이 완전히 뒤집힘을 의미했다. '미주리 타협'도 의미가 없어지고 '주민주권'도 의미가 없어졌다. 캔자스나 네브라스카에서는 원하면 노예를 소유할 수 있게 되었다. ~한다면, 그러므로, 그러나 따위의 조건이 없어져 버린 것이다. 남부는 황홀경에 빠졌고 북부는 분노에 빠졌다.

민주당은 4월에 사우스캐롤라이나 주 찰스턴에서 전당대회를 열었다. 일리노이 주 출신 상원의원이며 온건파 민주당을 대변하는 스티븐 A. 더글러스―그는 주민주권의 지지자였고, 1858년 상원의원 선거에서 친구이자 정치적 적수인 애이브럼 링컨과 인종문제를 두고 설전을 벌여 유명해졌다―가 유력한 후보였다. 더글러스는 당의 선거공약에 노예제 지지를 넣기를 거부했다. 과격한 남부 출신 대의원들은 노예제에 대해 사과할 생각이 없다고 선언했을 뿐만 아니라 나아가 "노예제는 정당하며 그것의 확장을 지지한다"는 선언을 하겠다고 위협했다. 알라바마, 미시시피, 플로리다, 텍사스 대의원 전원과 루이지애나, 사우스캐롤라이나, 아칸소, 델라웨어, 조지아 대의원 대부분이 더글러스 지지를 거부하고 전당대회로부터 철수했다. 모두 45명이었다.

이렇게 되자 누구도 후보선출에 필요한 2/3 이상의 대의원 표를 모을 수 없는 상황이 되어버렸고, 전당대회는 결국 6월까지 연기되었다. 6월에 볼티모어에서 다시 열린 전당대회에서 민주당은 더글러스를 대통령 후보로, 조지아 주지사를 역임한 허셜 존슨(Hershel Johnson)을 러닝메이트로 뽑았다. 민주당은 상대적으로 온건한 주민주권을 선거공약으로 내세웠다.

시카고에서 전당대회—만여 명을 수용할 수 있고 목재로 된 거대한 2층 건물에서 열렸는데, 건물 별명이 "인디언 오두막"이었다. 이 건물은 전당대회를 위하여 지어진 최초이자 유일한 건물이다—를 연 공화당은 민주당의 분열 덕분에 선거에서 이길 가능성이 크다는 사실을 잘 알고 있었다. 가장 강력한 예비후보는 전직 뉴욕 주지사이고 노예제 반대 진영의 대표주자인 윌리엄 수워드였다. 그는 민주당 뉴욕 시 당의 보스인 설로우 위드와 그가 장악하고 있는 태머니 협회의 지원을 받고 있었다. 수워드의 지지자들은 그의 후보지명을 확신하고 있어서 올바니에 있는 수워드 자택의 잔디밭에 축포를 준비해두고 그의 지명을 기다리고 있었다.

그러나 대회 출석자들은 큰 키에 비쩍 마른 애이브럼 링컨이 타협안이 될 수도 있다는 생각을 하고 있었다. 링컨은 1858년의 상원의원 선거에서 더글러스와 맞서 논쟁을 벌이는 과정에서 사람들에게 좋은 인상을 남겼고, 많은 대의원들이 찾고 있던 보다 온건한 후보였다.

후보지명전이 달아오르자 추악한 술책들이 난무하기 시작했다. 설로우 위드는 인디애나와 일리노이 출신 대의원들에게(그들은 링컨을 지지했다) 수워드에게 표를 던지면 10만 달러를 주겠다고 약속했다. 그러나 거래는 성립되지 않았다. 링컨 지지자들은 반대로 수워드 지지자들이 회의장을 나가 회의장 바깥을 돌며 (수워드) 지지 시위를 벌이는 틈을 노려 밖에서 기다리고 있던 링컨 지지자들에 가짜 입장권을 나누어 주어 전당대회장에 입장시켰다. 수워드의 지지자들이 돌아왔을 때는 '인디언 오두막' 으로 투표하러 들어갈 수가 없다는 것을 알게 되었다.

'인디언 오두막' 안에서는 흔들고, 구르고, 비틀거리는 광란이 벌어졌고, 이런 광경은 1968년 시카고에서 전당대회가 열리기 전까지는 다시 벌어지지 않았다. 투표가 시작되었을 때 대회장 안에는 만여 명의 사람들이 있었고, 2만여 명의 군중이 길거리에서 소리치고 노래불렀다. 한 방청객은 대회장의 소란스러움을 이렇게 묘사했다. "신시내티의 돼지들이 한꺼번에 도살되면서 비명을 지르는 데다 더하여 스무 개의 기차 기적이 한꺼번에 울렸다고 생각해 보라." 네 차례의 투표를 치렀고, 표는 결국 애이브럼 링컨에게로 갔다.

스프링필드에서 투표결과를 초조하게 기다리던 링컨은 한 장의 전보를 받았다. 그가 승리했지만 수워드의 지지자들이 흥분하여 통곡하고 있으므로 지금은 나타나지 않는 게 좋겠다는 내용이었다. 당 지도부는 링컨의 러닝메이트로서 매인 주 출신 상원의원이자 패배한 수워드의 친구인 한니발 햄린(Hannibal Hamlin)을 선정하는 현명한 결정을 내렸다.

이렇게 하여 미국 역사상 가장 중요한 대통령선거전의 무대가 차려졌다.

후보

공화당 : 애이브럼 링컨 키가 6피트 4인치인 링컨은 어려운 성장과정이 주 상표였다. 그는 윌리엄 해리슨과는 달리 실제로 통나무 오두막에서 태어났고 켄터키, 인디애나를 거쳐 마지막에는 일리노이에서 열심히 일해야 겨우 먹고사는 생활을 했다. 최소한의 공식교육밖에 받지

못했으나 독학으로 변호사가 되었고, 일리노이 주 의회의원, 연방 상원 의원으로 성장했다. 서민적인 외모와 그 속에 감춰진 뛰어난 정치적 감각은 그의 가장 값진 선거운동 밑천이었다.

　　민주당 : 스티븐 A. 더글러스　공식적으로는 키가 5피트 4인치였으나 어떤 사람은 그의 키가 5피트를 넘지 않았다고 추정한다. 링컨의 큰 키만큼이나 더글러스의 작은 키도 유명했다. 일리노이 출신의 상원의원은 실제로 '작은 거인'으로 알려져 있었다. 이 별명은 크고 상자 같은 가슴과 머리 때문에 생긴 것이기도 하려니와 그에 못지않게 뛰어난 웅변술과 통 큰 정치적 입장 때문에 얻은 것이기도 했다. "인민이 통치하게 하라!"가 그의 유명한 주장이었는데, 이 말은 각 주가 자기 영역 안에서 노예제를 받아들일 것인지 스스로 결정해야 한다는 것을 의미했다. 그런데 더글러스는 정치 생애의 대부분 동안 노스캐롤라이나의 대규모 노예농장 주인을 아내로 맞은 사실을 숨겨야 했다.

"울타리 후보"를 매고 가는 흑인 노예와 *New York Tribune* 편집자 호레이스 그릴리

선거전 _____

공화당은 '각성자들'(Wide Awakes)—연방을 구원한다는 사명감을 갖고 있던 열성 공화당원들—이란 집단을 동원하여 대규모 집회를 열고 가두시위를 벌였다. 이 집단은 횃불과 "정직한 애이브"의 초상화를 들고 몇 마일이나 되는 거리를 행진했다. '각성자들'은 횃불에서 흘러내리는 기름을 막기 위해 방수 망토를 입고 에나멜 칠을 한 금속제 모자를 썼다. 지금까지 남아 있는 평판인쇄 화보를 보면 그들의 차림은 그룹밴드 빌리지 피플의 한 멤버와 소름끼칠 만큼 흡사하다. 보스턴의 공화당원들은 링컨을 추앙하는 의미로 울타리치는 일을 하는 노동자들[14]을 모아 부대를 만들었는데, 모든 구성원들의 키는 정확하게 6피트 4인치였다. 선거운동 기간 내내 공화당 계열의 신문들은 더글러스를 조롱하는 우스갯소리를 실었는데 그 중 하나는 이렇다. "링컨은 울타리(rail)같이 길고 더글러스는 그 반대다"[rail의 철자를 거꾸로 쓰면 liar(거짓말쟁이)가 된다].

출발점에서부터 불리한 입장에 있던 민주당은 반격하려 애를 썼다. 그들은 링컨이 여러 차례 결투를 한 적이 있다는 소문을 퍼뜨렸다. 멕시코 전쟁—링컨은 이 전쟁에 반대했다—이 벌어지고 있던 기간에 의원이었던 링컨은 군대에 보급품을 지급하는 법안의 투표에 참가하지 않았다고 비난했다. 또 링컨이 토마스 제퍼슨을 두고 그가 [여자 흑인 노예 셀리 헤밍스(Sally Hemings)와의 사이에서 낳은] 아이들을 노예로 내다 팔았다는 주장을 해 제퍼슨을 모함했다는 주장도 나왔다.

링컨은 이 모든 거짓말들을 사석에서는 부인했으나 현명하게도 공개적인 논쟁에 말려들지는 않았다. 더글러스가 기차를 타고 열정적으

1860년대의 제프와 머트(Jeff and Mutt)[15] : 작은 거인과 울타리치는 일을 하는 노동자

로 전국을 돌며 연설을 하러 다니는 동안 링컨은 스프링필드에 머물러 있었다. 더글러스는 청중에게 공화당이 승리하는 것은 연방의 분열을 의미한다고 호소했고, 앤드류 잭슨이 살아 있다면 "남부나 북부를 가리지 않고 반역자들을 같은 교수대에 매달 것"이라고 외쳤다.

승자 : 애이브럼 링컨 _____

11월 7일에 개표가 시작되었고 링컨이 당선자가 되었다. 링컨

1,865,908표, 더글러스 1,380,202표. 링컨이 일방적인 승리를 거두었다. 그러나 내면을 들여다 보면 중요한 경고의 의미가 담겨 있었다. 그는 남부의 주로부터는 (선거인단 표를) 한 표도 얻지 못했다.

그들은 위이~대하다! 1860년의 선거전에서는 링컨과 더글러스가 논쟁을 벌이지 않았다. 논쟁을 벌였다고 가정한다면 두 사람 사이의 1858년에 있었던 논쟁을 기준으로 추정해 볼 때 링컨이 한 수 위였을 것이다. '정직한 애이브'는 우스개 연설을 잘 했다. 그는 '작은 거인'이 '위대한 원칙인 주민주권'을 외칠 때 켈로그 시리얼 광고 만화에 나오는 토니 타이거처럼 구르는 듯 큰 목소리로 "위이~대한 워언~칙"이라고 발음하는 것을 흉내내어 사람들을 잘 웃겼다. 링컨이 지적한 대로 주민주권이란 실질적으로는 "한 사람이 다른 사람을 노예로 만들기로 마음 먹으면 노예가 되는 그 사람이나 그 밖에 어떤 사람도 반대할 권리가 없다"는 것을 의미했다.

집나간 불효자식 더글러스는 선거운동 기간 동안 기차를 타고 열심히 순회연설을 다녔다. 20세기에 들어와서는 모든 대통령선거에서 이런 선거운동 방식이 표준이 되었지만 1860년으로 거슬러올라가면 대중들의 눈에는 아직 꼴사나운 방식이었다. 더글러스는 순회연설을 위해 기차여행을 하면서 워낙 바빠 뉴욕에 사는 어머니에게 들를 기회도 거의 없다고 토로했다. 그는 결국 순회연설을 나선 지 한 달 만에 어머니를 찾아볼 수 있었다. 공화당은 이것을 놓치지 않았다. '집나간 불효자식'이란 제목의 전단이 나돌았다. 전단에는 이렇게 씌어 있었다. "6월 어느 날 자신을 걱정하는 어머니를 만나러 간다고 워싱턴 D.C.를 떠나고서는 … 필라델피아, 뉴욕 시, 코네티컷 주 하트포드에 나타나고 … [그러다가는] 로드아일랜드의 시골벅적한 집회에 등장한다. 이게 '작은 거인'이란 별명에 어울리는 짓이냐. 무수한 말을 큰 소리로 떠들지만 결국 자기 자신만을 위할 뿐이다."

장군 멍군 링컨은 용모 때문에 많은 조롱을 받았다. 그는 비쩍 마른 데다가 눈이 쑥 들어갔고 동시대인에 비해 키가 너무 컸다. 그의 사진을 보면 무서울 정도로 심각한 표정이어서 거의 유령처럼 보인다. 민주당 계통의 신문들이 이런 용모를 조롱했을 것임은 물어볼 필요도 없다. "그는 무섭고도 가여워 보인다. 검댕투성이의 용모는 불량배, 오물수거인, 말도둑을 모두 섞어놓은 모습을 떠올리게 한다." 찰스턴에서 나오던 *Mercury*란 신문의 기사이다.

휴스턴에서 발행되던 *Telegraph*지는 "링컨은 하나의 골격에 매달릴 수 있는 것으로서는 가장 길쭉하고, 마르고, 보기 흉한 팔 다리와 네모 나고 야윈 얼굴을 달고 있다"고 하였다.

이에 질세라 공화당은 더글러스를 "키랄 것도 없는 5피트에다 옆으로 벌어진 직경도 그 키만큼 된다. 그는 붉은 얼굴, 숏 다리, 불룩 나온 배를 갖고 있다"고 조롱했다.

인종문제 더글러스는 노예제도 문제에 관해서는 모호한 태도를 취했다. 그는 "악어보다는 니그로 쪽에 서겠지만 백인을 위해서라면 니그로를 반대하겠다"는 이상한 발언을 했다. 링컨은 분명하게 노예제 반대 입장을 밝혔고, 그래서 민주당 내의 인종차별주의자들로부터 공격을 받았다. 민주당이 만든 어떤 포스터에는 링컨이 수많은 "지지자들"에게 들려서 정신병원으로 끌려가는 모습이 그려져 있다. 지지자들 중에서 기괴한 옷차림을 한 흑인이 이렇게 말한다. "이 백인은 우리더러 존경하라고 요구할 자격이 없어." 그리고 화가는 포스터가 전체적으로 더 공격적인 느낌을 주도록 한 페미니스트가 날카롭게 소리지르는 모양을 덧붙여 놓았다. 지르는 소리인즉슨 "나는 여성의 권리를 강화시켜 남성들이 여성의 권위에 복종하기를 원한다!"

1864

애이브럼 링컨

★ ★ ★ ★ ★ ★ ★ ★ ★ ★ VS. ★ ★ ★ ★ ★ ★ ★ ★ ★ ★

조지 맥클랜

"강을 건널 때는 말을 바꿔 타지 않는 것이 좋다."

– 애이브럼 링컨 –

혼탁도 ★ ★ ★ ★ ★ ★ ★ ★ ★ ★
1 2 3 4 5 6 7 8 9 10

애이브럼 링컨은 그 이전이나 이후의 어떤 대통령보다 심한 중압감 속에서 취임했다. 취임 한 달 만에 남부동맹이 사우스캐롤라이나의 섬터 요새(Fort Sumter)에서 포격을 시작했고, 남북전쟁이 시작되었다.

그때까지 미국 역사에 전시 대통령은 한 사람밖에 없었고—1812년 전쟁의 제임스 매디슨—그 전쟁은 공화국을 붕괴시킬 수도 있고 피비린내로 가득한 이번 전쟁과는 비할 바가 아니었다. 링컨은 배워가며 전쟁을 치를 수밖에 없었고, 초기는 혼란의 연속이었다. 전쟁이 치열해지자 북부의 각 정파는 잠시 정쟁을 멈추었다. 1860년의 선거에서 링컨과 맞섰던 스티븐 더글러스도 전폭적으로 링컨을 지지했다. 그러나 전쟁은 오래 끌었고, 희생자가 늘어나자 반대파의 공격도 면할 수가 없었다.

민주당 내에서 링컨을 가장 강하게 비판한 사람은 조지 G. 맥클랜(George McClellan) 장군이었다. 그는 포토맥 부대의 사령관이자 연방의 장군 가운데서 가장 젊은 인물이었다. 전쟁 초기에 링컨은 멕시코 전쟁의 영웅이지만 이제는 나이 들어 중요한 전투를 치르면서도 잠깐씩 조는 버릇이 있는 윈필드 스캇 장군을 해임하고 "작은 맥(맥클랜)"을 그 자리에 임명했다. 그러나 맥클랜을 선택한 것은 재앙이었다. 그는 시종일관 적의 전력을 과대평가했고 군대의 이동도 너무나 느렸다. 이를 불만스럽게 생각한 링컨이 그에게 이런 메모를 보냈다. "장군이 부대를 쓸 일이 없으면 내가 잠시 빌리고 싶소."

1862년 앤티텀에서 격렬한 전투가 있은 후 링컨은 맥클랜을 해임했고, 그러자 곧바로 민주당이 분노에 쌓여 있던 '작은 맥'을 대통령 후보로 거론하기 시작했다.

링컨 자신도 당내에 문제를 안고 있었다. 공화당 급진파라 불리던 일파가 링컨의 전쟁수행 방식에 반기를 들었다. 그들은 링컨을 독재자라고 불렀다. 이 말은 맞는 말이 아니었다. (상원의원 찰스 섬너는 오히려 "신과 같은 권력을 갖고 있으면서 권력을 신처럼 쓰지 못하고 있으니 안타깝다"고 하였다.) 그들은 앤드류 잭슨 이후로 지난 30년간 모든 대통령이 단임으로 끝났는데 링컨이라고 달라야 할 이유는 없다고 주장했다.

1863년에 연방군이 게티즈버그와 빅스버그에서 승리했어도 급진파는 만족하지 않았다. 이들은 결국 떨어져 나가 급진민주당(Radical Democracy)이란 정당을 만들었다. 1864년 5월 클리블랜드에 모인 급진민주당은 1856년에 공화당 후보였던 존 C. 프레몬트를 대통령 후보로 지명했다. 그들은 대통령 단임제와 전쟁수행 과정과 전후 복구의 의사결정에 의회가 참석하도록 한다는 공약을 내걸었다.

공화당은 6월에 볼티모어에서 전당대회를 열고 링컨을 다시 지명했다. 그러나 그가 재선에 성공하리라고 확신하는 사람은 아무도 없었다. 1863년 연방군의 승리에도 불구하고 전쟁은 남부동맹에게 유리하게 전개되는 듯했다. 수많은 당 지도자들이 링컨에게 비켜서라고 요구했는데, 그들 가운데는 호레이스 그릴리(Horace Greely, 그는 "링컨 씨는 일찌감치 끝났어"라고 했다)와 설로우 위드(그는 "나는 링컨 씨에게 이번 선거는 불가능하다고 말했어"라고 했다) 같은 거물도 들어 있었다. 링컨이 고뇌한 끝에 신중하게 고른 러닝메이트는 앤드류 존슨(Andrew Johnson)이었다. 그는 이전에는 민주당원이었으며 테네시 출신 상원의원이었다. 그를 고른 이유는 남부와 북부의 경계지역 주들의 표를 의식해서였다.

민주당은 8월에 시카고에서 전당대회를 열었다. 대회는 '카퍼헤드'(Copper Head)[16]라 부르던 반전파 민주당원들이 장악했다. 조지 맥클랜이 후보로 지명되었다. 현명하게도 그는 '카퍼헤드'가 끼워넣은 "종전을 위해서는 어떤 대가도 치른다"는 공약을 수용하지 않았다. 부통령 후

보는 오하이오 출신의 하원의원 조지 펜들턴(George Pendleton)이 선정되
었다.

후보

공화당 : 애이브럼 링컨 55세의 링컨은 나이보다 훨씬 늙어보
였다. 그는 전쟁 때문에 지치기도 했지만 1862년에 둘째 아들 윌리의 죽
음 때문에 힘들기도 했다. 그래도 그는 흔들림 없이 자신이 생각한 목표
를 추구해 갔다. 1862년에 원하던 전쟁 지휘관을 찾아낸 링컨은 노예해
방 선언(Emancipation Proclamation)을 발표한다.

민주당 : 조지 B. 맥클랜 씩씩하고 잘 생긴 조지 맥클랜은 34
세라는 젊은 나이에 포토맥 군대의 지휘관으로 임명되자 아내에게 보낸
편지에 이렇게 썼다. "생각지도 못한 마술의 장난으로 새롭고 낯선 위치
에 앉게 되니―대통령도, 장관들도 … 모두가 내게 의견을 물어온다
오―나는 이 땅의 권력자가 된 것 같은 기분이오 … 작은 성공이라도 거
두려면 이제부터는 '독재자'가 되어야 할 것 같소." 그러니 맥클랜이
"작은 나폴레옹"이란 별명을 얻은 것은 이상할 것이 없다.
　　그러나 맥클랜이 마주한 현실은 그가 상상한 자신의 이미지와는
맞지 않았다. 그는 고집불통의 장군이었고, 링컨에게 복종하지 않았으며
(그는 공개적으로 대통령을 무시하였다), 군대 내부에서는 분열을 일으키는
존재였다.

선거전 _____

맥클랜은 선거전을 시작하자마자 파열음을 내기 시작했다. "대통령은 좋게 보아도 원숭이라고 할 수밖에 없어." 그는 공공연하게 소리쳤다. "그는 진짜로 고릴라 같아. 저런 인간이 나라를 다스린다니!"

이보다 심한 표현을 찾기란 어렵겠지만 그래도 민주당은 더 험한 표현을 찾으려고 애썼다. 뉴욕에서 발행되던 *World*지는 링컨이 부패했다며 이런 기사를 실었다. "'정직한 애이브'의 주변에는 그의 정직함을 지켜줄 사람이 별로 없다." 그들은 '애이브럼 링컨, 일명 올드 애이브의 생애에 관한 유일하고도 진정한 얘기'라는 정말로 고약한 팸플릿을 만들어 링컨이 오직 돈에만 관심이 있다고 비방했다. "애이브럼은 [대통령이란 자리가] 1년에 2,500달러를 벌 수 있는 좋은 기회라고 생각했다." 또한 이 팸플릿은 링컨의 외모를 조롱하여 "링컨이 양말을 신은 채 서면 6피트 12인치가 되는데, 양말을 열흘에 한 번만 갈아신기 때문이다. 그의 몸을 해부하면 속에는 뼈만 가득해서 걸을 때면 기중기와 풍차가 만나 결혼하여 그 사이에 생긴 자식처럼 삐걱거린다"고 하였다.

민주당과 공화당은 서로 팸플릿을 통해 공격과 반격을 이어갔다. 민주당은 "독재자의 기발함과 아름다움을 모조리 드러내는 링컨에 관한 문답서"란 팸플릿에서 링컨을 이렇게 조롱했다.

문 : 헌법이 뭔가?

답 : 지옥과의 계약, 지금은 쓸모 없어졌음.

문 : 누가 헌법을 쓸모 없게 만들었나?

답 : 애이브럼 아프리카누스 1세.

공화당은 "카퍼헤드 문답서"란 팸플릿으로 응수한다.

문 : 카퍼헤드가 살아 있을 때 바라는 게 뭔가?

답 : 대통령을 모욕하고 정부를 헐뜯는 것. 그래서 자신을 미화하는 것.

6월에 쥬발 얼리(Jubal Early)가 이끄는 남부동맹군이 백악관에서 5마일 되는 곳까지 진격해 왔다. 링컨은 직접 방벽에 올라가 연방군과 남부동맹군의 전투를 지켜보았다. 전하는 얘기에 의하면 링컨은 총알이 날아오고 옆에 있는 사람들이 부상당하자 계속 숨을 곳을 찾았다고 한다. 얼리의 진격은 대통령으로서 개인적인 용기를 보여줄 수 있는 기회이기는 했지만 정치적으로는 좋지 않은 소식이었다. 링컨은 재선에 대한 기대를 버리기 시작했다. 심지어 링컨은 8월 말에 각료들을 한 사람씩 불러 누가 대통령에 당선되든 새로운 당선자에게 협조하겠다는 내용의 문서에 서명하게 했다.

승자 : 애이브럼 링컨 _____

다행히도―6개월 후에 암살당하게 된다는 점을 고려하면 그렇게 다행스러운 일이 아닐지도 모르지만―전쟁의 신은 연방군에게 미소를 보냈다. 9월 초에 파라컷(Farragut) 제독이 모바일 항을 함락시키고(이때 제독이 수뢰를 무시하고 돌진한 얘기는 유명하다) 셔먼 장군은 아틀란타에 입성하였다.

전쟁의 물결이 바뀌자 선거의 물결도 바뀌었다. 11월에 링컨은 맥클랜을 손쉽게 물리쳤다(링컨 2,218,388표, 맥클랜 1,812,807표). 맥클랜이 자신에게 몰표를 던질 것이라고 자랑하던 포토맥 군대의 병사들은 4/5 가 링컨에게 표를 던졌다.

링컨의 추악한 뒷거래 대부분의 역사 교과서가 링컨을 미국의 순교자로 묘사하고 있지만 '정직한 애이브'에게도 이중적 면모가 있었다.

1864년 선거에서 링컨은 프레몬트의 제3당이 공화당의 표를 잠식할까 두려워했다. 미시간 출신의 상원의원 자카리아 첸들러(Zachariah Chandler)가 브로커로 나서서 거래를 성사시켰다. 프레몬트는 말썽 많은 우정성 장관 몽고메리 블레어(Montgomery Blair)—그는 프레몬트와 공화당 급진파를 몹시 싫어했다—를 해임하면 선거전을 그만두겠다는 제안을 내놓았다. 링컨이 첸들러의 활약을 사전에 알고 있었는지는 분명하지 않지만 거래 조건을 알고는 암묵적으로 동의했음은 틀림없다. 9월 22일 프레몬트는 선거운동 중단을 선언했고, 링컨은 9월 23일에 블레어를 해임했다. 변덕스러운 블레어는 이전에도 여러 차례 사임의사를 밝힌 적이 있었다. "귀하는 관대하게도 내게 귀하의 사임이 나의 부담을 덜어주는 일이 된다면 내 생각대로 하라는 말을 여러 차례 한 적이 있습니다." 블레어를 해임할 때 링컨이 한 말이었다.

프레몬트 말고도 링컨이 뒷거래를 해야 할 대상은 태머니 협회의 강력한 보스 설로우 위드와 링컨을 좋아하지 않는 뉴욕 시의 공화당원들이었다. 링컨은 위드의 위신을 세워주기 위해 뉴욕 항만청과 세관의 직원들을 쫓아내고 그 자리에 위드가 지명한 사람들을 앉혔다. 뉴욕에서 발행되던 *Herald*지는 이렇게 지적했다. "정치적 분위기 때문에 지난 48시간 동안 이 신사분들에게 일어난 변화를 살펴보면 놀랍게도 어느 부서에서도 어제의 반링컨 인사는 찾아볼 수가 없다."

또한 링컨은 표를 모으는 데는 무슨 방법이라도 동원하는 사람이었다. 투표일에 링컨은 포함의 수병들의 표를 모으기 위해 연방정부 소유의 증기선을 미시시피 강 하류로 보냈고 워싱턴 D.C.의 연방정부 공무원들에게는 임시 휴가를 주었다.

고상하지 않은 연설? 링컨이 유명한 게티즈버그 연설을 한 날 *Harrisburg Patriot Union*이란 신문은 이런 기사를 실었다. "대통령의 우스꽝스러운 언급에 대해서는 못 들은 것으로 하고 싶다. 우리는 나라의 앞날을 위해 망각의 베일을 덮어두고 싶다."

흑백결혼 링컨은 남북전쟁이 벌어지고 있는 상황에서 인종 간의 결혼에 대해 농담을 하고도 논란을 일으키지 않고 빠져나올 수 있는 재치를 가진 사람이었다. 민주당이 공화당은 흑백인종 간의 결혼을 지지한다는 비방을 그치지 않자 링컨은 이런 농담을 했다. "그건 훌륭한 연방 시민을 생산할 수 있는 민주적인 기술입니다. 나는 누구도 그런 특허권을 침해하지 말 것을 제안합니다."

뒷전에 선 '작은 맥' 공화당은 '작은 맥'이 전투가 벌어지면 군대의 뒷전에 멀찌감치 떨어져 있다는 것을 알아차렸다. 링컨은 포토맥 군대는 맥클랜의 보디가드라고 불렀고, 어떤 공화당원은 후퇴할 때면 "맥클랜이 생애 처음으로 부대의 앞장을 서는 것을 볼 수 있다"고 조롱했다.

이는 악선전이었지만—맥클랜은 멕시코 전쟁에서 용감하게 싸웠다—남북전쟁에 참전한 다른 장군들과 비교할 때 그가 많은 시간을 지휘마차 안에서 보낸 것은 사실이었다.

민주당계의 신문에 의하면 링컨은 양말을 열흘에 한 번씩 갈아신었다고 한다.

1868

율리시즈 S. 그랜트

★★★★★★★★★ VS. ★★★★★★★★★

호레이쇼 시모어

"정월 초하루부터 술 취한 그랜트의 모습을 길거리에서 볼 수 있었다."

− 율리시즈 S. 그랜트에 대한 민주당의 공격 −

혼탁도 ★ ★ ★ ★ ★ ★ ★ ★ ★ ★
1 2 3 4 5 6 7 8 9 10

민주당은 율리시즈 S. 그랜트가
지독한 알코올 중독자라고 비난했지만 유권자들은 상관하지 않았다.

어떤 부통령—해리 트루먼이나 린든 존슨—은 현직 대통령의 죽음이라는 비극을 맞아 그것을 최대한 활용하지만 어떤 부통령—앤드류 존슨 같은 사람—은 그 때문에 탄핵당했다.

존슨이 탄핵당한 것은 순전히 자기 잘못은 아니었다. 애이브럼 링컨은 1865년 4월 14일에 암살되었는데, 이때는 미국 역사상 가장 혼란스럽고 복잡한 시기였다. 리 장군이 애포매톡스 코트하우스에서 율리시즈 그랜트에게 항복함으로써 전쟁은 끝났다. 종전은 좋은 소식인데 지금부터 무얼 해야 하는가? 링컨이 남부에 대해 지나치게 유화적인 정책을 펼 것이라고 생각하고 있던 대다수의 공화당 급진파들은 존슨이 패배한 반란자들을 강력하게 응징해 주기를 기대했다.

그런데 존슨은 링컨이 닦아놓은 길을 그대로 따라가겠다고 발표했다. 그는 재건을 위한 첫 조치로서 남부동맹의 전투원 전원에 대해 일반사면을 실시하고 테네시, 루이지애나, 아칸소, 버지니아 등 "연방에 충성하는 재건정부"를 연방에 다시 받아들였으며, 나머지 7개 주에 대해서도 주 헌법을 개정하여 노예제도를 부인하는 조건으로 새로운 시민정부의 복구를 지원하는 조치를 취했다.

또한 존슨은 해방노예들의 자유를 심하게 제약하고 그들의 투표권과 재산취득권을 부정하는 이른바 '흑인단속법'(Black Codes)을 지지했다. 급진파는 해방노예들에게 투표권을 포함하여 완벽한 시민권을 부여하기를 바랐다.

중간 선거 이후에 급진파가 하원을 장악했고, 그들은 존슨이 제출한 재건법안들을 모조리 부결시켰다. 대통령이 의회의 결정에 대해 거부권을 행사하자 의회는 다시 대통령의 거부권을 무력화시키는 결정을 했다. 의회와 대통령 사이의 대립이 격화되자 공화당은 1868년 봄에 대통령 탄핵안을 발의했다. 탄핵안은 한 표 차이로 통과가 무산되었지만 대통령은 실질적으로 무력해졌다.

공화당은 당의 정책을 상징해 줄 인물로서 평범한 말투에 엄청난 술꾼이며 끈질기게 물고 늘어지는 전법과 탁월한 전략으로 연방에 승리를 안겨준 율리시즈 S. 그랜트(Ulysses S. Grant) 장군을 선택했다. 그는 미국인의 우상이었다. 당시 그의 대중적 인기는 제2차 세계대전 후의 드와이트 D. 아이젠하워(Dwight D. Eisenhower)와 비견할 만했다. 존슨 탄핵안에 대한 표결이 있기 나흘 전인 5월 20일에 그랜트는 시카고에서 열린 공화당 전당대회에서 대통령 후보로 지명되었다. 부통령 후보는 하원의 장인 쉴러 콜팩스(Schuyler Colfax)였다.

그러나 선거일이 다가오자 공화당 급진파는 "흑인문제"에 대해 모호한 태도를 취하기 시작했다. 해방된 흑인에게 완전한 투표권 부여를 지지하면서도 그 시행방법에 있어서는 각 주가 알아서 하라고 발표했다. 결국 각 주에게 "~이라면"이란 조건이 잔뜩 붙은 규정을 만들 수 있는 기회를 준 것이다.

민주당—이제 이 당은 많은 사람들로부터 남부동맹과 동일체로 인식되었다—은 몹시 더운 7월 4일에 뉴욕에 모였다. 21차례의 투표를 치르고도 후보선정에 실패하자 뉴욕 주 대의원들의 대표격인 새뮤얼 틸던(Samuel Tilden)이 뉴욕 주지사 호레이쇼 시모어(Horatio Seymour)란 다크호스를 내놓았다.

후보에 별 뜻이 없었던 시모어는 단상에 올라가자 부적절한 시적 수사—"내게 보여주신 여러분들의 친절에 대해 신의 축복이 있기를 빕니다만 나는 여러분의 후보가 될 수 없습니다"—를 사용해 후보지명을 사양한 후 무대 뒤에서 울음을 터뜨렸다("어쩌면 좋아 … 어쩌면 좋아!"). 그는 결국 후보지명을 수락했고, 프랜시스 블레어(Francis Blair)가 러닝메이트가 되었다.

민주당은 공화당 급진파가 장악한 의회에서 제정된 가혹한 재건계획을 반대하는 공약을 내세웠다. 의회가 만든 재건계획은 남부를 다섯 개의 군구(軍區)로 나누고 부패한 주 의회와 정부를 세우는 것이었는데, 그렇게 되자 낭인들(carpetbaggers)[17]이 몰려들었다.

후보

공화당 : 율리시즈 S. 그랜트 46세의 그랜트는 당연히 신화적

인 인물이었다. 그의 경력은 아메리칸 드림 그 자체였다. 웨스트포인트를 졸업한 후 잘 알려지지 않은 시기를 보냈고, 남북전쟁이 발발하여 군대에 다시 들어오기 전까지는 일리노이 주 갈레나에서 아버지가 운영하던 가죽제품 가게에서 일했다. 군대에 다시 들어온 후에는 최고사령관까지 올라갔다. 그는 링컨과 국가가 고대하던 장군이었다. 과도하게 술과 담배와 도박을 즐기는 것까지도 그에게는 장점이 되었다. 많은 사람들이 보기에 그는 진정한 "미국"(U.S.)의 그랜트였다.

민주당 : 호레이쇼 시모어 "사랑하는 브루투스여, 잘못은 우리들의 별자리에 있는 것이 아니라 우리 자신에게 있는 것일세." 『줄리어스 시저』에 나오는 이 대사는 역사상 가장 잘 알려지지 않은 대통령 후보인 호레이쇼 시모어에게 잘 어울리는 말일 것이다. 시모어의 곁에는 꼭 필요한 좋은 PR 맨이 없었고, 그는 몇 가지 중대한 실수를 저질렀다. 그는 민주당 전당대회에서 울음을 터뜨린 것 말고도 1863년 뉴욕에서 징병폭동[18]이 발생하자 군중 앞에서 연설하면서 흥분한 군중을 진정시키기 위해 "친구 여러분"이라고 불렀는데 이것이 훗날 대통령선거에서는 그에게 큰 부담이 되었다.

선거전 _____

공화당은 시모어가 후보지명을 소극적으로 받아들인 것을 조롱하여 그에게 "위대한 사양자"란 칭호를 붙여주고 노래를 지어 퍼뜨렸다.

시모어란 머리가 약간 돈 녀석이 있었다네,

시모어라 불리는 이상한 물건이 있었다네,

굳세게 거절하다가

기쁜 마음으로 받아들인

호레이쇼 시모어란 인물이 있었다네.

어떤 공화당원들은 그의 가계가 정신이상의 유전적 기질을 갖고 있다고 암시했다. 위의 노래 가사는 "민주당원의 피부를 벗기면 그 안에는 반역이 자리잡고 있다네"로 끝난다.

공화당은 훌륭한 정치인 집안 출신이자 전쟁영웅인 부통령 후보 프랜시스 블레어도 공격했다. 한 사립탐정은 블레어가 하루 숙박료 10달러인 하트포드의 호텔에 이틀을 머물면서 위스키 값으로 65달러를 지불한 사실을 캐냈다!

물론 민주당도 좋은 표적인 그랜트를 그냥 놓아두지 않았다. 여러 가지 장점에도 불구하고 그랜트의 음주벽은 문제가 될 소지가 많았다. 신문기자를 포함하여 많은 사람들이 남북전쟁 기간 동안의 그의 폭음 행각을 눈감아 주었지만 흘러나온 얘기는 많았고, 그의 정적들은 그를 젖은 사람(알코올 중독자를 지칭하는 은어)이라고 불렀다. 당시 유행하던 노래에 이런 것이 있었다.

나는 블랙 마린 부대의 캡틴 그랜트,

가장 멍청한 인간이라네.

나는 시민들이 낸 돈으로

담배 피고 술 마신다네.

"블랙 마린"(Black Marine)이란 그랜트가 흑인에 대한 투표권 부여

를 지지한다고 헐뜯는 비유였다(그랜트도 시모어도 이 민감한 이슈에 대해서
는 모호한 태도를 취했다).

승자 : 율리시즈 S. 그랜트

선거는 예상과는 달리 접전이었다. 그랜트는 연설은 물론이고 거
의 아무 말도 하지 않으려 했다(뉴저지의 기차역에서 기자들에 둘러싸여 선거
전의 전망을 어떻게 보느냐는 질문을 받자 그랜트는 이렇게 답했다. "지금은 그것에
대해 전혀 생각이 없습니다. 이 순간 나의 주 관심사는 기차를 놓치지 않는 것입니
다"). 그랜트가 인디언 거주지역으로 여행을 가서 남북전쟁의 영웅인 셔
먼과 셰리던을 만나는 장면을 여러 사람들이 목격했는데, 그는 이런 좋
은 기회에도 연설을 하려 하지 않았다.

한편, 투표일 3주 전부터 호레이쇼 시모어는 유세를 위한 여행에
나섰다. 그가 선거운동에 나선 것은 치욕적인 패배를 당할까 두려워한
민주당 쪽에서 후보를 교체하려고 했기 때문이었다. 이러한 노력이 조금
은 도움이 되었지만 큰 효과는 없었다. 그랜트는 3,013,650표를 얻었고
시모어는 2,708,744표를 얻었다. 역사상 처음으로 50여 만 명의 흑인들
이 투표하였다. 흑인 표는 압도적으로 그랜트에게 몰렸다고 해야 안전한
추정이 될 것이다.

공화당은 결국 힘들이지 않고도 알아서 몰려드는 흑인 표의 이득
을 본 것이다. 공화당은 승세를 몰아 헌법 수정조항 15조를 통과시켰다.
1870년에 통과된 이 조항은 "인종, 피부색 또는 과거의 예속경험"을 이
유로 투표권을 제한해서는 안 된다고 규정하였다. 그러나 1965년에 투
표권법(Voting Rights Act)이 통과되기까지 남부의 주에서는 많은 흑인들

이 자유롭게 투표할 수가 없었다.

★·★

일반명령 11호 그랜트는 반(反)유대주의자란 평을 들었는데, 이런 비난
은 전혀 근거 없는 것은 아니었다. 그가 1862년에 북부군 사령관으로서 내린 "일반
명령 11호"는 이렇게 시작한다. "유대인은 재무성이 정한 모든 상거래 규정을 위반
하는 계층인바 … 그러므로 축출할 것을 명한다." 이 명령은 대통령 링컨에 의해 곧
바로 취소됐으나 뒷날 선거전에서 비방의 소재가 되었다. 그랜트 시대에는 반유대주
의가 널리 퍼져 있어서 그랜트를 반유대주의자라고 비난하는 것만으로도 유죄가 될
수 있었음을 첨언해두어야 할 것 같다.

북부의 추악한 작은 비밀 노예제도를 둘러싸고 벌어진 전쟁은 끝이
났으나 1868년의 선거에서는 37개 주 가운데서 16개 주에서만 흑인의 투표참여가
가능했다. 흑인에게 투표권을 준 주 가운데서 8개 주는 남부동맹에 참가한 적이 있었
다. (미시시피, 텍사스, 버지니아에서는 흑인이 투표에 참여했으나 각 주의 선거인단
표는 계산되지 않았다. 이들 주는 아직 연방 재가입이 인정되지 않았기 때문이다.)
코네티컷 주는 흑인의 투표권을 인정하지 않았고 뉴욕 주에서는 250달러 이상의 재
산을 소유한 흑인에게만 투표권을 인정했다.

1872

율리시즈 S. 그랜트

★ ★ ★ ★ ★ ★ ★ ★ ★ ★ VS. ★ ★ ★ ★ ★ ★ ★ ★ ★ ★

호레이스 그릴리

대부분의 역사학자들은 율리시즈 그랜트가 정직한 사람이었음에 동의한다. 또한 역사학자들은 그랜트 주변에는 정직하지 못한 인물들이 많았다는 데도 평가를 같이한다. 그런 인물 가운데 제이 굴드(Jay Gould)와 짐 피스크(Jim Fisk)가 있었다. 두 사람은 짝이 되어 금시장을 매점했다. 굴드와 피스크는 그랜트의 동서인 아벨 코빈(Abel Corbin)과 재무성 차관 대니얼 버터필드(Daniel Butterfield)를 통해 대통령과 알게 되었다. 그렇게 해서 발생한 "금 고리"(Gold Ring) 스캔들은 그랜트 행정부의 곳곳에 미쳤다. ("고리"는 집단적인 음모를 암시하는 말이었고 그랜트 시대의 모든 스캔들에는 이런 이름이 붙여졌다. 닉슨 시대에 워터게이트 사건 이후 "게이트"가 모든 추문의 접미사가 된 것과 같다.)

행정부의 부패와 그랜트의 정부 개혁작업의 실패, 남부 재건정책이 지지부진한 것에 실망한 많은 공화당원들이 그랜트가 아닌 대안을 찾으려 했다. 공화당 진보파라 불리던 이들은 공화당 주류에서 떨어져 나와 그랜트를 몰아내기 위해 "정직한 시민들"의 반란을 모색했는데, 1960년대의 개혁파 민주당과 유사했다. 그런데 그들은 보통 사람을 내세우지 않고 "지적으로 좋은 자질을 갖춘 인물"이 정부를 장악해야 한다고 생각했다.

5월에 신시내티에서 전당대회를 연 민주당은 격론을 벌인 끝에 신문편집자인 호레이스 그릴리(Horace Greely)를 대통령 후보로, 미주리 주지사 그라츠 브라운(Gratz Brown)을 부통령 후보로 뽑았다. 한 달 뒤에 민주당은 공화당 진보파와 합류하기로 결정했다. 그릴리가 여전히 대통령 후보였다.

그릴리는 미국 역사상 가장 특이한 대통령 후보였다. 그는 신문업계에서 큰 영향력을 가진 인물이었고, *New York Herald Tribune*의 편집자였으며, 십자군과 같은 사명의식에 불타는 저널리스트였다. 청년들에게 "서부로 가라"는 그의 설교는 유명했다. 그는 대머리에다 통통하게 살찐 채식주의자이며, 작은 안경을 쓰고 짧은 구레나룻을 가졌다. 그의 용모는 찰스 디킨즈, 트루먼 캐포티, 음악가 데이비드 크로스비를 합한 모습을 상상하면 딱 맞을 것이다. 이 모든 것에 더하여 그는 무신론자였다.

정통파—이렇게 부를 수 있는지는 모르겠지만—공화당도 전당대회를 열고 그랜트를 다시 지명했다. '거만한 신사에 맞서는 평범한 인물'을 후보전략으로 설정한 공화당은 매사추세츠 출신의 헨리 윌슨(Henry Wilson)을 부통령 후보로 선출했다. 윌슨은 구두 제조공에서 공장 소유주로 성공한 사람이었다. 두 사람을 "갈레나의 무두장이"와 "네이틱의 구두 제조공"이란 애칭으로 부르는 포스터가 지체없이 나붙기 시작했다.

선거전 전설적인 전쟁영웅과 무신론자이며 채식주의자 언론인이 맞붙는다면 어떤 일이 벌어질지 쉽게 짐작할 수 있을 것이다. 뉴욕의 공화당 지도자 설로우 위드는 친구에게 보낸 편지에서 이렇게 썼다. "6주 전만 해도 나는 정신병동에 갇힌 사람이 아니라면 그릴리를 대통령 후보로 밀 사람은 많지 않을 것이라고 생각했네." 윌리엄 컬런 브라이언트는 이에 맞장구쳐서 그릴리가 후보가 된 유일한 이유는 "남자의 신체는 개체로서 때때로 정신을 잃는 때가 있기 때문"이라고 하였다. 어느 기자는 그릴리의 후보지명은 신시내티 전당대회장에 "두뇌는 너무 많고 위스키는 부족"했던 결과라는 냉소적인 기사를 썼다.

그랜트-윌슨 선거 포스터

승자 : 율리시즈 S. 그랜트 그랜트 3,598,235표, 그릴리 2,834,761표. 37개 주 전체가 투표에 참여했는데 그랜트가 31개 주에서 이겼다.

그릴리는 "최고위직을 뽑는 선거에 출마한 사람 가운데서 내가 최악의 성적을 거둔 인물"이라고 선언했다. 설상가상으로 그의 아내가 선거일 2주 전에 죽었다. 선거가 끝난 직후부터 그릴리는 환각증상에 시달리기 시작했고, 결국 사설 요양원에 들어갔다. 그는 일기에 이렇게 썼다. "나는 어떤 희망도 가질 수 없을 만큼 철저하게 망가졌다. 밤의 어두운 아가리가 나를 영원히 집어삼키기를 기다리고 있다." 그는 11월 29일에 죽었다. 그리고 그랜트가 그의 장례식에 참석했다.

역사학자 유진 로즈붐(Eugene Roseboom)은 "미국 역사상 최고위직의 후보로 내세워진 사람 가운데서 이 두 사람만큼 어울리지 않는 적수는 없었다. … 아무런 생각이 없는 사람과 너무나 많은 생각을 가진 사람이 맞붙은 것이다."

1876

러더퍼드 헤이스

★ ★ ★ ★ ★ ★ ★ ★ ★ ★ VS. ★ ★ ★ ★ ★ ★ ★ ★ ★ ★

새뮤얼 틸던

"죽은 자들이 살아나 무덤 속에서 일어난 것 같았다."

– 자카리아 첸들러, 공화당 전국 의장, 1876년 –

혼탁도 ★ ★ ★ ★ ★ ★ ★ ★ ★ ★
1 2 3 4 5 6 7 8 9 10

헤이스/휠러 선거운동 포스터

1876년은 건국 백주년이었고 전국에서 기념식이 벌어졌다. 5월에서 11월까지 필라델피아에서 열린 백주년 기념 박람회에는 사람들이 들끓었다. 특히 13에이커에 달하는 기계관에 사람들이 많이 모였는데, 그곳에는 시대를 대표하는 기계들—전구, 엘리베이터, 타이프라이터, 전보 송수신기, 전화기—이 전시되고 있었다. 전시장을 방문한 브라질 국왕 돈 뻬드로(Don Pedro)는 알렉산더 그레이엄 벨의 발명품을 귀에 댔다가 금방 떨어뜨렸다. "맙소사, 말을 하네!"

순진한 국왕을 놀라게 한 목소리는 미국의 국력과 근대성은 말할 것도 없고 한 세기에 걸친 미국적 이상과 민주주의의 위대한 승리를 상징하는 것이었다. 그런데 바로 이해에 19세기 미국에 있어서 가장 추악하고 치열한 선거가 있게 된다는 것은 아이러니가 아닐 수 없다. 더욱 아이러니한 것은 맞붙은 두 후보—러더퍼드 B. 헤이스(Rutherford B. Hayes)와 새뮤얼 틸던(Samuel J. Tilden)—가 모두 이른바 정부의 부패를 일소하겠다는 공약을 내건 것이었다.

1876년에 그랜트는 세 번째 임기를 노렸지만 스캔들의 악취와 친인척의 비리가 너무 심했기 때문에 공화당은 결국 '더는 안 돼!' 라고 말할 수밖에 없었다. 공화당은 6월 중순에 신시내티에서 전당대회를 열고, 선거로 뽑힌 공무원들에게 정직과 책임을 엄격하게 요구하겠다는 공약을 내세운 오하이오 주지사 러드퍼드 헤이스를 대통령 후보로 선출했다. 그의 러닝메이트는 뉴욕 출신 하원의원 윌리엄 휠러(William Wheeler)였다.

민주당은 지난 16년간 선거에서 이기지 못했고, 그래서 이번 선거에서 꼭 이겨야 한다는 열망이 강했다. 그리고 그랜트 행정부를 좌초시킨 일련의 부패 스캔들 때문에 약화된 공화당에 비해 유리한 입장에 있다는 확신도 갖고 있었다. 민주당은 뉴욕 주지사 새뮤얼 틸던을 대통령 후보로 뽑았다. 틸던은 그 시대의 루디 줄리아니(Rudy Giuliani)[19]였다. 사명감으로 가득한 맨해튼 지방검사였던 그는 태머니의 거물 트위드의 강력한 부패 고리를 파헤치고 그를 감옥으로 보낸 인물이었다. 부통령 후보는 인디애나 출신의 토마스 헨드릭스(Thomas Hendricks)였다.

후보

공화당 : 러더퍼드 B. 헤이스 53세의 헤이스가 세상에서 가장 매력 있는 사람이라고 말한 사람은 아무도 없었다. 그러나 그는 의원을 지냈고, 남북전쟁에 참전한 전쟁영웅(네 차례나 부상당했다)이며, 행복한 결혼생활에서 7명의 자녀들을 두었고, 진지하고 성실하게 일하는 정치인이란 어떠해야 하는지를 몸소 보여준 사람이었다. 그는 자신을 검소하고, "신중하지 못하며", "가벼운 읽을거리"를 너무 많이 읽는다고 질책하는 메모를 여러 차례 남겼다. 그는 하루도 빠지지 않고 가족과 함께 아침이면 기도했고 저녁에는 찬송가를 불렀다. 이런 사람이 요란스러운 파티에 참석하는 적은 없다.

민주당 : 새뮤얼 J. 틸던 틸던은 두뇌가 명석한 사람이었지만 남의 아이들에게 키스할 때는 환영을 못 받는 사람이었다. 그는 냉정하고 고고한 독신자였으며, 냉철한 지성 때문에 친구들조차 불편함을 느끼는

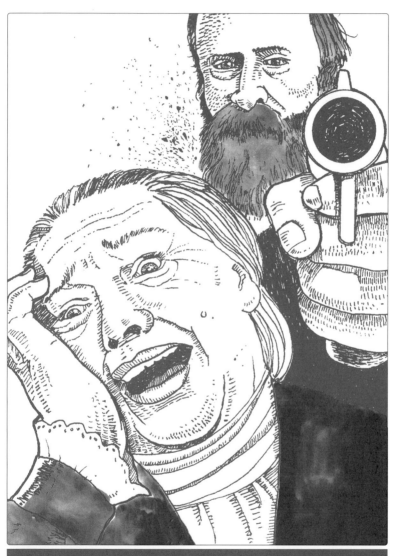

민주당이 퍼뜨린 소문에 의하면 러더퍼드 헤이스는 홧김에 자신의 어머니를 쏘아 죽였다고 한다.

존재였고 자주 병을 앓았다. 그리고 병이 나지 않았을 때도 스스로 병이 났다고 생각하는 사람이었다. 자신의 건강에 대해 병적으로 의심이 많아

넉 달 동안 하루도 거르지 않고 병원을 찾은 적이 있었다. 그가 갖고 있던 가장 큰 정치적 약점은 남북전쟁에 참전하지 않았다는 것이었는데, 그는 오히려 남북전쟁 덕분에 자기 소유의 철도회사와 철광산에서 큰 돈을 모았다.

선거전

후보들이 대중 앞에 나서기도 전에 후보의 정치조직들은 활발하게 움직이기 시작했다. 틸던은 자신의 냉정한 이미지를 극복하기 위해 홍보전을 시작했다. 작가, 편집자, 화가들을 고용하여 "신문 홍보팀"을 조직하고 따뜻하며 자상한 새뮤얼 틸던이라는 이미지를 만드는 활동을 시작했다. 이 팀은 전국의 신문사에 보도자료를 배포했다. 선거전이 달아오르자 틸던은 '문서팀'이란 조직을 만들어 반헤이스 선전물을 대량으로 만들어냈다. 이 팀에서 생산해낸 문서 가운데는 헤이스가 그랜트 정부의 스캔들—"사악한 투기음모"—에 연루되어 있으며, 처형을 앞둔 연방군 탈주병으로부터 400달러를 훔쳤다는 주장을 담은 750페이지에 달하는 비방책자도 있었다. (헤이스는 실제로 그 탈주병이 총살당하기 전에 400달러를 건네받았고, 그 돈은 탈주병의 가족에게 전해주었다고 주장했다. 이상하게도 헤이스는 선거가 끝나고 나서도 이 사실을 증명하지 못했다.)

그러나 틸던의 추악한 비방전술도 공화당 전국 의장 자카리아 챈들러의 수법에는 한참 못 미쳤다. 구레나룻을 기르고 보석으로 치장하기를 즐기고 폭음에 빠지는 습관을 갖고 있던 챈들러는 헤이스의 선거전을 지휘하고 있었다. 챈들러가 맨 처음 한 선거운동은 공화당 연줄로 자리를 얻은 공무원들에게 선거자금을 헌금하라는 편지를 빠짐 없이 보낸 것이었다. "우리는 연방정부의 혜택을 입은 귀하가 짐을 나누어 져줄 것을 기대합니다. 귀하의 급료의 2%는 ( )달러입니다. 즉시 송금해 주시면 고맙겠습니다. 선거운동이 끝나고 나면 헌금을 하지 않은 분들의 명단이 지금 귀하가 근무하고 있는 부서의 책임자들에게 전달될 것입니다."

　유감스러운 일이지만 위에서 예를 든 양당의 사악한 행위도 양당이 남부에서 벌이고 있던 무소불위의 추악한 속임수에는 미칠 바가 아니었다. 공화당—'위대한 노예해방자' 링컨의 당—은 해방된 흑인들이 공화당에 표를 몰아줄 것을 기대했고, 그래서 흑인들을 총으로 위협하여 투표장으로 내몰았다. 민주당은 사우스캐롤라이나에서부터 시작하여 인종폭동을 일으켰고, 어떤 경우에는 투표권을 행사하려 시도하는 흑인들을 총으로 쏴 죽였다. 양당 모두가 유권자들이 열 번, 스무 번씩 투표하게 했고, 지방당의 우두머리가 투표함 옆에 붙어서서 "잘못된" 후보에게 기표한 투표지는 모조리 찢어버렸다.

승자 : 새뮤얼 J. 틸던 ?!?　＿＿＿＿＿＿＿＿＿＿＿＿＿＿

　투표가 마감되고 나서 개표를 해보자 새뮤얼 틸던이 직접투표에서 25만 표(총 투표수 832만 표)를 앞섰고 선거인단 표에서는 틸던이 184표, 헤이스가 165표였다(유권자의 거의 82%가 투표하였는데 미국 역사상 최다 투표율이다). 선거인단 표에서 한 표만 더 얻으면 틸던은 과반수를 얻어 당선될 수 있었다. 총 20명의 선거인단을 둔 4개 주(플로리다, 루이지애나, 사우스캐롤라이나)의 선거인단 표가 아직 논란이 되고 있었지만 틸던은 승리를 확신했다.

뉴욕에 있던 헤이스는 패배를 확신한 채 잠자리에 들었고, 당 의장 자카리아 첸들러는 밖으로 나가 억수로 술을 마셨다.

그때 역사의 흐름을 반전시키게 되는 이상한 일이 벌어졌다. 유력한 공화당 지도자인 대니얼 E. 시클즈(Daniel E. Sickles) 장군이 극장에서 공연을 본 후 집으로 돌아가는 길에 선거결과를 알아보려고 사람들이 떠나버려 쓸쓸한 공화당 전국 본부에 들렀다. 시클즈는 당시에 악명 높은 인물이었고 오늘날에도 그런 평가를 받고 있다. 그는 어떤 사람들에게는 영웅이었고 어떤 사람들에게는 악당이었다[그는 프랜시스 스콧 키(Francis Scott Key)[20]의 아들인 필립 바턴 키(Philip Barton Key)를 살해했다가 미국 역사상 처음으로 "일시적인 정신이상 상태에 있었으므로 무죄"라는 판결을 받고 석방되었다]. 시클즈는 남북전쟁 동안에 장군으로 승진하였고, 게티즈버그 전투에서 한쪽 다리를 잃었으며, 의회가 수여하는 명예 메달을 받았다. 그러나 전장에서의 그의 행동 때문에 연방군은 게티즈버그 전투에서 질 뻔했다고 믿는 사람들이 많았다.

역사학자들이 뭐라고 평가하든 그는 행동하는 사람이었다. 문제가 되어 있는 20표를 다 가져오면 헤이스가 이길 수 있다고 생각한 시클즈는 자카리아 첸들러의 이름을 도용하여 4개 주의 공화당 지도자들에게 이런 전보를 보냈다. "여러분의 주가 헤이스 쪽으로 돌아서면 이길 수 있습니다. 각자의 주를 장악하시오."

누군가 아직 술이 덜 깬 첸들러를 흔들어 깨웠을 때 승리를 향한 경주가 진행되고 있었다. 남아 있는 20표를 차지하기 위한 싸움은 1876년 11월 8일부터 1877년 3월 2일까지 계속되었다. 공화당이 지배하던 "검표위원회"(각 주에서 선거인단의 표를 대조하는 그룹)는 플로리다, 루이지애나, 사우스캐롤라이나, 오레곤의 많은 수의 민주당 표를 헤이스 지지 표로 판정하였다. 민주당은 규정위반이라고 항의하였고 양당의 지도부가 남부로 몰려갔다. 그랜트 대통령은 만일의 사태에 대비해 군대를 파견했다. 결국 상원의원 5명, 하원의원 5명, 대법원 판사 5명으로 참여하는 "선거위원회"가 구성되었다. 위원회의 결정은 구성원들이 지지하는 당의 의사대로 철저히 공평하게 나뉘어졌다. 위원들이 7 : 7로 맞서 결정이 나지 않자 결정권을 가진 위원장 자리를 맡았던 대법원 판사가 사임했고, 공화당파의 대법원 판사가 그 자리를 맡았다. 헤이스는 185표의 선거인단 표를 가져가게 되었고 184표를 얻은 틸던을 이겼다.

★ ★

진정한 승자는 누구? 완벽하게 공정한 선거였다면 틸던이 이겼을까? 아마도 그랬을 것이다. 많은 역사학자들은 틸던이 최소한 루이지애나와 플로리다에서는 이겼다고 믿고 있다. 마지막에 적당한 선에서 비밀거래가 성립되어 19세기의 가장 추악한 선거는 막을 내렸다. 남부의 민주당원들은 헤이스가 취임한 후 남부에서 연방군을 철수시키고[21] 내각에 최소한 한 명의 남부 사람을 받아들인다는 조건으로 선거위원회의 결정에 이의를 제기하지 않기로 약속했다. 재건계획은 이로써 붕괴되었고 흑인의 인권은 수십 년이나 후퇴했지만 헤이스는 대통령 자리를 차지했다.

선거후유증으로 분위기는 과열되어 있었고 누군가가 헤이스의 자택 창문을 통해 총을 쏘았다. 대통령 취임식 날자는 1877년 5월 5일이었다. 헤이스는 공개되지 않은 장소에서 취임선서를 했다.

어머니를 쏘다 헤이스의 신망을 떨어뜨리는 데 혈안이 되어 있던 민주당은 그가 "정신착란 상태에서" 자신의 어머니를 총으로 쏘아 상처를 입혔다는 소문을 퍼뜨렸다. 헤이스가 남북전쟁이 일어나기 전에 오하이오에 살 때 어느 날 밤새 술을 마시고 취해 집으로 돌아와서는 총을 집어들고 어머니 소피아 버차드 헤이스(Sophia

Birchard Hayes)의 팔을 쏘았다는 내용의 익명의 편지가 여러 신문사로 날아들었다.

소피아 헤이스는 1866년에 사망했기 때문에 이런 주장을 부인할 기회가 없었다. 그러나 헤이스의 어머니가 총상을 입은 적이 있다는 기록은 어디에도 없다. 우리가 분명히 알고 있는 것은 헤이스와 아내 루시는 술을 많이 마시는 사람이라고 할 수 없다는 점이다. 부부는 백악관으로 들어간 후 공식만찬에서 알코올성 음료를 일체 금지하고 물만 내놓도록 하였다. 백악관을 방문한 국제적인 귀빈들도 이 점에 대해 놀랐다.

틸던의 여자들? 새뮤얼 틸던은 독신인 데다가 그것도 뉴욕에 사는 독신이었다. 공화당은 그가 여러 여자들과 관계를 맺었고, 그 중에는 유부녀도 있다고 주장했다. 그런데 가장 추악한 비방은 1876년 초가을에 발행된 팸플릿 속에 담겨 있었다. 그들은 틸던이 수년 전에 바우어리 거리의 아일랜드계 창녀와 관계하다가 매독에 감염되었고, 이 성병 때문에 행동이 부자연스러울 뿐만 아니라 자주 협박편지도 받았다고 주장했다.

틸던은 1886년 폐렴에 걸려 72세의 나이로 죽었다. 그가 '성적 접촉을 통해 전염되는 질병'을 앓았다는 기록은 어디에도 없다.

가장 악독하게 과장된 정치적 연설 공화당 후보 헤이스 지지연설을 하러 다니던 잉거솔(Ingersoll)이란 작가는 민주당원은 모두가 마음 속으로는 (남부) 동맹주의자라고 공격하였다. "이 나라를 파괴하려던 자들은 모두가 민주당원이었습니다 … 애이브럼 링컨을 암살한 자도 민주당원이었습니다 … 병사 여러분, 여러분의 영웅적인 신체 위에 남아 있는 모든 상처의 흉터는 민주당이 여러분에게 안겨준 것입니다."

1880

제임스 가필드

★ ★ ★ ★ ★ ★ ★ ★ ★ ★ VS. ★ ★ ★ ★ ★ ★ ★ ★ ★ ★

윈필드 핸콕

"[1880년에는] 공화당은 [오직] 민주당에 반대하기 위해서 존재했다."

– 존 힉스(John D. Hicks), *The American Nation*의 저자 –

혼탁도 ★ ★ ★ ★ ★ ★ ★ ★ ★ ★
       1 2 3 4 5 6 7 8 9 10

러더퍼드 헤이스의 집권기간 동안 미국은 마크 트웨인이 '도금한 시대'라고 이름붙인 시대로 진입했다. 소수의 '강도 남작(男爵)들' 22)—예를 들자면 카네기(Andrew Carnegie), 록펠러(John D. Rockfeller), 애스터(John Jacob Astor), 23) 굴드(Jay Gould), 24) 필드(Cyrus W. Field) 25) 같은 사람들—이 주도하는 거대한 경제적 팽창이 일어났다. 부자는 더욱 부유해지고 빈자는 더욱 가난해졌으며, 소외된 자는 더욱 소외되었다.

헨리 애덤스(Henry Adams) 같은 현대 역사학자는 "3류의 하잘것없는 인물"이라고 평하지만 헤이스는 형편없는 대통령은 아니었다. 그는 상대적으로 정직한 사람이었고, (성공적이지는 못했지만) 정부의 부패를 개혁하려고 시도했다. 그러나 1876년 선거에서 이기기 위해 민주당과 맺은 약속에 발목이 잡혀 있었다. 공화당은 그들의 대통령이 남부에서 연방군—군대는 공화당이 지배하는 남부의 낭인 정부를 지켜주는 버팀목이었다—을 철수시키고 남부 민주당원들에게 중요한 자리를 주며 남부에 연방보조금을 주는 것을 못마땅하게 생각했다.

헤이스가 재선에 나서지 않겠다는 현명한 결정을 내리자 공화당은 미국 정치사에서 유례를 찾기 힘든 당내 투쟁에 빠져들었다. 당은 두 파로 나뉘어졌다. 하나는 애당파(The Stalwarts)라고 불렸는데, 주로 율리시즈 그랜트 장군—그는 세 번째로 대통령 자리를 노리고 있었다—의 옛 노선에 충실한 사람들이었다. 다른 하나는 혼혈파(Half-Breeds)라 불렸는데, 당내 개혁을 추구하는 온건파였으며, 다시 한 번 4년 동안 "그랜트주의"가 정권을 장악하여 장군의 부패한 친인척들이 공공업무에 멋대로 손을 대는 것을 혐오하는 사람들이었다.

공화당 전당대회는 1880년 6월 2일에 시카고에 있는 유리와 강철로 지어진 최신식 건물인 '익스포지션(Exposition) 빌딩'에서 열렸다. 당의 실력자이며 우쭐거리기 좋아하는 뉴욕 주 출신의 상원의원 로스코 콘클 링(Roscoe Conkling)은 그랜트를 지지하는 부동(不動)표만 모아도 승산이 있다고 생각했다. 그랜트 장군은 2년 반째 미국을 떠나 여행 중이었고, 2년 반이면 사람들이 그의 집권기간 동안 생겼던 각종 스캔들을 잊어버리고 그 시절에 대해 향수를 느끼기에 충분한 시간이었다. 혼혈파의 지도자는 콘클링이 적이라고 부르던 매인 주 출신 상원의원 제임스 블레인(James G. Blaine)이었다. (블레인은 콘클링을 "근엄하고 탁월하며 압도적이고 우쭐거리기를 좋아하는 실패작"이라고 말한 적이 있다.)

이 대회에 공화당의 운명뿐만 아니라 국가의 운명이 걸려 있었다. 많은 사람들이 1860년 이후로 쭉 그래왔듯이 이번에도 공화당이 백악관을 차지하리라 믿고 있었다. [그래서 신문만화가 토마스 내스터(Thomas Nast)는 공화당을 묵직하고 믿음직한 코끼리로 표상하였다. 코끼리는 이후로 공화당의 상징으로 굳어진다.] 횟수를 거듭하며 투표가 진행되자 수천 명이 대회장을 가득 메웠다. 알파벳 순서대로 후보자의 이름을 호명하자 그랜트나 블레인을 지지하는 자연발생적인 시위가 일어났다. 대회장 무대 위에 세워진 자유의 여신상에 올라가 옷을 벗어던지는 여성 참관자도 있었다.

온갖 소란이 가라앉자 콘클링이 등장하여 그랜트를 지지하는 우스꽝스런 시 형식의 연설을 토해냈다.

그가 나라를 어디로부터 이끌어 왔는가?
우리의 영혼은 답할 것이다,
그가 나라를 애포매톡스로부터,
그곳의 유명한 사과나무로부터 이끌어 왔다고.

그런데 갓 당선된 오하이오 출신 상원의원 제임스 가필드(James A. Garfield)가 일어나 오하이오 주 재무 장관이자 게티즈버그 전투의 영웅 윌리엄 테컴서 셔먼(William Tecumseh Sherman) 장군의 동생인 존 셔먼(John Sherman)을 지명했다. 존 셔먼은 대중적인 인기는 많지 않았으나 혼혈파가 지지하는 인물이었다. 혼혈파가 그를 지지한 이유는 그의 별명—오하이오 고드름[26]—에서 드러나고 있다. 그런데 예상치 못한 사태가 벌어졌다. 개표가 진행되자 갈수록 많은 대의원들의 표가 가필드에게 가고 있었다. 대의원들은 그를 날카롭게 대립하고 있는 두 정파를 아우를 수 있는 온건세력으로 기대했다. 36차례의 투표를 치르고 나서(공화당 전당대회 역사상 이 기록은 전무후무하다) 48세의 가필드가 공화당의 다크호스 대통령 후보가 되었고, 애당파의 지도자이며 뉴욕의 정치가인 체스터 아더(Chester Arthur)가 부통령 후보로 선출되었다.

이런 소동에 비하면 민주당의 전당대회는 소규모의 반성집회와 같았다. 단 두 번의 투표로 남북전쟁의 영웅이며 재건 시기에는 남부의 군정장관이었던 윈필드 스캇 핸콕(Winfield Scott Hancock)이 대통령 후보로 지명되었다. 그의 러닝메이트는 인디애나 출신의 은행가 윌리엄 잉글리시(William H. English)였다. 인디애나는 선거인단의 표수가 많아 양당 모두가 절실하게 원하는 주였다.

후보

공화당 : 제임스 A. 가필드 겸손하고 호감이 가는 가필드는 통나무 오두막에서 태어난 마지막 대통령 후보였다. 17세에 아버지가 죽자 그는 오하이오 운하에서 노새를 몰고 배 끄는 일을 했다(그의 별명이

"배꼽이 짐", "운하소년"이었다). 그는 후에 대학의 교수가 되었고, 남북전쟁 때는 자원입대하여 싸웠다. 여러 전투에서 뛰어난 전공을 세워 소장으로 승진하였고, 남북전쟁 후에는 하원의원에 당선되었다.

민주당 : 윈필드 스캇 핸콕 군생활에서 흠잡힐 만한 일이 없었기 때문에 공화당은 그를 "체중 250파운드의 훌륭한 사람"이라고 냉소적으로 불렀다. 그는 실제로 남북전쟁 동안에 훌륭한 전공을 세운 군인이었으며, 그래서 "당당한 핸콕"이란 별명을 얻었다. 그러나 그는 다른 공직을 맡은 경험이 없었고 정치판에는 한번도 발을 들여놓은 적이 없었기 때문에 공화당의 직업 정치인들은 그를 박살낼 준비를 하고 기다렸다.

선거전

20세기로 나아가고 있던 미국은 산적한 문제를 안고 있었는데, 그 중에서 긴박한 과제 몇 가지만 들더라도 아동노동과 장시간 노동, 흑인들의 빈곤문제, 여성인권, 불공평한 연방소득세 등이 있었다. 민주당이나 공화당 모두 선거공약에서 이런 문제를 언급조차 하지 않았다. 정당들이 내건 공약은 정부 행정개혁, 지방 교육기관에 대한 보조금 지원 중지, 중국인 이민―공화당은 이를 "거대한 흡인력을 가진 재난"이라 불렀다―의 중지 등이었다. (공화당은 어찌되었든 손해볼 것이 없는 "일부다처제 금지"를 공약으로 내걸었다. 이것은 오늘날의 선거에서 표의 득실에 별 영향을 미치지 않으면서 유권자의 주의를 분산시키려는 전략에서 내놓는 "동성결혼"과 관련된 공약이나 같다고 할 수 있다.)

그로기 상태에 빠져 경기 종료 종소리를 알아듣지 못하는 권투선
수처럼 양당은 남북전쟁이 끝난 지가 15년이나 지났는데도 남북전쟁의
영웅적인 장군들을 내세워 서로 치고 받았다. 민주당은 가필드를 그랜트
시대의 스캔들과 연관지으려고 그가 크레딧 모빌리에 스캔들[27]이 생겼
을 때 유니언 퍼시픽 철도회사의 지주회사로부터 329달러의 뇌물을 받
았다고 주장했다. 가필드가 결백함을 입증하자 민주당은 다시 그가 뉴욕
주 트로이에서 옷을 맞춰 입고 돈을 지불하지 않은 적이 있다고 비방했
다.

가필드 지원 유세를 하던 율리시즈 S. 그랜트는 기자와의 인터뷰
에서 한때는 자신이 남북전쟁의 "영광스러운 병사"라고 칭찬했던 핸콕
을 "대통령이 되고 싶어 미친 사람, 헛된 야망을 품고 있는 허약한 사람"
이라고 매도했다. 한 공화당계 신문은 핸콕을 대통령 후보로 지명한 것
은 "키드(Kidd)[28]의 해적선 뱃머리에 처녀 조각상을 달아놓는 것과 마찬
가지로 [민주당의] 성격을 바꿀 수 없다"는 기사를 실었다.

승자 : 제임스 가필드

78.4%의 높은 투표율을 보였던 이 선거에서 제임스 가필드는
4,446,158표, 핸콕은 4,444,260표를 얻었다. 유권자 직접투표에서 표 차
이는 극히 미미했으나 선거인단 표수에서는 가필드가 214 : 155로 앞섰
다. 온건하고 유능한 오하이오 출신의 혼혈파 대통령이 워싱턴에 입성했
는데, 그는 취임연설을 한 지 서너 달 만에 미국 역사상 재임 중 암살당
한 두 번째 대통령이 된다.

가필드 피격 직후의 모습, 동판화

★·★

　　매끄러운 샘 "비누" 또는 "비누칠한(매끄러운) 샘"은 1880년대에 유권자들을 매수하기 위해 건네지는 돈을 가리키는 은어였다. 유권자들에게 슬쩍 돈을 건네주는 것은 수년 동안 선거운동의 관행이었지만 가필드-핸콕 선거전에서만큼 극성을 부린 적은 없었다.

　　인디애나는 지방선거와 의원선거의 투표일이 11월 초에 치러지는 대통령선거의 투표일과 일치하지 않는 주였다. 인디애나 주법은 투표일을 10월 12일로 정해 놓고 있었다. 그래서 전국 차원의 선거가 치러질 때는 많은 사람들이 인디애나를 선거의 풍향계로 생각했다. 민주당의 부통령 후보 윌리엄 잉글리시는 인디애나 출신이었기 때문에 공화당은 인디애나의 표가 핸콕에게로 쏠릴까 매우 두려워했다. 그들은 즉시 행동을 취했다.

　　한 공화당 당직자가 현지에서 "사들일 수 있는 표가 3만 표 정도 될 것 같다는 보고서를 보내왔다. 제임스 가필드와 체스터 아더는 월스트리트의 개인적인 커넥션을 통해 긴급히 자금을 요청했고, 스티븐 도시라는 언변 좋은 우편행낭 배달부가

2달러짜리 지폐로 (일설에 의하면) 4십만 달러를 들고 인디애나로 급파되었다고 한다. '샘'이 구조대 역할을 한 것이다.

  민주당도 공평하게 표를 매수하려 했지만 공화당처럼 월스트리트의 현금에 닿는 줄이 없었기 때문에 별 효과를 보지 못했다. 그들이 주로 의존한 속임수는 인디애나 바깥에서 사람들을 동원하여 인디애나의 여러 선거구로 보내 "거듭하여 투표" (repeaters)하게 하거나 "돌아다니며 투표"(floaters)하는 것이었다. 결국 '샘'이 인디애나 주를 공화당 후보인 가필드에게 데려다 주었다.

  깜짝 쇼 1880년 10월 20일에 제임스 가필드는 미국 대통령선거 역사에서 '10월의 깜짝 쇼'(October Surprise)[29]라 부르는 돌발사태의 첫 번째 희생자가 되었다. *New York Truth*란 어울리지 않는 이름의 한 신문이 가필드가 매사추세츠 주 린 카운티의 '피고용자 조합'의 모레이(H. L. Morey)라고 하는 인물에게 보냈다는 편지를 공개했다. 이 편지에서 가필드는 "중국인 문제"―서부의 백인들은 중국 이민의 유입이 자신들의 일자리를 잠식할 것이라고 우려하고 있었다―는 전혀 문제될 것이 없고, 뿐만 아니라 고용주는 "가장 저렴한 곳에서 노동력을 구매할 권리를 갖고 있다"고 썼다.

  이 사건은 중국 이민의 유입을 막으려고 노력하던 미국인들, 특히 캘리포니아 사람들에게는 충격이었다. 가필드는 모레이에게 편지를 쓴 적이 없었고 또 자신의 결백을 증명했다. 조사결과 모레이라는 인물도, 린 카운티의 '피고용자조합'이란 단체도 존재하지 않았다. 결국 *New York Truth*지의 기자 켄워드 필프(Kenward Philp)란 자가 이 편지를 조작했음이 밝혀졌고, 필프는 체포되어 사기죄로 처벌받았다.

  가필드는 결백을 입증할 수 있었음에도 불구하고 모레이 편지사건으로 타격을 받았다. 그는 캘리포니아에서 졌고, 그 때문에 박빙의 접전을 벌였던 1880년의 선거에서 하마터면 질 뻔했다.

제임스 가필드와 체스터 아더는 인디애나의 표를 매수하기 위해
2달러짜리 지폐로 40만 불에 이르는 돈을 썼다.

3%의 해법 뉴욕 출신의 애당파 당원이었던 체스터 아더는 당의 실력자 로스코 콘클링을 달래기 위한 카드로 선택된 부통령 후보였고, 그래서 자신이 해야 할 일을 잘 알고 있었다. 뉴욕에는 주정부와 연방정부의 공무원 수천 명이 살고 있었고, 이들은 모두가 콘클링이란 보스 덕분에 일자리를 갖게 된 사람들이었다. 생계를 유지하기 위한 경상적 비용이랄까 …. 1876년에 공화당은 의무적인 선거헌금을 연봉의 2%로 정한 바가 있는데, 아더는 그 비율을 3%로 올렸다. 수십만 달러가 공화당의 금고에 쌓였다.

1884

그로브 클리블랜드

★★★★★★★★★★ VS. ★★★★★★★★★★

제임스 G. 블레인

"피셔 부인께 안부 전해주시고,
이 편지를 읽으신 후에는 태워버리십시오."

– 제임스 G. 블레인, 공화당 대통령 후보 –

혼탁도 ★ ★ ★ ★ ★ ★ ★ ★ ★ ★
       1 2 3 4 5 6 7 8 9 10

세상에 남긴 마지막 말 가운데서 유명한 구절들을 모아보자면 제임스 가필드가 취임식 직전에 한 말도 포함될 것이다. "암살이란 벼락에 맞아죽는 것만큼이나 미리 대비하기가 어렵고, 그래서 이 두 가지 죽음은 걱정한다고 능사가 아니다."

대통령에 취임한 후 첫 4개월 동안 '배끌이 짐'은 관직 임명의 부패를 척결하는 일에 적극적으로 뛰어드는 등 일을 제대로 처리해 나갔다. 그런데 1881년 7월 2일에 그는 정신착란 상태에 있던 찰스 귀토(Charles Guiteau)란 사람이 쏜 총에 맞아 중상을 입었다. 이 사건을 연구한 역사가들은 대부분 귀토가 "관직을 구하려다 실패한 인물"이라고 표현했다(귀토는 가필드를 몇 달 동안 따라다니며 파리 주재 영사 자리를 달라고 부탁했다. 그는 영사로서는 전혀 자격이 안 되는 인물이었다).

귀토는 애당파 공화당원이었다. 그의 암살목적은 부통령 체스터 아더가 대통령 자리에 오르는 것이었다. "나는 애당파 당원이고, 아더가 대통령이 될 것이다!" 그가 체포되면서 한 말이었다. 9월 19일에 가필드가 숨을 거두자(의사가 씻지 않은 손으로 늘 상처부위를 만진 것이 죽음을 재촉한 원인이었다) 귀토의 희망이 실현되었다. 체스터 아더가 미국의 21대 대통령으로서 취임선서를 했다.

말쑥한 차림을 즐기며 비만이었던 아더는 사람들의 호감을 샀으나 행동이 너무도 굼떴다(훗날 1884년의 선거에서 공화당 내에서 그의 적수로 떠오르게 되는 제임스 블레인은 그를 외양간에 갇힌 황소라고 불렀다). 그래서 공화당은 아더의 재지명을 포기했고, 그러자 고상한 스캔들로 얼룩진 대통령선거전의 무대가 활짝 열렸다. 1884년의 선거는 1992년에 조지 H. W. 부시에 맞선 빌 클린턴이 금발머리 제니퍼 플라워 스캔들에 휘말렸던 것과 같은 양상이었다.

후보

민주당 : 그로브 클리블랜드(Grover Cleveland) 그로브 클리블랜드는 '도금시대' 정치인의 전형적인 모습을 갖고 있었다. 영양상태가 좋고 줄무늬 바지에 대머리였다 . 그의 단 하나의 결점이라면 정직하다는 것이었다. 그는 너무나 정직했고, 당시의 은어로 말하자면 "더럽게 정직한" 사람으로 알려져 있었다. 뉴욕 주 버팔로 시장과 뉴욕 주지사를 지내면서 개혁적인 정치가로 명성을 얻었던 클리블랜드는 민주당 전당대회 두 번째 투표에서 대통령 후보로 선출되었다. 클리블랜드는 러닝메이트로 후지어 토마스 헨드릭스(Hoosier Thomas Hendricks)를 지명했다. 헨드릭스는 1876년 선거에서 새뮤얼 틸던의 러닝메이트였고 선거에 중요한 영향을 미치는 인디애나 주 출신이었다.

공화당 : 제임스 G. 블레인 마침내 블레인의 차례가 왔다. 웅변가이고, 매인 주에서 태어났으며, 하원의장과 상원의원을 역임했고, 가필드 대통령 밑에서 국무 장관을 지낸 블레인은 열광적인 지지자들(블레인 광이라고 불렀다) 사이에서는 현기증날 정도로 열정을 불러일으키는 사람이었다. 지지자들은 그의 용기와 정직함을 칭송하여 "깃털을 꽂은 기사"라고 불렀지만 내막을 아는 사람들은 매인 주 출신의 이 멋진 사나이는 뇌물을 받을 준비가 되어 있는 사람이라고 평했다. 그가 일리노이 주 출신의 상원의원 존 로건(John Logan)을 부통령 후보로 선택한 것은 그래서 좋지 않은 징조였다. 로건은 부패혐의를 받고 있었고 "블랙 잭"이란 별명으로 널리 알려져 있는 인물이었다.

선거전

할핀 스캔들을 소재로 한 클리블랜드 비난 만화

그래도 희망적인 얘기를 해보자. 1884년 7월에 열린 공화당 전당대회에서 한 목사는 이렇게 축복기도를 했다. "앞으로 있을 선거운동이 품위와 애국심과 긍지 있는 분위기 속에서 진행되게 하여 주시고 모두가 자유롭고 지적인 시민이 되게 하여 주시옵소서."

정치인들은 이 말에 경건하게 고개를 끄덕였으나 곧바로 온갖 수단을 다 동원하여 기도를 배신하는 행위들을 시작했다. 블레인이 지명되자 상당수의 공화당원들이 연이어 탈당하고 민주당에 합류했다. 이들 가운데는 헨리 와드 비처, 찰스 프란시스 애덤스 같은 명망 있는 목사와 마크 트웨인도 포함되어 있었다. 이들은(비난하는 사람들은 이들을 무그웜프―알콘퀸 인디언 말로 "큰 두목"―이라 불렀다) 블레인이 부패한 인물이며 공화당 내 소수 실력자들의 손에 놀아나고 있는 데 반발했다. 한 신문의 사설은 블레인이 "아프리카의 코뿔소 같이 부패의 진흙탕 속에 뒹굴고 있다"고 표현했다.

특히 블레인이 급성장하고 있던 철도회사들과 뒷거래를 하고 있다는 의혹이 많았다(오늘날 군비업체들이 워싱턴에 많은 돈을 뿌리고 있는 것과 같다). 때맞춰 블레인이 보스턴의 철도회사 대리인에게 보낸 편지를 민주당이 들춰낸 정말 운 나쁜 일이 발생했다. 편지의 내용으로 보아 블레인이 어두운 사업 거래에 연루되어 있음이 분명해 보였다. 블레인은 편지 말미에 "피셔 부인께 안부 전해주시고, 이 편지를 읽으신 후에는 태워 버리십시오!"라고 썼는데 공교롭게도 편지는 살아남았다.

'깃털을 꽂은 기사'를 그 자신의 창으로 찔러 꼼짝 못 하게 만든 민주당은 기뻐 날뛰듯 노래불렀다. "편지를 불태워! 편지를 불태워! 블레인, 블레인, 블레인. 메인 주에서 온 대륙의 거짓말쟁이 제임스 블레인!"

공화당도 나무랄 데 없는 도덕정신을 가진 "더럽게 정직한" 후보—일명 '선량한 그로브'—가 추문에 연루되어 있다는 완벽한 증거를 잡았다고 생각했다. 7월 21일에 클리블랜드의 고향에서 발행되던 *Buffalo Evening Telegraph*란 신문이 독자들의 시선을 붙들어매는 헤드라인을 달아 추잡한 내용의 기사를 실었다. "가공할 사실 : 공직자 이력의 어두운 장 – 마리아 핼핀과 클리블랜드 지사 사이에서 태어난 아들의 가련한 얘기."

기사에 의하면, 1874년에 독신의 플레이보이였던 클리블랜드는 마리아 핼핀(Maria Halpin)이라는 36살의 과부와 "부정한" 관계를 맺었다. 그후 마리아가 아들을 낳았고, 클리블랜드는 개인적으로는 자신이 친부인지를 의심하면서도 아이의 양육비를 댔다는 것이다.

공화당은 이 기사를 보고 기뻐 미칠 지경이었다(1992년에 빌 클린턴과 제니퍼 플라워의 염문이 신문 머릿기사를 장식했을 때도 공화당이 그랬던 것처럼). 버팔로 시의 한 목사는 설교시간에 이렇게 말했다. "이 문제는 분명히 말하건대 두 정당 간의 일이 아니라 유곽과 가정 간의 문제 … 욕정과 율법 간의 문제이다." 신문사설들도 목청을 높였다. "우리는 미국 시민들이 매춘부를 데리고 백악관에 들어갈 천박한 난봉꾼을 대통령으로 뽑지는 않을 것이라 믿는다." 클리블랜드는 "색정에 빠진 짐승", "도덕적 나병환자", "살찐 멍청이"라고 불렀다(클리블랜드는 체중이 250파운드나 나갔다).

공화당도 조롱하는 노래를 지어 불렀다. "마마, 마마, 내 아빠는 어디 있어요?"(애처로운 모습의 핼핀이 갓난아기를 안고 클리블랜드를 찾아 헤매는 만화가 등장했는데, 조금은 우스꽝스러운 만화라 하지 않을 수 없다. 왜냐하면 그 무렵 아이는 열 살이나 되었으니까).

이렇게 1884년의 대통령선거는 (한 외국인 관찰자가 익살스럽게 표현했듯이) "한 후보의 성적 습관과 다른 후보의 발뺌하는 습관 간의 경쟁"으로 추락했다. 달리 표현하자면 간통자 또는 거짓말쟁이와 도둑놈 사이의 경쟁이 되어버린 것일까? 이때의 선거는 수수께끼 풀이 놀이가 핵심 이슈가 된 첫 번째 미국 대통령선거였고, 게다가 그런 성격의 선거는 이때가 마지막도 아니었다.

자신에게 쏟아진 비방에 대처하는 클리블랜드의 방식은 빌 클린턴의 대처방식의 모델이 되었다. 민주당원들이 클리블랜드에게 몰려가서 자신을 방어하라고 사정하자 그는 간단하게 이렇게 대답했다. "무엇보다도 진실을 말해야지요."

클리블랜드는 자신의 말대로 했다. 이 문제와 관련하여 그는 자신이 아이의 양육비를 대고 있다는 사실—아이는 다른 사람에게 입양되어 있었다—이외에는 아무 것도 인정하지 않았다. 물론 클린턴보다는 클리블랜드의 입장이 약간 나았다고 할 수 있지만—클리블랜드는 결혼하지 않은 독신이었으며, 마리아 핼핀은 세상에 모습을 드러내지 않고 공개적인 발언을 거부했다—결국 정직함이 역경을 헤쳐나가는 밑천이 되었다. 여기에 더하여 이 사건은 선거전 초반에 들추어졌기 때문에 클리블랜드에게는 투표일 이전에 이슈의 초점을 다른 곳으로 옮길 수 있는 시간이 있었다.

당시에—지금도 그렇지만—미국인들은 위선보다는 바람피우는 것에 대해 더 관대했다.

승자 : 그로브 클리블랜드

박빙의 승부였다. 그로브 클리블랜드는 4,874,621표를 얻었고 블레인은 4,848,936표를 얻었다. 1856년 제임스 뷰캐넌 행정부 이후로 민주당이 처음으로 백악관에 들어갔다. 기쁨에 들뜬 클리블랜드 지지자들은 이런 노래를 지어 불렀다. "마마! 마마! 아빠는 어디 있어요?" "백악관에 갔단다. 하! 하! 하!"

★ · ★

운수 불길한 수요일 1884년 10월 29일은 대통령 후보가 마주쳤던 최악의 날이었다. 이날은 1960년에 닉슨이 처음으로 토론을 벌였던 날보다도, 1972년에 에드먼드 머스키가 기자회견장에서 울음을 터뜨린 날보다도, 2004년에 하워드 딘이 예비선거에서 비명을 질렀던 날보다도 더 운수 불길한 날이었다.

클리블랜드가 마리아 핼핀 위기 속에서 악전고투하고 있던 그때에 블레인은 자신을 향한 혐의에서 벗어나고 있었다. 그는 열정적으로 순회연설을 하고 있었고, 그의 연설은 유권자들에게 호소력이 있었다. 운명적인 수요일 날 블레인은 근소한 차로 앞서가고 있던 뉴욕에 도착하여 지치고 힘든 순회연설의 한 과정인 조찬모임에 참석했다.

운 사납게도 지루하게 계속되던 이 모임에 참석한 S. D. 버차드란 장로교 목사가 흥분하여 이성을 잃고 민주당을 비방하는 발언을 했다. 버차드는 민주당을 "술꾼, 가톨릭 교도, 반역자들"의 당, 특히 아일랜드계 가톨릭 술꾼들의 당이라고 비하했다. 더욱 운수 사나운 일은 블레인은 이 발언에 귀 기울이지 않았고 자신의 연설 차례에서도 버차드의 무분별한 폭언에 대해 나무라는 말을 하지 않았다는 것이다.

이 모임에 참석한 한 민주당원이 지역 당 사무실로 달려가 버차드의 발언내용을 알렸다. 선거운동원들은 즉각 블레인을 "가톨릭 증오자"라 비난하는 전단을 만들어 뿌렸다. 아일랜드계 이민 가톨릭 노동자계급이 득실거리는 이 도시에서 이런 발언은 제대로 반응을 불러일으켰다.

10월 29일 저녁 블레인—그는 아직도 무슨 일이 벌어지고 있는지 알지 못했다—은 전혀 다른 형식의 이벤트에 참석했다. 그날 저녁 블레인은 제이 굴드, 존 제이콥 애스터, 사이러스 W. 필드 같은 공화당을 지지하는 실업계 거물들과 함께 우아한 델모니코 식당에서 저녁을 먹었다. 다음날 "술꾼, 가톨릭 교도, 반역자들"의 전단이 거리를 덮고 있었고 "돈의 황제들과 블레인의 귀족풍의 성대한 식사"란 제목이 신문들의 첫 면을 장식했다.

이것은 치명적인 연속타였고, 결국 블레인은 선거에서 졌다. 그는 뉴욕 주에서 1,149표란 근소한 표차로 졌다. (블레인이 말했듯이) "목사의 탈을 쓴 그 얼간이만 아니었더라면" 그는 뉴욕 주에서 이겼을 것이고, 그랬더라면 미국의 대통령이 될 수 있었을 것이다.

마크 트웨인과 밤의 여인들 마크 트웨인은 공화당원이었지만 블레인이 형편없이 부패했다고 생각했기 때문에 공화당을 떠났다. 클리블랜드-핼핀 스캔들이 온 세상에 알려지자 그는 오히려 민주당 후보를 비난하는 사람들의 위선을 비난했다. "온전한 정신을 가진 성인들이 본인의 동의 하에 과부와 개인적 관계를 맺은 독신자의 대통령 자격에 대해 그토록 심각하게 논쟁을 벌이다니! 이 사람들은 독신자가 (밤의 여인들 말고) 선택할 수 있는 대상은 과부밖에 없다는 사실을 내심으로는 다 알고 있다. 인간 본성이란 진실로 위선과 거짓말의 극치가 아닌가?" … 마크 트웨인이 하신 말씀이다.

공화당은 그로브 클리블랜드에게 법외의 아이가 있다는 사실을 알아내고
클리블랜드를 "색마", "도덕적 나병환자"라고 불렀다.

1888

벤자민 해리슨

★ ★ ★ ★ ★ ★ ★ ★ ★ ★ ★ VS. ★ ★ ★ ★ ★ ★ ★ ★ ★ ★ ★

그로브 클리블랜드

1888년의 선거는 추악한 박빙의 접전이었다. 한쪽 코너에는 4년 동안 줄기차게 정부개혁을 추진해 왔고 고율의 수입관세를 철폐할 것을 주장하는 민주당의 현직 대통령 클리블랜드가 있었다(민주당은 보호관세가 노동자들에게 필요한 상품의 가격을 높이고 실업계 거물들의 주머니를 불려준다고 믿고 있었다).

다른 한쪽 코너에는 잘 알려진 남북전쟁의 퇴역군인이며 인디애나 주 출신의 상원의원인 공화당 후보 벤자민 해리슨(Benjamin Harrison)이 있었다. 약간 고고한 태도를 가진 54세의 해리슨은 공화당이 선택한 제2의 카드였으나(1884년에 후보지명을 받았던 제임스 블레인은 여전히 많은 지지자를 갖고 있었다) 집안 배경이 좋았다. 그는 1840년에 취임한 지 한 달 만에 죽은 윌리엄 해리슨 대통령의 손자였다. 그는 실업계 거물들의 주머니를 불려주는 고율관세의 지지자였다.

선거전 클리블랜드는 대통령이 된 후 결혼했고, 이제는 마리아 핼핀 사건을 얘기하는 사람은 없었다(그의 결혼식은 백악관에서 치러진 첫 번째 결혼식이었다). 그러나 공화당은 클리블랜드의 결혼을 공격목표로 삼았다. 그는 자신의 법적 피후견인이자 작고한 동료 변호사의 딸인 프랜시스 폴섬(Frances Folsom)과 결혼했다. 프랜시스 폴섬은 21살이었고 클리블랜드보다 28살이나 어렸다. 프랜시스는 결혼 전에는 그를 '클리브 삼촌'이라고 불렀는데 공화당은 이 두 사람의 근친상간적인 결합에 대해 숙덕거렸다. 그들은 그를 "버팔로에서 온 짐승"이라 불렀고, 프랜시스가 남편으로부터 두들겨 맞는다는 소문을 퍼뜨렸다. 19세기에는 극히 예외적인, 퍼스트 레이디가 발표한 최초의 공식성명을 통해 폴섬은 이런 비방이 "전혀 근거 없는 바보 같은 선거운동 책략"이라고 반박했다.

민주당은 까다롭고 귀족적인 해리슨에게 "애기 주먹"이란 별명을 붙여주었다. 그런데 실제에 있어서는 이 영리하고 전문적인 선거운동가에게 펀치를 먹이는 일은 쉽지가 않았다. 해리슨은 블레인의 '운수 불길한 수요일'의 실수로부터 선거운동을 너무 많이 벌리면 세상에 널려 있는 버차드 목사 같은 인물이 끼어들 틈이 많다는 것을 배웠다.

그래서 그는 미국 역사상 처음으로 앞마당 캠페인을 시작했다. 하루에 한 차례씩 인디애나폴리스에 있는 자택 앞마당에 사람들을 모아놓고 간단한 연설을 한 다음 연설내용을 잘 정리된 문장으로 만들어 AP통신에 보내면 통신사가 이를 전국으로 유포시켰다. 방향유도 기법의 초기 형태를 활용함으로써 그는 자신의 메시지가 대중에게 전달되는 동안 평안하게 침대에 누워 쉴 수 있었다[클리블랜드는 캠페인을 벌이지 않기로 결정하고 앞마당 연설조차도 하지 않았다. 그 대신 74세의 서툰 러닝메이트 앨런 G. 서먼

(Allen G. Thurman)에게 의존했다. 나이 많은 앨런은 연설하는 도중에 무슨 말을 해야 하는지 잊어먹으면 자신의 관절염에 대해 불평을 늘어놓았다].

물론 벤자민 해리슨은 공화당의 든든한 돈줄 덕을 톡톡히 보았다. 공화당 선거운동의 전국 책임자 매튜 퀘이(Matthew S. Quay)는 보호관세 때문에 돈을 버는 공화당을 지지하는 기업가들로부터 "기름을 짜낼 수 있다"고 하였고, 실제로 그렇게 했다. 3백만 달러의 선거운동 헌금이 들어왔는데 대부분이 미국철강협회가 낸 돈이었다. 이와 동시에 제철소 노동자들의 월급봉투 속에는 보호관세가 철폐되면 값싼 외국상품이 물밀듯이 들어와 노동자들이 일자리를 잃게 된다는 쪽지가 들어 있었다.

승자 : 벤자민 해리슨 수많은 추악한 속임수가 행해졌다. 인디애나 주에서는 매표행위가 극성을 부렸다. 공화당이 동원한 "돌아다니며 투표하는 사람들"이 이제는 한 사람당 15달러를 받았다. 그들은 술이 너무 취해 정신을 잃기 전에 공화당 간부들이 이끄는 대로 문자 그대로 줄을 지어 투표장으로 갔다. 어쨌든 1888년에는 해리슨이 대통령에 당선되었다. 해리슨은 직접투표에서는 9만 표나 뒤졌는데도(해리슨 5,443,892표 : 클리블랜드 5,534,488표) 선거인단 표에서는 233 : 168로 이겼다. 해리슨이 대승을 거둔 곳은 선거인단 표 36표가 해리슨에게 간 뉴욕 주였다. 주지사에 출마한 민주당 후보가 해리슨의 참모와 뉴욕 주의 표를 해리슨에게 몰아주는 대신 주지사 자리는 민주당 후보가 차지하기로 거래를 한 것이다.

선거운동 과정에 있었던 추악한 속임수들에 대해서는 공화당의 거물 매튜 퀘이가 정확하게 표현한 바 있다. 해리슨은 그를 대통령으로 만들기 위해 얼마나 많은 공화당원들이 "교도소 문앞까지 갔다왔는지 모를 것이다."

1892

그로브 클리블랜드

★ ★ ★ ★ ★ ★ ★ ★ ★ ★ VS. ★ ★ ★ ★ ★ ★ ★ ★ ★ ★

벤자민 해리슨

1892년의 선거는 별다른 구경거리가 없는 전환기적 선거였다. 그러나 당시 미국 사회는 중요한 변화를 경험하고 있었다. 인구가 6천2백만을 넘어섰고, 그보다 중요한 것은 인구의 중심이 서부로 옮겨갔다는 사실이었다. 1889-1890년에 서부의 6개 주—노스다코타, 사우스다코타, 몬타나, 워싱턴, 아이다호, 와이오밍—가 연방에 가입하였다. 전신선로가 뉴욕 시에서 시카고까지 부설되었다. 토머스 에디슨이 최초의 활동사진 촬영장치인 키네토스코프(kinetoscope)를 발명했으며, 코닥사가 만든 새로운 휴대용 사진기가 시장에 나왔다. 이 사진기는 건식 유리판 음화방식 대신에 한 번에 백 장을 촬영할 수 있는 감는 방식의 박막을 채택했고, 사진을 촬영한 후 필름을 코닥의 대리점이나 뉴욕 주로체스터에 있는 본사로 직접 보내면 현상해 주었다.

삽시간에 모든 사람이 사진광이 되었다. 유감스럽게도 1892년의 선거에서는 사진으로 찍을 만한 소재가 별로 없었다. 벤자민 해리슨은 임기의 대부분을 1888년에 자신을 백악관으로 보내준 부패한 공화당 거물들의 조종을 받으면서 보냈다. 당의 거물들은 날카롭고 새 생명을 얻은 기독교 신자 같은 대통령을 좋아할 수가 없었다. 그들은 해리슨이 "모피 외투를 벗어던진 얼음장같이 차가운 시베리아 사람" 같고 따뜻한 날에도 대통령과 얘기하려면 "털로 된 덧신을 신고, 바람막이용 플란넬을 걸치고, 외투를 입고, 장갑을 끼고, 귀마개를 해야 할 것 같은" 생각이 든다고 불평했다.

반면에 클리블랜드는 그의 어린 딸 이름을 딴 루스(Ruth)란 캔디가 나올 정도로 여전히 수백만의 미국인들에게 인기가 있었다. 그는 세 번째 후보지명과 두 번째 대통령 임기를 노리고 있었다. 얼음장같이 차가운 벤자민 해리슨과의 경쟁은 이렇게 시작되었다.

선거전 클리블랜드는 후보지명 수락 서신을 보내는 전통을 깨고 대중 앞에서 수락연설을 한 첫 번째 후보였으나 여전히 순회연설은 하지 않았다.

그리고 해리슨도 병든 아내에게 매달려 있느라(그의 아내는 선거일 2주 전에 죽었다) 지난 선거에서 효과를 보았던 앞마당 연설 홍보전을 다시 써먹지 않았다. 그는 대부분의 시간을 러닝메이트 화이트로 레이드(Whitelaw Reid)와 함께 고율의 보호관세의 정당성을 강조하는 데 보냈다. 불행하게도 1892년 7월에 펜실베이니아 주 홈스테드(Homestead)에서 발생한 폭력적인 파업—앤드류 카네기 제철소의 공장장 헨리 클레이 프릭(Henry Clay Frick)이 노동자의 임금을 20% 삭감하고 파업을 진압하기 위해 사설 경비대를 동원했다—은 홍보전에서는 재앙과 같았고 해리슨이 선거에서 패배하는 중요한 원인이 되었다.

홈스테드 파업은 고율의 보호관세가 노동자에게 보다 많은 임금을 보장해 주지 않는다는 사실을 행동으로 설명해 주어서 클리블랜드가 노동자들의 표를 얻는 데 엄청난 도움을 주었다.

승자 : 그로브 클리블랜드 클리블랜드는 5,551,883표를 얻어 5,179,244표를 얻은 해리슨을 상당한 표차로 이겼다. 그는 민주당의 표밭인 남부뿐만 아니라 북부에서도 7개 주에서 승리했다. 또한 그는 연속되지 않는 두 번의 임기를 채운 최초의 대통령이란 기록도 세웠다.

그러나 변화의 바람이 불고 있었다. 이번 선거에서 신생의 인민당(Populist Party)이 약진하였다. 이 당은 농민과 공장노동자들이 연합하여 공정한 임금, 철도·전신·전화의 공유화, 정부를 "보통 사람들의 손에" 돌려줄 것 등을 선거공약으로 내세웠고, 이 당의 후보 제임스 위버(James B. Weaver)는 백만 표를 얻었다. 위버는 미국 역사상 진실로 카리스마 넘치는 웅변가인 무명의 메리 엘리자베스 리즈(Mary Elizabeth Lease)와 함께 전국을 누비며 연설했다. 메리 리즈는 연설을 통해 "월스트리트의, 월스트리트를 위한, 월스트리트에 의한 정부"를 공격했고, 연설장에 나온 농부들에게 "옥수수를 적게 생산해야 저들에게 더 큰 재앙을 안겨줄 수 있다"는 종교적 부활과 같은 메시지를 들려주었다.

서부에서 발생한 지진의 여파가 동부까지 미쳤다. 민주당이든 공화당이든 할 것 없이 정당의 거물 직업 정치인들은 머지않아 자신들의 신화적인 권력이 종말을 고하게 되는 것을 보게 된다.

1896

윌리엄 맥킨리

★ ★ ★ ★ ★ ★ ★ ★ ★ ★ VS. ★ ★ ★ ★ ★ ★ ★ ★ ★ ★

윌리엄 제닝스 브라이언

"[브라이언은] 무책임하고, 통제할 수 없으며,
무지하고, 편견에 사로잡혀 있으며,
연민의 정을 느낄 만큼 정직하고 광적인 괴짜이다."

‒ *New York Times* ‒

혼탁도 ★ ★ ★ ★ ★ ★ ★ ★ ★ ★
       1 2 3 4 5 6 7 8 9 10

가여운 '친절한 그로브.' … 두 번째 임기를 시작하자마자 전 세계에 엄청난 경제적 불황이 닥쳐와 1893년에서 1897년까지 계속되었다. 클리블랜드가 두 번째 취임선서를 한 그해에 미국에서는 1만 5천 개의 기업이 도산했고 4백만의 노동자가 일자리를 잃었다. 50만 명의 노동자가 임금과 노동환경 개선을 요구하며 파업을 벌였고, 파업의 대부분은 경찰과 군대를 동원하여 진압되었다. 집 없는 사람들이 무리를 지어 쉴 자리와 일자리를 찾아 전국을 유랑했고, 가난한 사람들이 줄을 지어 워싱턴으로 행진했다. 1930년대의 대공황이 오기 전까지는 이런 비참한 광경을 미국에서는 찾아볼 수 없었다.

미국은 변화하고 있었고, 그에 맞춰 정당도 변하고 있었다. 역사가들이 1896년의 거대한 재편성이라고 부르는 일들이 일어나려 하고 있었다. 그런 가운데 공화당은 1960년대에 리처드 닉슨이 "침묵하는 다수"라는 기치를 내걸고 했던 것처럼 마침내 블루칼라 노동자들에게 다가갔다. 민주당에서는 1968년의 전조이기라도 한 듯 젊고 정력적이며 비상한 카리스마를 가진 후보를 수용했다.

선거전의 주요 이슈는 본위통화와 금의 가치—금과 은의 가치가 충돌하고 있었다—문제였고, 이 문제는 곧 불꽃이 튀겼다.

후보

공화당 : 윌리엄 맥킨리(William McKinley) 53세의 맥킨리—잘 다려진 셔츠와 단추가 두 줄로 달린 코트를 입고 붉은 카네이션을 꽂기를 즐기던 주류 감리교 신자—는 오랫동안 하원의원과 오하이오 주

공화당은 윌리엄 제닝스 브라이언이 문자 그대로 미친 사람이라고 경고했다.

지사를 지낸 정치경력을 갖고 있었다. 그는 영리하고 믿음직했으며, 정직한 인물이었다. 어느 계층에 속하든지 이 사람의 모습을 보고 그의 구르는 것 같은 굵직한 목소리를 들으면 그에 대한 믿음이 생겼다. 그의 선거운동을 지휘한 인물은 뛰어난 선거운동 기획가 마크 해너(Mark Hanna)

였다. 그가 개발한 수많은 기법들은 현대의 선거운동에서도 그대로 사용되었다.

민주당 : 윌리엄 제닝스 브라이언(William Jennings Bryan) 36세의 브라이언은 가장 젊은 나이에 주요 정당의 대통령 후보로 지명된 인물이었고, 이 기록은 아직도 깨지지 않고 있다. 그는 "위대한 보통 사람"이란 별명으로 알려져 있었고, 네브라스카 토박이에 복음주의 기독교 신자였다. 그는 27개 주를 거쳐 1만 8천 km를 여행하면서(물론 기차를 타고) 새로운 본위화폐의 채택과 빈곤에 빠진 농민을 구제하는 정책을 실시해야 한다는 연설을 36차례나 하였다. 호리호리한 몸매에 잘 생긴 브라이언은 힘든 선거운동을 위한 에너지를 비축하기 위해 하루 여섯 끼를 먹었다. 또한 그는 진으로 신체 마사지를 하여 피로를 푸는 습관을 갖고 있었는데, 이 때문에 그를 만나는 사람들로부터 취했다는 오해를 받았다.

선거전 _____

윌리엄 맥킨리와 마크 해너는 1888년의 벤자민 해리슨의 선거운동으로부터 교훈을 얻었다. 해리슨은 당선되기 위해 동부의 당 실력자들에게 너무 많은 것을 약속했고, 그래서 백악관에 들어갔을 때는 거의 아무 것도 할 수가 없었다.

두 사람은 시대가 바뀌고 있다는 것을 알았다. 결정적인 순간은 공화당 전당대회가 열리기 수개월 전에 찾아왔다. 펜실베니아 출신의 매튜 퀘이, 뉴욕 주 출신의 상원의원 토마스 플랫(Thomas Platt) 같은 당의 거물들이 맥킨리에게 당선되면 플랫을 재무 장관에 임명해달라고 요구했고, 그 약속을 문서로 써달라고 요구했다.

맥킨리는 해너에게 이렇게 말했다. "톰 플랫을 재무 장관에 임명한다는 약속을 해주지 않아서 대통령이 될 수 없다면 나는 절대로 대통령을 하지 않겠습니다."

이것은 변화를 상징하는 사건이었다. 심각한 경제불황 속에서 보통 사람들은 자기 이익을 좇아 행동하는 정당 거물들의 행태에 염증을 느끼고 있었다. 보통 사람들은 아예 정당의 조직—정당 부패의 온상—이라고 부르는 것을 타파하라고 맥킨리를 지지했다. 맥킨리의 젊은 선거운동 참모였던 찰스 다우스(Charles Dawes)는 당 조직과 "접촉하기 전에 그것을 해체해 버려야 한다"고 말했다.

일단 후보로 지명되고 나자 맥킨리의 상대는 당 조직이 아니라 윌리엄 제닝스 브라운이었다. 카리스마 넘치는 이 네브라스카 사람은 노동자들의 고통을 덜어주기 위해 재정을 투입하고 은화를 발행해야 한다는 주장을 담은 "황금십자가" 연설로 당의 대통령 후보 자리를 거머쥐었다. 브라이언은 "경화"—액면에 상당하는 가치의 금으로 교환해 주는 화폐—는 농민과 채무자를 인간답게 살 수 없게 만들고 금을 통제하는 은행가들을 금에 탐닉하는 스크루지 같은 부자로 만들어 줄 뿐이라고 주장했다.

브라이언은 이렇게 외쳤다. "노동자들의 머리 위에 이 가시 면류관을 씌워서는 안 됩니다. 인간을 황금십자가에 못 박아서는 안 됩니다." 민주당뿐만 아니라 인민당도 그를 지지했고 브라이언은 대통령 후보로 지명되었다. 서부에서의 브라이언의 대중적 인기가 올라가자 이에 두려움을 느낀 공화당은 그를 국가 경제를 파괴할 무정부주의자라고 비난했다. 1896년의 여름 동안에 공화당계 신문들의 브라이언에 대한 공격은 히스테리 수준이었다. *New York Tribune*은 브라이언을 "삐뚤어지고 시끄러운 어린애, 허황하고 역겨운 소리를 쉴 새 없이 지껄이는 인물"이라고 비난했다. 맥킨리 지원유세를 하고 있던 시어도어 루즈벨트(Theodore Roosevelt)는 브라이언을 "정신적·도덕적 태도로 보아 프랑스 대혁명기 공포정치의 지도자들과 같은 인물"이라고 비유했다(어떤 공화당원들은 그를 가필드 대통령 암살범 찰스 귀토에 비유했다). 필라델피아의 어느 신문은 브라이언의 지지자들에게 "음험하고 반항적인 살모사"라는 딱지를 붙여주었다. 신문 만평에는 브라이언 지지자들을 "브라이언이 당선되면 기뻐할" 은화를 좋아하는 샤일록 같은 인물로 묘사한 반(反)유대주의 만화가 수도 없이 실렸다.

　　대부분의 선거운동이 그렇듯이 공화당은 여러 방면으로 공작을 펼쳤다. 신문에 비열한 기사를 흘리는 것이 가장 효과가 있는 방법이기는 하지만 당 조직을 동원하고 선거공약을 만드는 것도 못지않게 중요했다. 마크 해너—그는 그 시대의 칼 로브(Karl Rove)였다—가 뛰어난 전략들을 만들어냈다. 전국을 돌아다니며 브라이언을 공격하는 순회연설을 하는 방식 대신에 해너는 맥킨리를 오하이오 주 캔턴에 있는 고향집에 머물게 하고 사람들을 그곳으로 불러모았다. 이런 방식의 앞마당 면담은 벤자민 해리슨의 앞마당 연설보다 효과적이었고, 오늘날과 같은 인터넷 시대에 사람들을 채팅방에 불러모으는 것과 같은 기법이었다. 해너는 공화당과 철도회사들의 커넥션을 이용하여 주도면밀하게 선정된 학생, 노동자, 농민, 상인, 퇴역군인 그룹에게 캔턴까지 오는 무료 기차표를 제공했다. 면담이 있기 전날 청중들에게 질문서를 써내게 하고 다음날 맥킨리가 그들 앞에서 간략하고 치밀하게 준비된 연설을 통해 직접 답변을 하였다.

　　맥킨리를 칭송하는 (7, 8개의 언어로 씌어진) 소책자 수백만 부를 인쇄하여 전국에 뿌렸다. 맥킨리 배지 수만 개가 제작되었고, 맥킨리의 얼굴을 그린 입간판이 수마일에 걸쳐 길가에 세워졌다. 1,400명의 연설원이 선발되어 어느 지역에서 민주당이 앞선다고 판단되면 즉각 그곳으로 투입되었다. 맥킨리의 참모들은 춥고 배고픈 시대에 호응하는 구호를 만들어냈다. 맥킨리는 "풀코스 도시락을 제공할 인물"이고, "번영의 선구자"였으며, 듬직하고 믿을 만한 인물이었다.

민주당도 반격을 준비했다. 그들은 마크 해너를 "현존하는 가장 사악하고, 물욕적이며, 무자비한 노동자 탄압자"라고 공격했고, 목적을 위해서라면 살인도 마다하지 않을 인물이라는 암시를 주었다. 브라이언은 목소리가 나오지 않을 정도로 열심히 순회연설을 다녔다. 그러나 미국 정치사에서 언제나 그랬듯이 결국에는 돈이 말해주었다. 브라이언의 선거자금 금고에는 백만 달러밖에 없었지만 맥킨리는 세 배나 되는 돈을 갖고 있었다. 어쩌면 그보다 더 많았었는지도 모른다.

승자 : 윌리엄 맥킨리 _____

직접투표에서는 맥킨리 7,108,480표, 브라이언 6,511,495표, 선거인단 표에서는 맥킨리 271표, 브라이언 176표로 맥킨리가 승리했다. 맥킨리는 전통적 지지층인 중상류 계층을 확실하게 장악했고, 여기에 더하여 도시 거주 블루칼라 노동자들의 표를 끌어들였다. 이번 선거에서 블루칼라 계층이 재편된 공화당의 핵심 지지층으로 등장했다.

서부에서 브라이언의 인기는 대단했으나 표면적인 분위기가 그대로 표로 이어지지는 않았다. 서부 핵심 주에서 1만 8천 표만 더 얻었어도 브라이언이 대통령이 될 수 있었다. 고정 지지기반인 남부의 압력 때문에 브라이언은 흑인문제를 제기하지 않았으나 그가 내건 대중주의적

정책은 민주당의 성격을 근본적으로 바꾸어 놓았다. 이 "위대한 보통 사람"은 선거결과에 개의치 않고 1896년을 "첫 번째" 전투라고 불렀다. 그는 다시 돌아올 기회가 곧 있으리라는 것을 확신하고 있었다.

★ • ★ • ★ • ★ • ★ • ★ • ★ • ★ • ★ • ★ • ★ • ★ • ★ • ★ • ★ • ★ • ★ • ★ • ★

미친 백악관 주인 선거전의 열기가 최고조에 오른 9월에 맥킨리를 지지하는 *New York Times*가 "브라이언 씨는 정신이상?"이란 제목의 짧지만 흥미있는 기사를 실었다. 이 기사는 민주당 대통령 후보의 발언내용을 분석한 후 그런 발언은 정상적인 정신상태에 있는 사람이 할 수 있는 것은 아니라고 주장했다. *New York Times*의 편집자는 저명한 정신과 의사가 쓴 브라이언이 당선된다면 "백악관 주인은 미친 사람이 될 것"이라 주장한 편지도 소개했다.

이 신문은 이 정도에 만족하지 않고 몇 명의 정신과 의사들을 더 인터뷰하고 그 결과를 이틀 후에 발표했다. 인터뷰에 응한 탁월한 의학적 천재분들께서는 브라이언이 과대망상증(원대한 정책 제시), 편집적 불만증(현 제도에 대한 비판), 불만다변증(비판을 너무 많이 함)을 앓고 있다고 언급했다. 다른 전문가 선생께서는 간단하게 이렇게 말했다. "내 소견으로는 브라이언이 통상적으로 미친 사람은 아니고 … 성욕도착증 환자인 것으로 관찰된다."

마크 해너—처녀 같이 … 빈틈 없이 치밀하고 자신의 시대를 앞서간 정치운동가인 마크 해너를 두고 시어도어 루즈벨트는 이렇게 표현했다. "그 사람은 맥킨리를 특허받은 약처럼 광고했다!" 오하이오의 정치 브로커이자 상원의원이었던 해너는 맥킨리가 오하이오 주 하원의원이던 1884년부터 이 젊은 하원의원을 점찍어 두고 대통령으로 키워냈다.

당시의 많은 정치분석가들은 해너가 "카드 판에서 카드 섞듯이 맥킨리를 갖고 논다"고 평했다. 그러나 맥킨리와 해너 양쪽을 다 아는 친구들은 이런 평가에 동의하지 않았다. 그 시대를 살았던 어떤 사람은 닳고 닳은 정치 브로커인 해너가 바람에 날려와 쌓인 눈처럼 순수한 맥킨리를 대할 때 "수줍은 소년이 사랑하는 소녀를 대하는" 그런 감정을 갖고 있었다고 한다. 맥킨리의 전기작가 마가렛 리치(Margaret Leech)는 이렇게 표현하고 있다. "해너는 세상사에 닳아빠진 남자가 처녀의 순수성에 반하여 정신을 못 차리는 듯 맥킨리의 정치적 이상에 매료되었다."

선거를 움직이는 뭉칫돈 동부의 재계 거물들은 독립심이 강한 맥킨리를 특별히 좋아했다기보다 젊은 브라이언과 그가 내세운 은본위제 공약을 싫어했다. 그들은 '청년 웅변가'가 백악관에 들어가는 것을 막기 위해 뭉칫돈을 내기 시작했다. 뉴욕의 철도 재벌 제임스 힐(James G. Hill)의 주도 하에 월스트리트는 공화당 기업가들을 불러모았다. 그 시대에는 정치헌금은 마음 내키는 대로 내는 게 아니었다. 은행의 경우 자본금의 0.25%를 내도록 할당받았다. 대기업―특히 생명보험회사―도 대부분 같은 방식으로 할당받았다. 스탠더드 석유회사―기계에 의존하는 세상으로 바뀌어 가자 이 회사는 정말로 큰 기업이 되었다―는 공화당의 모금통에 25만 달러를 던져넣었다. 모두들 공화당이 3백만 달러를 걷었다고 말했지만 그보다 훨씬 많이 걷었다고 생각하는 사람도 있었다.

1900

윌리엄 맥킨리

★ ★ ★ ★ ★ ★ ★ ★ ★ ★ ★ ★ VS. ★ ★ ★ ★ ★ ★ ★ ★ ★ ★ ★ ★

윌리엄 제닝스 브라이언

새로운 세기가 밝아오자 4년 전보다 전망이 훨씬 밝아보였다. 새로운 미국의 세기가 시작된 것이다. 맥킨리는 행운을 잡았다. 그가 취임하자 농산물 수확량이 늘어나고 곡물가는 올랐으며 알라스카, 오스트레일리아, 남아프리카에서 금광이 발견되었고 경제불황은 곧 끝이 났다(세계 금 공급량이 두 배로 늘어 재무성은 더 많은 지폐를 발행할 수 있었다). 은본위제를 실시해야 한다는 주장은 급격하게 설득력을 잃어갔다. 맥킨리는 또한 미국 제국주의의 흥기로부터 많은 덕을 보았다. 미국은 표면적으로는 쿠바를 해방시킨다는 명분을 내걸고 스페인과 전쟁을 벌였다. 미국은 이 전쟁에서 승리하여 필리핀과 푸에르토리코를 손에 넣었다.

선거전 맥킨리가 1900년의 선거에서 공화당 후보가 된다는 것은 예정된 결론이었고, 남은 문제는 러닝메이트를 고르는 일이었다. 가장 강력한 후보로 등장한 인물이 스페인 전쟁 때에 쿠바에서 전공을 세웠고 뉴욕 주지사를 지냈으며 "거친 기병"[30]이라 불리던 시어도어 "테디" 루즈벨트였다. 그러나 당의 조직자였던 마크 해너는 루즈벨트의 남성적인 에너지와 충동적인 행태를 싫어했다. 필라델피아에서 열린 전당대회에서 마크 해너는 대의원들에게 이렇게 외쳤다. "저 미친 사람[루즈벨트]이 부통령 후보가 되려 한다면 내가 마지막까지 반대할 것입니다."

루즈벨트는 부통령 후보에 관심이 없는 듯한 태도를 보였지만 전당대회장에는 옛날에 썼던 '거친 기병대' 모자를 쓰고 나타났다(루즈벨트는 한 참관자를 안내하면서 웃으면서 "신사양반, 이건 후보수락 연설 때에 쓸 모자라오"라고 말했다). 모든 것이 예상했던 대로 되었다. 맥킨리와 루즈벨트는 단상에 나란히 섰고 전당대회는 막을 내렸다.

민주당은 이번에도 윌리엄 브라이언을 지명하여 가망 없는 싸움에 그를 다시 내세웠다. 은본위제 이슈는 대중의 관심 밖으로 밀려나 있었는데 브라이언은 포기하려 하지 않았다. 공화당 소속인 하원의장 토마스 리드(Thomas B. Reed)는 브라이언이 "대통령이 되기보다는 고집부리는 쪽을 택했다"고 비꼬았다. 브라이언은 제국주의와 미국의 산업을 목조르고 있는 대기업의 독과점을 들어 맥킨리를 공격했는데, 대중은 이런 문제에 관심이 없었다. "내버려두자"가 공화당의 선거구호였고 또 그대로 했다. 맥킨리는 앞뜰 면담에 모습을 보이는 수고조차도 하려고 하지 않았다. 루즈벨트 혼자서 2만 천 마일을 여행하며 브라이언과 열정적인 연설시합을 벌였다(루즈벨트는 자기가 대통령 후보인 양 연설 가운데서 브라이언을 '나의 상대'라고 불러 마크 해너와 열성적인 당원들을 불쾌하게 만들었다).

맥킨리의 초상이 든 500달러 지폐

승자 : 윌리엄 맥킨리 맥킨리가 완승을 거두었다(7,218,039표 : 6,358,345표). 특히 두드러진 점은 맥킨리가 서부 농업지역 주들에서 이겼다는 것이었다. 브라이언의 정치경력이 끝나지는 않았지만―그는 다시 한 차례 출마하게 된다―그의 대중적 인기는 분명히 하강하고 있었다.

재미있는 후일담 : 1899년 여름에 윌리엄 맥킨리는 첫 임기 때의 부통령 개릿 호버트(Garret A. Hobart)―뉴저지의 부유한 기업가였다―와 함께 사진을 찍었는데 이 사진이 인기가 있었다. 1900년 여름에 맥킨리와 부통령 후보 루즈벨트는 이 사진과 꼭 같은 포즈로 함께 사진을 찍었다.

이상하게도 맥킨리와 루즈벨트가 함께 사진기 앞에서 포즈를 취했다는 기록이 없다. 더 이상한 것은 맥킨리―루즈벨트 사진에 보이는 맥킨리의 옷과 포즈, 앉은 의자가 일 년 전에 찍은 맥킨리―호버트 사진에 나오는 것과 꼭 같다. 여기다 더하여 맥킨리와 루즈벨트 사이에는 자세히 보면 희미한 선이 위에서부터 아래까지 드러나고 있고, 사진을 찍었다고 하는 그 무렵에는 맥킨리와 루즈벨트가 함께 있을 시간이 없었기 때문에 일부 역사학자들은 이 사진이 맥킨리 선거운동 본부에서 조합한 것이라고 추정한다. 만약 이게 사실이라면 이 사진은 대통령 선거운동용으로 합성된 최초의 사진일 가능성이 매우 높다.

그런 사진은 이후로 수도 없이 등장하게 된다.

1904

시어도어 루즈벨트

★ ★ ★ ★ ★ ★ ★ ★ ★ ★ ★ ★ VS. ★ ★ ★ ★ ★ ★ ★ ★ ★ ★ ★ ★

앨턴 파커

1901년 9월 6일에 윌리엄 맥킨리 대통령은 뉴욕 주 버팔로 시에서 열린 범미주 박람회에 참석하였다가 리셉션장에서 시민들과 악수를 나누고 있었다. 이날 날씨가 매우 더워 남녀 할 것 없이 손수건을 꺼내 이마를 닦고 있었다.

그런 손수건 한 장 속에 32구경 아이버-존슨 연발총이 숨겨져 있었다. 총의 소유주는 레온 촐고츠(Leon Czolgosz)라는 젊은이였는데, 그는 하루 종일 맥킨리를 미행하고 있었다. 촐고츠는 자신이 무정부주의자라고 주장했고, 프레드 니만(Fred Nieman)이란 이름도 쓰고 있었다[니만(Nieman)은 아무도 아니다(Nobody)란 뜻이다]. 그는 대통령 암살범 가운데서 가장 가련하고 우둔한 존재일 것이다. 진짜 무정부주의자들은 그를 정신이상자이거나 경찰의 첩자라고 생각했고, 교수대에 그와 함께 올라가려는 무정부주의자 동지는 없었다. 촐고츠는 대통령과 악수할 차례가 되자 두 발을 쏘았다. 맥킨리는 한 주를 넘기지 못하고 숨을 거두었다. 35년 사이에 세 번째로 대통령이 암살당한 것이다.

촐고츠는 전기의자로 처형되었는데, 전기의자가 고안된 뒤로 50번째로 전기의자에 앉은 사람이었다.[31] 42세의 시어도어 루즈벨트는 대통령 취임선서를 한 후 이렇게 말했다. "이런 식으로 대통령이 되는 건 몹시 불쾌한 일이지만 대통령 자리를 병적으로 바라는 것은 더 나쁜 일이다."

루즈벨트는 물론 대통령 자리를 병적으로 바랐던 사람은 아니었다. 그는 고음의 날카로운 목소리를 갖고 있었고, 신체단련에 몰두했으며, 에너지가 넘치는 사람이었다. 역사학자 헨리 애덤스의 말을 빌리자면 그는 "행동 그 자체"였다. 루즈벨트를 좋게 평가하지 않는 작가 헨리 제임스는 그를 "반복적인 소음의 유례가 없는 괴물 같은 화신"이라고 불렀다.

선거전 맥킨리를 승계한 첫 임기 동안에 루즈벨트는 누구도 기대하지 않았던 정치적 통찰력을 보여주었다(그런데 이런 인물이 베네수엘라 대통령을 "고약한 작은 원숭이"라고 불렀다). 유권자들의 대기업에 대한 불만이 깊어가고 있음을 간파한 루즈벨트는 공개적으로는 "거대한 부를 거머쥔 악인들"을 상대로 반트러스트 소송을 제기하면서도 한편으로는 1904년의 선거에서 자신에게 자금을 대줄 월스트리트의 자본가들과 원만한 관계를 유지했다. 시카고에서 열린 공화당 전당대회에서 그는 첫 번째 투표에서 거대한 환호 속에 대통령 후보로 지명되었다.

루즈벨트가 상대할 민주당 후보는 전혀 색깔이 없는 앨턴 파커(Alton B. Parker)였다. 그는 뉴욕 항소법원의 수석판사였는데, 아마도 미국의 역대 대통령 후보를 통틀어 가장 모호한 후보일 것이다. 파커—루즈벨트는 그를 "회색의 인물"이라고 불렀다—는 민주당 지지자뿐만 아니라 루즈벨트의 진보적인 노동정책에 반감을 가진 공화당 이탈파의 표를 겨냥하여 선정된 인물이었다. 불행하게도 파커는 선거운동과 연설에는 전혀 소질이 없었고, 그래서 그는 자신이 소유한 휴스턴 벨리 농장에서 대부분의 시간을 보냈다. 민주당이 내세우는 파커의 가장 큰 장점은 그가 대통령이 되면 "행정부가 의회와 사법부 권한을 침해하는 것에 대해 강경한 태도를 보일 것"이라는 점이었다.

선거판이 마냥 순조롭게 흘러가지는 않았다. 가을에 뉴욕에서 루즈벨트가 질지도 모른다는 작은 움직임이 있었다. 루즈벨트는 월스트리트 친구들에게 개인적인 구조 요청 신호를 보냈고, 문자 그대로 하룻밤 사이에 거액이 루즈벨트에게 전달되었다. 거금을 받은 루즈벨트는 모건(J. P. Morgan)과 헨리 클레이 프릭(Henry Clay Frick) 같은 재계의 거물들이 자신을 돈으로 샀다고 생각하고 있을지도 모른다는 생각 때문에 곤혹스러웠다. (선거가 끝난 뒤에 실제로 프릭은 이런 불평을 털어놓았다. "우리가 그 개자식을 샀는데 우리 물건이 아닌 것처럼 군단 말이야.")

루즈벨트는 어느 누구에게도 어떤 빚도 지지 않고 승리할 수 있었고 또 실제로 그렇게 했다. 1904년의 선거는 공화당의 압도적 승리였다. 루즈벨트는 7,626,593표를 얻었고 파커는 5,082,898표를 얻었다. 선거인단 표는 더 기울어 336 : 140이었다.

1904년 선거에서 민주당이 루즈벨트를 군사주의자라고 비난한 포스터

1908

윌리엄 태프트

★ ★ ★ ★ ★ ★ ★ ★ ★ ★ vs. ★ ★ ★ ★ ★ ★ ★ ★ ★ ★

윌리엄 제닝스 브라이언

"그런데 태프트(Taft)가 무슨 뜻인지 알아?
시어도어한테서 훈수를 받는다는 뜻이야!"

– 민주당원들의 농담 –

.

혼탁도 ★ ★ ★ ★ ★ ★ ★ ★ ★ ★
　　　　1　2　3　4　5　6　7　8　9　10

1904년의 선거에서 압승을 거둔 시어도어 루즈벨트는 앞으로 두고두고 후회하게 될 결정을 한다. 다시 4년 동안 미국을 이끌 사람으로 선발된 그는 당선 확정 발표가 있던 그날 저녁에 이렇게 선언한다. "어떤 조건 하에서도 다시는 (두 번째 출마를 위한) 대통령 후보 지명을 받아들이지 않겠습니다."

달리 말하자면, 46세의 대통령이 선거에서 압도적인 승리를 거둔 그날 스스로 레임 덕이 되겠다고 선언한 것이다. 루즈벨트는 두 번째 임기 동안 몇 가지 중요한 업적을 이루었다. 그는 러일전쟁 종결을 중재한 공로로 노벨평화상을 받았고, 그의 임기 중에 파나마 운하가 착공되었으며, 순정 식품의약법을 통과시켰고, 나아가 대기업의 독점을 제한했다. 그런데 한 임기를 더할 수 있는 가능성을 스스로 배제해 버려 할 수 있고 해야 할 일들을 해내지 못한 것도 많았다.

그 대신에 루즈벨트는 후계자―좋은 친구이자 전쟁성 장관 윌리엄 태프트(William Howard Taft)―를 마음대로 고를 수 있었다. 태프트는 처음에는 주저했으나 루즈벨트가 확신을 심어주었고, 이에 태프트는 감명을 받았다. "시어도어, 당신에게 고맙다고 말해야겠군요." 태프트가 이렇게 말했고, 루즈벨트는 태프트의 등을 두드리며 "그래, 윌. 그래야지"라고 응답했다.

공화당원들은 루즈벨트가 떠나는 것을 아쉬워했다. 시카고에서 전당대회가 열렸을 때 당원들을 루주벨트의 이름이 호명되자 "4년, 4년, 4년 더!"를 49분 동안 외쳤다. 그러나 루즈벨트의 희망대로 태프트가 첫 번째 투표에서 곧바로 대통령 후보로 지명되었다. 그의 선거전 상대는 '위대한 보통 사람' 윌리엄 제닝스 브라이언이었다. 이제 나이가 좀 더 들었고 머리가 많이 벗어진 브라이언이 피로한 민주당을 업고 세 번째로 출마했다.

후보

공화당 : 윌리엄 하워드 태프트 태프트는 사람들에게 호감을 사는 쾌활한 정치인이었다. 그가 당의 상층부로 오를 수 있었던 것은 대체로 시어도어 루즈벨트와의 우정 때문이었다. 루즈벨트는 붙임성 있는 태프트를 세계 곳곳에서 생겨나는 문제—최근에 획득한 필리핀에 있는 교황청의 재산과 관련된 바티칸 당국의 항의에서부터 건설 중인 파나마 운하를 둘러싼 문제의 해결에 이르기까지—를 해결하는 순회대사로 활용했다. 체중이 330파운드나 나가는 태프트의 러닝메이트는 제임스 "서니 짐" 셔먼(James "Sunny Jim" Sherman)이란 뉴욕 출신의 하원의원이었는데, 그도 체중계에 올라가면 눈금이 200파운드를 넘어갔다. 두 사람의 합계 체중은 신체적으로나 정치적으로나 역대 어느 후보 팀보다 무거웠다.

민주당 : 윌리엄 제닝스 브라이언 늙은 전사의 세 번째 출전은 장엄하면서 한편으로는 서글픈 면도 있었다. 수많은 난관이 앞에 놓여 있었으나 브라이언은 인디애나 출신 상원의원인 러닝메이트 존 컨(John Kern)과 함께 순회연설을 다녔다.

선거전

1909 만화 : 루즈벨트가 태프트에게
챙겨야 할 정책을 일러준다.

뒤돌아 보면 브라이언이 어떻게 공화당이 내세운 후보들과 맞설 수 있었는지 신기하지만, 그렇다고 공화당도 유리한 고지를 잘 활용했다고 할 수는 없다. 공화당은 비열한 인신공격전을 펼쳤고, 루즈벨트도 몸소 여기에 가담했다. 루즈벨트는 브라이언을 "이해심 많고 좋은 의도를 갖고 있지만 그 좋은 의도를 제대로 된 방식으로 표출하지 못했고 … 대통령직에 도전한 사람 가운데서 최고의 싸구려 야바위꾼"이라고 폄하했다. 심지어 퍼스트 레이디 에디스 루즈벨트(Edith Roosevelt)도 브라이언을 "약간은 지나치게 비대하고 느끼한 괴짜"라고 표현했다.

브라이언이 반격했다. 그의 선거운동의 주제는 "대중이 지배하게 될 것인가?"였고, 그래서 그는 많은 미국인들이 지지하기 시작한 논제를 만들어냈다. 너무 많은 정치가들이 아직도 정치인들의 주머니 속에서 놀아나고 있다고 브라이언은 외쳤다. 브라이언은 신문 발행인이자 루즈벨트의 정적이며 신생 '독립당'(Independent Party)을 창설한 윌리엄 랜돌프 허스트(William Randolph Hearst)의 지원을 받았다. 허스트는 스탠더드 석유회사(Standard Oil Company)의 문서철에서 공화당의 유력한 상원의원 조셉 벤슨 포레이커(Joseph Benson Foraker)가 법률 자문료란 모호한 명목으로 50만 달러를 받아갔다는 비밀서신을 찾아내고 이를 폭로하는 기사를 실었다[아이러니하게도 이 비밀서신에는 민주당 선거운동 본부의 재정책임자 찰스 해이스컬(Charles Haskell)의 이름도 등장했는데, 그는 압력을 받아 사임했다].

민주당은 끊임없이 태프트가 루즈벨트의 꼭두각시에 지나지 않는다고 공격했다. 이런 주장에는 상당한 근거가 있었다. 대통령은 태프트에게 계속하여 지시서를 보냈다. 어떤 지시서에는 고분고분한 대통령 후보에게 순회연설에 나서 "[브라이언을] 세게 치고 … 공격하라!"고 적혀 있었다(언제나 그랬듯이 재치 있는 태프트는 루즈벨트가 내려보낸 이 지시서에 대해 "당신의 편지를 받았으며 … 어떤 전략이 나의 당선에 도움이 된다면 내 생각에는 당신이 보낸 이 편지가 아닐까 합니다"라고 답신을 보냈다).

유권자들은 대체로 태프트를 좋아하고 신뢰했다. 태프트는 뛰어난 웅변가도 아니었고 때때로 실언을 하는—그는 퇴역군인들을 상대로 연설하면서 군인들의 우상인 율리시즈 그랜트가 술을 너무 많이 마셨다는 얘기를 몇 번이나 되풀이해서 언급했다—경우가 있었지만 어린애 같이 천진한 유머감각을 갖고 있었다. 그는 연설할 때 "증기기관차의 명예화부"임을 자랑스럽게 얘기했고, 국제 증기굴착기 및 준설기 기사 우호협회의 회원들 가운데 친한 친구가 많다는 것을 과시했다. 태프트는 물론 유권자들 가운데도 친구가 많았다.

승자 : 윌리엄 하워드 태프트

태프트는 7,676,258표를 얻어 6,406,801표를 얻은 브라이언을 120만 표 차이로 이겼다. 이런 표차는 1908년 선거에서 루즈벨트가 거둔 표차보다도 큰 것은 아니었지만 매우 인상적인 표차였다. "우리가 저들을 납작하게 만들었어!"라고 소리친 사람은 태프트가 아니라 루즈벨트

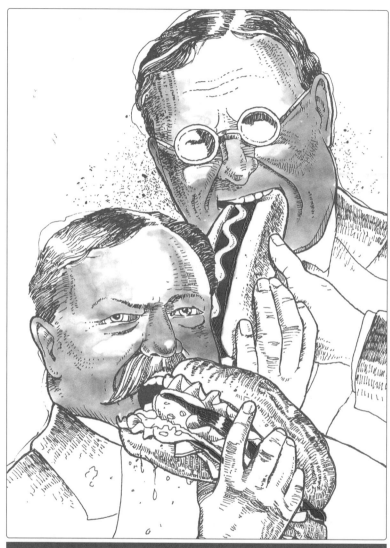

두 사람의 합계 체중이 536파운드였던 태프트와 셔먼은
미국 역사상 가장 무거운 정·부통령 후보였다.

였다. 새 대통령 당선자는 선거결과가 발표되자 곧장 핫 스프링으로 가

골프를 쳤다. 선거가 끝난 후 그가 공개석상에서 한 첫 번째 발언은 무엇

이었을까? "나는 간밤에 잠을 자면서 정말로 위대한 일을 해냈어"였다.

　　이번 선거는 윌리엄 브라이언이 대통령 후보로 나선 마지막 선거였다. 그러나 그는 다른 방법으로 계속하여 미국에 영향을 끼치게 된다. 그는 우드로 윌슨 행정부에서 국무 장관으로서 한몫을 하게 되고 후에는 '스코프스 원숭이 재판'(Scopes Monkey Trial)[32]에서 다윈주의[와 클레런스 대로우(Clarence Darrow)]를 공격하는 십자군 역할을 한다.

　　테디가 가장 잘 알아 시어도어 루즈벨트는 태프트를 대통령으로 만들기 위해 수많은 편지를 보내 사려 깊은 충고를 하는 등 세밀한 것까지 연출했다. 그는 한 편지에서 이렇게 썼다. "선거참모들이 자네의 낚시와 골프 취미에 관해서는 한마디도 흘리지 않도록 철저한 대책을 세워주기 바라네." 어떤 편지에서는 "미국인들은 선거운동을 진지한 사업으로 생각하네. 자네의 본성은 자네가 웃을 때 분명하게 드러나니까 청중들에게 항상 웃는 모습을 보여주도록 하게 … 덩치 크고 상냥하며 쾌활한 친구여"라고 썼다. 또한 그는 태프트의 참모들에게 거구인 대통령 후보가 말을 타게 해서는 안 된다고 질책하였다. "후보에게는 위험하고 말한테는 잔인한 짓이야."

　　태프트를 당선시키기 위한 일자리 1908년의 선거에서 사업가들은 물론 공화당 편이었고 그들은 누구 편에 서 있는지 숨기려 하지 않았다. 뉴욕 센트럴 철도회사 부사장은 2,500량의 객차와 화물차를 (필요한지를 따지지 말고) 수리하라는 지시를 내렸다. 수많은 사람들에게 일자리를 주어 경제가 잘 돌아가고 있는 것처럼 보여주기 위해서였다. 중서부지역의 한 보험회사 사장은 2천 명의 보험 외판사원들이 보험가입 권유를 할 때 태프트에 대해 우호적인 말 한마디씩 대화 중에 슬쩍 끼워넣도록 하라는 지시를 내렸다. 미주리의 한 철강회사 회장은 태프트에게 표를 몰아주기 위해 선거일 직전에 4백 명을 추가로 직원명부에 올리도록 했다는 얘기를 들려주었다.

유니태리언 교도로서의 부담 유니태리언[33]—많은 미국인들이 이 교단을 종교로 인정하지 않았다—교도였던 태프트는 민주당계뿐만 아니라 공화당계 종교신문들로부터 공격을 받았다. "예수 그리스도는 하나님의 아들이란 사실을 믿지 않으며 우리의 구세주를 사생아요 교활한 사기꾼으로 보는 인물이 미국의 대통령이 된다고 생각해 보라!" 중서부지역의 한 신문 사설이 이렇게 아우성쳤다.

태프트의 신앙이 이슈가 되자 루즈벨트는 그와 함께 유니태리언 교회의 예배에 참석하였다. 루즈벨트는 그 이유를 이렇게 설명했다. "나를 지지하는 진실하지만 좀 무지한 개신교도들의 관심을 끌 수 있으니까."

덕분에 태프트는 자신의 신앙에 관해 변명하지 않아도 되었다. "미국 시민들이 유니태리언 교도를 대통령으로 뽑지 않을 만큼 편협하다면 그래도 좋다. 나는 내 신앙을 부끄러워하지 않으니까." 태프트가 한 말이다.

1912

우드로 윌슨

★★★★★★★★★★★ vs. ★★★★★★★★★★★

시어도어 루즈벨트

★★★★★★★★★★★ vs. ★★★★★★★★★★★

윌리엄 태프트

"태프트는 멍텅구리야 … 머리가 기니아의 돼지 수준이야!"

– 시어도어 루즈벨트 –

혼탁도 ★ ★ ★ ★ ★ ★ ★ ★ ★ ★
　　　1 2 3 4 5 6 7 8 9 10

그로브 클리블랜드가 한 차례 건너뛰어서 두 임기 동안 대통령이 된 것을 제외하면 1860년 이후로 공화당 후보가 44년이란 긴 기간 동안 백악관의 주인공이었던 것은 놀라운 일이라 하지 않을 수 없다. 그러나 세상은 변하고 있었고, 특히 공화당은 선거를 앞두고 말 그대로 당이 쪼개져 버리는 가혹한 경험을 하게 된다.

1908년 선거에서 태프트가 승리한 후 루즈벨트는 아프리카로 가 대규모의 사냥에 몰두한다(전임 대통령 혼자서만 해도 9마리의 사자, 8마리의 코끼리, 20마리의 얼룩말, 7마리의 기린, 6마리의 물소를 죽였다).

진보적 공화당원들에게는 아프리카뿐만 아니라 미국 내에도 눈앞에 커다란 사냥감이 기다리고 있었다. 그 사냥감은 바로 윌리엄 하워드 태프트였다. 신임 대통령은 전임자보다 더 보수적이었고, 취임하자 얼마 되지 않아 대기업의 손아귀에서 벗어날 수 없다는 것을 알아차렸다. 진보파는 태프트가 배신했다고 불평했고, 태프트는 루즈벨트에게 보낸 한 편지에서 애처로운 넋두리를 늘어놓았다. "내가 대통령 자리를 맡은 후 1년 3개월이 됐는데 그동안 너무 힘들었소."

이전의 스승은 이제는 더 이상 이상적인 친구가 아니었다. 1910년에 미국으로 돌아오자마자 루즈벨트의 주위에는 진보파 공화당원들이 둘러싸고 대통령선거에 나서라고 부추기기 시작했다. 그를 설득하는 데는 많은 시간이 필요하지 않았다. 루즈벨트는 태프트의 정책을 공격하고 그를 "대기업 보스들과 … 거대한 특권층 이익"의 볼모가 되었다고 비난했다. 태프트는 절친한 친구라고 생각했던 사람으로부터 이처럼 맹렬한 공격을 받게 되자 기절할 지경이었다(태프트는 그때까지도 루즈벨트를 지칭할 때는 '대통령'이라고 불렀다). 그는 참모에게 이렇게 말했다. "대통령이 원하는 게 뭔지 알기만 하면 그대로 할 텐데 … ."

1912년 2월이 되자 루즈벨트가 원하는 것이 무엇인지 분명해졌다. 그는 당의 대통령 후보 지명전에 나서겠다고 선언했다. "나는 링 위에 모자를 벗어 던졌다! 싸움은 시작되었고, 나는 웃통을 벗었다!" (루즈벨트는 의도하지는 않았지만 신조어를 만들어냈다.)

태프트도 복싱에 비유하여 자신의 답변을 내놓았다. "나는 시어도어 루즈벨트와 붙고 싶지 않지만 상대 코너에서 몸을 흔들고 나온다면 … 나는 잘 싸우는 사람은 아니지만 한번 붙어보겠다. 몸속에 피가 흐르는 사람이라면 … 싸우지 않을 수 없다."

당시 몇몇 주에서는 이미 대의원을 뽑는 예비선거 제도를 시행하고 있었는데, 이것은 순전히 형식적인 절차였고 대의원들은 단순히 당의 실력자들이 선정한 인물에게 표를 던질 뿐이었다. 1912년의 선거를 치르면서 모든 것이 변했다. 처음으로 경선을 통해 대통령 후보를 선출하는 정당 예비선거가 벌어졌고, 이 선거에서 루즈벨트는 강력한 영향력과 카리스마를 이용해 9개 주에서 태프트를 꺾었고 태프트는 한 주에서만 이겼다. 루즈벨트는 심지어 태프트의 출신 주인 오하이오에서도 이겼다. 6월의 공화당 전당대회가 다가오자 루즈벨트의 이름이 전국의 신문을 덮기 시작했고, 대중들의 입에서는 백악관에 조용히 머물고 있던 태프트보다는 그의 이름이 훨씬 더 많이 오르내렸다.

오늘날의 정교하게 연출되는 전당대회에 익숙한 우리의 감각으로는 1912년에 벌어진 난장판 같은 전당대회를 이해하기란 어려울 것이다. 그러나 대회 첫날 루즈벨트가 맥고모자를 쓰고 시가를 피우며 단상으로 올라가 대통령을 손가락으로 가리키며 "저 구석에 앉아 있는 변절자"라고 부른 것을 생각해 보면 지난 백 년 동안에 엄청나게 많은 것이 바뀌었음을 분명하게 느낄 수 있을 것이다.

막후에서는 더 많은 난장판이 벌어졌다. 예비선거에서 루즈벨트가 확보한 대의원수는 과반수를 넘지 못했고, 태프트를 밀던 당의 실력자들이 공화당 전국위원회를 지배하면서 예비선거를 치르지 않던 과반이 넘는 주에서 대의원들을 끌어모아 태프트를 지지하도록 했다. 골방에서 이루어진 타협과 매수를 통해 그들은 또한 남부 주들로부터 200명에서 300명 가량의 대의원을 매수하였다. 남부 주들은 전국 선거에서 민주당을 지지하게 되지만 특혜와 현금을 바라고 공화당 대의원들을 만들어냈다.

태프트의 참모들이 남부 대의원들을 투표장에 입장시키자 루즈벨트와 그의 참모들은 그들의 자격에 대해 거듭하여 이의를 제기했으나 이의는 기각되었고, 그러자 진보파는 자신들이 "다림질당하고 있다"(이 말도 1912년에 만들어진 신조어이다)고 아우성쳤다. 양쪽의 대립이 너무나 첨예하여 경찰이 투입되고 단상 주위에는 철조망이 쳐졌다. 태프트가 561 : 107로 이기자 루즈벨트와 그의 지지자들은 결국 대회장을 뛰쳐나왔다. 그들은 사회운동가, 개혁운동가, 여성운동가, 주류 공화당에 불만을 품은 공화당원들을 모조리 끌어모아 독립적인 새로운 정당을 만들었다. 그들은 스스로를 '진보당'(Progressive Party)이라고 불렀지만 대중들에게는 "수사슴당"(Bull Moose Party)이라고 알려졌다. 루즈벨트가 "나는 수사슴처럼 튼튼하다!"고 큰소리쳤기 때문이었다.

이리하여 지난 반세기 동안 승승장구해 오던 정당이 두 조각으로 갈라졌다. 이런 처방으로는 도저히 선거에서 이길 수가 없었다. 간단하게 산술적으로만 계산해 보더라도 민주당이 약 45%에 이르는 전국 유권자의 표를 확보하고 있었다. 한 관측자가 말했듯이 루즈벨트와 태프트 둘을 놓고 보자면 "유일한 관심거리는 누가 장례식용 꽃다발을 받을 것인가?"였다.

공화당 : 윌리엄 하워드 태프트 태프트는 공격을 제대로 감당하지 못했다. 그는 지지자를 끌어모으기 위해 루즈벨트를 "파괴적인 급진주의자", 심지어 (당시 정신과 의사들 사이에서 유행어처럼 쓰이던) "신경증환자"라고 공격했지만 아내에게 보낸 편지에서는 "때로 후보문제만 생각하면 포기해 버리는 게 낫겠다는 생각이 드오. 이 나라에는 나를 좋아하지 않는 사람이 너무 많은 것 같소"라고 참담한 심경을 토로하였다.

태프트의 러닝메이트는 부통령이던 제임스 셔먼(James Sherman)이었다. 이 불행한 부통령 후보는 선거일이 되기 전에 사망했다. 컬럼비아 대학의 총장 니콜라스 머레이(Nicholas Murray)가 교체후보가 되었는데, 그는 태프트가 선거에 이기지 않는다는 조건으로 부통령 후보를 수락했다.

진보(수사슴)당 : 시어도어 루즈벨트 루즈벨트는 1904년에 다시는 대통령이 되지 않겠다는 약속을 발표하는 대실책을 범했기 때문에 공격과 비난에 대비한 방패를 만들어두어야 했다. 그는 유권자들에게 자신이 한 약속의 의미는 3기를 연임하지 않겠다는 것이라고 변명했다. 이런 구차스런 변명에도 불구하고 루즈벨트는 여전히 미국인들에게 큰 인기를 얻고 있었다. 만약에 그가 태프트를 물리치고 후보에 지명되었더라면 유권자 직접투표에서 이겼을 가능성이 높다. 루즈벨트는 캘리포니아 주지사 하이럼 존슨(Hiram Johnson)을 러닝메이트로 골랐다.

민주당 : 우드로 윌슨(Woodrow Wilson) 공화당의 난장판 전당대회가 있은 직후 볼티모어에서 열린 민주당 전당대회는 미주리 출신 하원의장인 "챔프" 클라크("Champ" Clark)와 전혀 새로운 타입의 민주당

원 우드로 윌슨의 접전으로 시작되었다. 윌슨은 프린스턴 대학의 총장을 지냈고, 현직 뉴저지 주지사이며 수줍음이 많으면서도 잘 생기고 야망이 큰 인물이었다. 그는 윌리엄 제닝스 브라이언의 산물이었다. 그는 대중 주의자는 아니었지만 자유주의적이고 진보적인 민주당원의 전형이었다.

윌슨은 46번째 투표에서 후보로 지명되었다. 그가 후보로 지명될 수 있었던 부분적인 이유는 챔프 클라크가 특허약품을 제조한 회사에 감사장을 써주는 우둔한 짓을 한 적이 있기 때문이었다(클라크는 감사장에다 이렇게 썼다. "내 몸속의 모든 기관이 흐트러진 것 같은 상태에서 '일렉트릭 비터' 세 병을 마시자 금방 나았습니다).

일찍이 학자였던 윌슨은 후보에 지명되고 나서도 지나치게 기쁜 기색을 내보이지 않았다. "기뻐하기에는 앞에 놓인 책임이 너무 막중합니다." 윌슨은 이렇게 말했다. 윌슨이 선택한 부통령 후보는 인디애나 주지사 토마스 마셜(Thomas Marshall)이었는데, 그는 "이 나라가 필요로 하는 것은 정말로 질 좋은 5센트짜리 시가일세"[34]라는 빈정거림으로 역사에 이름을 남기고 있다. 이 말은 당시에도 진실이었고 지금도 그렇다.

선거전 _____

우열을 가리기 힘든 세 후보가 대통령 자리를 두고 다투게 되었다. 이런 시나리오는 미국 역사상 유례를 찾을 수가 없다. 후보의 개성이 선거판을 좌우하는 요소가 되었다. 태프트는 정직하지만 수동적이었고, 루즈벨트는 격정적이었지만 에너지가 넘쳤으며, 윌슨은 논리가 정연했지만 차가운 인물이었다.

태프트와 루즈벨트는 1912년 선거에서 치열하게 싸웠다. 당시 신문 만화

태프트는 "선두로 나서기는 어렵다는 것을 자인하고" 있으면서도 포기하지 않았다. 그는 루즈벨트를 "온갖 조작과 속임수를 동원해 … 추종자들을 선동하는 사이비 종교의 지도자 같은 사람"이라고 공격했다.

이 표현은 거칠기는 하지만 사실에 가까운 말이었다. 루즈벨트는 이렇게 외치고 다녔다. "우리는 지금 아마겟돈에서 우리의 주를 위해 싸우고 있다!" 그의 진보적인 지지자들도 거의 종교에 가까운 열정을 갖고 그를 추종했다. 루즈벨트는 "신국민주의"(New Nationalism)라는 정책을 만들고 경제를 관리하고 부패한 기업들을 감독하기 위해 정부가 보다 강력한 역할을 해야 한다고 주장했다.

우드로 윌슨은 태프트와 루즈벨트를 "이 사람이 그 사람이고 그 사람이 이 사람", 공화당이란 동전의 양면이라고 공격했으나 루즈벨트의 진보적 공약이 자신의 공약에 가깝기 때문에 사실은 (루즈벨트가) 더 큰 위협이라고 느끼고 있었다. 그래서 윌슨도 "새로운 자유"(New Freedom)라는 자신의 정책을 내놓고 독과점은 더 철저하게 통제하되 연방정부의 역할은 (루즈벨트의 정책보다) 덜 강화해야 한다고 주장했다. 또한 윌슨의 정책은 노동조합과의 협력을 중시했다.

대중에게 비쳐지는 윌슨의 모습은 전통적인 정치인들의 틀을 벗어나지 못했다. 그의 태도는 좀 뻣뻣했고, 어린 아이들에게 키스하는 것을 싫어했으며, 연설할 때는 힘찬 목소리로 하지 않아 청중들에게 확신을 심어주지 못했다. 그러나 윌슨은 자기 자신을 농담의 소재로 삼을 줄 아는 유머감각을 갖고 있었고("세상물정을 잘 모르고 근엄하며 학문을 좋아하는 교장선생 같은 사람이 미국의 대통령이 될 수 있다면 우리의 체제는 훌륭한 체제이다"), 유권자들도 그런 그에게 용기를 북돋워 주었다. 그는 많은 사람들의 귀에 거슬리고 불필요한 폭력을 유발하는 루즈벨트의 도를 더해가는 호언장담에 대한 좋은 대안으로 비쳐졌다. 선거전이 막바지에 이르자 도박사들은 5 : 1로 윌슨의 승리에 돈을 걸었다.

승자 : 우드로 윌슨 _____

뭉치면 살고 흩어지면 죽으리라. 공화당은 패배했다. 윌슨은 6,293,152표를 얻어 4,119,207표를 얻은 루즈벨트와 3,483,922표를 얻은 태프트를 이겼다. 윌슨은 직접투표의 41%밖에 얻지 못했으나 선거인단 표에서는 435표를 가져갔다(루즈벨트는 88표, 태프트는 겨우 8표였다). 루즈벨트는 미국 역사상 주요 정당의 후보보다 많은 표를 얻은 최초이자 유일한 제3당 후보였다. 그래도 그는 공화당 내의 중요한 세력으로 남을

테디 루즈벨트는 선거연설을 하기 직전 총에 맞았다.
그는 가슴에서 피가 흐르는 채로 연단에 올랐고 자신의 반대자들의 소행이라고 비난했다.

수 있었고(1912년에 다시 공화당에 합류했다), 다시는 대통령선거에 출마하
지 않았다.

★·★

음반과 활동사진 1912년 선거에서는 새로운 기술들이 등장하여 유권자와 후보 모두에게 영향을 끼쳤다. 윌슨은 작고 원시적인 녹음 스튜디오에 몇 시간씩 갇힌 채 연설했고, 사람들은 집안에 앉아 분당 78회전하는 포노그래프를 사용해 음반에 담긴 연설을 들을 수 있었다. 또한 성격이 까다로운 윌슨은 연설을 할 때면 원시적인 녹음장치를 사용하여 자신의 연설을 녹음한 후 기자들이 속필로 받아 적은 부정확한 기사 원고를 바로 잡아 주었다. 루즈벨트는 자신의 순회연설 모습을 촬영할 활동사진 기사를 고용했다.

루즈벨트가 이 촬영기사에게 붙여준 별명이 "무비"(Movie)였다. 준비된 연설이 없을 때는 무비가 촬영기를 돌리는 동안 루즈벨트는 그 앞에서 아무 의미도 없는 말들을 쏟아내면서 연설할 때처럼 손을 휘저었다. "헛간, 매끄럽다, 법원판결을 되돌려!, 『이상한 나라의 엘리스』는 훌륭한 책이다 … ." 그 시대의 무성영화 관객들에게는 그것만으로도 설득력이 있었다.

위험한 직업 대통령 후보가 되면 언제나 위험이 따랐지만 1912년은 특별히 힘든 해였다. 윌슨이 순회연설 때 타고 다니던 열차가 화물열차와 충돌하여 후보가 통상 연단으로 사용하던 객차의 뒤 승강구가 납작하게 짜부러졌다. 한번은 윌슨이 탄 포드 T 모델이 전복되어 의사들이 후보의 머리 뒤쪽을 꿰매야 했다.

루즈벨트도 대형 열차사고를 낼 뻔한 적이 있었다. 그는 열차의 기관실로 들어가 직접 열차를 전속력으로 몰아 수행하던 정치인들과 기자들을 기절초풍하게 만들었다. 그런데 최악의 순간은 이때가 아니라 10월 14일 밤 밀워키에서 찾아왔다. 연설이 시작되기 전에 존 슈랭크(John Shrank)란 사람이 루즈벨트에게로 걸어와 그의 가슴에 총을 쏘았다(슈랭크는 맥킨리의 유령이 자신에게 나타나 세 번째로 대통령이 되려는 루즈벨트를 쏘아죽이라고 했다고 진술했다).

슈랭크는 현장에서 체포되었고 놀라운 일은 그후에 벌어졌다. 루즈벨트는 예정된 대로 연설을 하겠다고 고집을 피웠다. 대통령 후보가 총상을 입은 채로 연단에 올라가 연설하는 미국 정치사에서 가장 극적인 장면이 연출된 것이다. 그는 이렇게 말했다. "친구 여러분, 조용히 하시고 내 말에 귀기울여 주십시오. 여러분들이 제대로 알고 있는지 모르겠습니다만 나는 방금 총격을 받았습니다. 그러나 수사슴을 죽이려면 그 정도로는 어림없습니다."

그리고 그는 윗주머니에서 연설 원고를 꺼냈다. 원고에서는 피가 뚝뚝 떨어졌고 청중은 공포에 휩싸였다. 총알은 갈비뼈를 부러뜨리고 멈추었고, 그렇지 않았더라면 폐를 관통할 뻔했다. 총알이 몸속에 박힌 채 루즈벨트는 그의 적들을 향해 외쳤다. "지난 3개월 동안 내게 퍼부어진 교묘한 거짓말과 비방으로 인하여 … 겁쟁이의 마음 속에 폭력의 불길이 옮겨붙은 것은 자연스러운 결과라고 할 것입니다."

그는 연설을 끝낸 후 병원으로 갔다. 의사들은 접힌 종이와 안경집, 그리고 그의 두꺼운 가슴 근육 덕분에 목숨을 건졌다고 말했다. 이로 인해 루즈벨트는 2주 동안 쉬었고 다른 후보들도 그에 대한 위로의 표시로 같은 기간 동안 선거운동을 멈추고 쉬었다.

도둑맞은 손가방 이번 선거에서 드러난 유일한 낭만적인 스캔들의 단서는 우드로 윌슨과 매력적인 이혼녀 매리 알렌 페크(Mary Allen Peck) 사이의 오랜 우정관계가 대중에게 알려진 것이었다. 민주당 쪽에서는 공화당의 선거운동원이 부정한 관계를 추측할 수 있는 편지를 찾아내 스캔들을 조작해내려고 윌슨의 손가방을 훔쳐갔다고 의심했다(그러나 증명하지는 못했다). 그런 편지는 존재하지는 않았으나 윌슨—그는 기혼자였다—은 그런 관계가 있었을지도 모른다는 여운이 담긴 말을 하였다. 그는 참모들에게 엄숙한 표정으로 이렇게 말했다. "우리 남부 사람들은 감상적인 편지를 쓰기 좋아해. 그렇지만 나와 매리 사이에는 아무 일도 없었어."

사실이 그랬는지 모른다. "그런 일은 일어날 수 없어. 행동이나 생김새가 약방 점원 같은 사람이 로미오가 될 수는 없어." 평소 야비한 표현을 아끼지 않던 루즈벨트가 한 말이다.

1916

우드로 윌슨

★ ★ ★ ★ ★ ★ ★ ★ ★ ★ VS. ★ ★ ★ ★ ★ ★ ★ ★ ★ ★

찰스 휴즈

우드로 윌슨의 초상이 들어 있는 10만 달러 금태환 지폐

우드로 윌슨의 첫 임기 동안에 의회는 수정헌법 16조를 통과시켰고, 이에 따라 누진 소득세제가 시행될 수 있게 되었다. 그런데 역사상 가장 참혹한 대규모 전쟁이 유럽에서 벌어지고 있었다. 미국인들은 이 전쟁으로부터 떨어져 있고 싶었지만 그것이 갈수록 어려워졌다. 1915년에 독일 잠수함이 영국 여객선 '루시타니아' 호를 격

침시켰고 승객 중 미국인 124명이 사망했다. 윌슨은 이 사건이 있고 나서도 다시 2년 동안 전쟁에 말려들지 않으려고 노력했으나 국내에서 높아가고 있는 반독일 히스테리를 제어할 수가 없었다.

윌슨은 전쟁에는 소극적이었으나 다른 전선에서는 적극적이고 진보적인 대통령이었다. 첫 임기 동안에 그는 미국 노동자들의 빈곤문제를 해결하기 위한 여러 가지 법안들을 지지했다. 14세 이하 아동의 고용을 금지한 '아동노동법'(Child Labor Act)이 그 중 하나이다. 새로운 고속도로와 학교 건설에 연방재정을 투입한 것도 그의 공적이다. 전쟁 중인 유럽에 높은 값으로 공산품을 팔 수 있었던 덕분에 경제도 급속하게 성장하기 시작했다. 6월에 세인트루이스에서 열린 민주당 전당대회에서 미국을 전쟁으로부터 지키겠다는 공약을 내건 윌슨이 우뢰와 같은 박수를 받으며 첫 번째 투표에서 곧바로 후보로 지명되었다. 러닝메이트(토마스 마셜)도 바뀌지 않았다.

공화당도 자신들의 "지적인" 백악관 주인을 물색했다. 대법원 판사 찰스 에반스 휴즈(Charles Evans Hughes)가 대통령 후보로 지명되었고, 시어도어 루즈벨트 밑에서 부통령을 지낸 찰스 페어뱅크스(charles Fairbanks)가 러닝메이트가 되었다. 루즈벨트는 처음에는 휴즈를 지지하는데 주저했으나—그는 전직 대법관을 "구레나룻"이 있는 윌슨이라 불렀고, 두 사람의 차이는 "면도하는 것과 하지 않는 것뿐"이라고 하였다—결국은 휴즈 편에 섰다.

선거전 윌슨은 현직 대통령이 재출마하면 선거운동을 적극적으로 하지 않는다는 구식 관습을 따랐고, 더군다나 초반에는 그럴 필요도 없었다. 민주당의 선거구호—미국 대통령선거 역사상 가장 잘 만들어진 선거구호의 하나다—는 "그가 우리를 전쟁으로부터 지켜주었다"였다.

이 구호는 아주 잘 먹혀들어 갔고, 여성 유권자의 투표권을 확대해 가고 있던 서부지역에서 더욱 그러했다(1920년의 수정헌법 19조는 여성 투표권의 전면적인 실시를 규정하고 있다). 윌슨의 지지자들은 "휴즈에게 표를 주면 전쟁에 찬성하는 것!"이라고 외쳤다. 실제로는 휴즈도 미국의 참전을 반대하고 있었다. 그러나 휴즈는 곳곳에서 루즈벨트의 보이지 않는 방해를 받고 있었다. 루즈벨트는 겉으로는 자기 당의 후보를 지원하는 순회연설을 하고 다니면서 호전적인 반독일 선동을 멈추지 않았다.

어쨌든 공화당은 몇 가지 이슈에서 윌슨에게 흠집을 낼 수 있었다. 미국인들은 평화를 원하고 있었지만 미국이 전쟁에 대비하여 세계로부터 무시당하지 않기를 바랐다. 루즈벨트가 앞장서서 윌슨이 '루시타니아 호 사건'에 적절하게 대처하지 못했고 군대를 강화하는 조치를 취하지 않았다고 비난했다. 윌슨의 개인 생활은 신앙이 깊은 미국인들이 보기에는 좋은 평판을 들을 수가 없었다. 윌슨은 아내 엘렌이 1914년에 죽자 1915년 12월에 재혼했고, 신부는 마흔 몇 살의 과부 에디스 볼링 갤트(Edith Bolling Galt)였다. 공화당은 재빨리 대통령이 엘렌이 죽기 전부터 갤트와 관계를 맺어왔다는 소문을 퍼뜨렸다. 심지어 엘렌이 이 때문에 화병으로 죽었다는 소문도 나돌았다.

승자 : 우드로 윌슨 경기는 놀랍게도 박빙의 접전이었다. 선거는 11월 7일에 치러졌다. 선거가 끝나고 동부에서부터 개표결과가 알려지기 시작했는데, 늦은 밤이 되자 휴즈가 거의 모든 주 선거인단의 표에서 앞서고 있는 것이 밝혀졌다. 캘리포니아의 선거인단 표만 가져오면 휴즈의 당선이 확정될 수 있었다. 민주당 지지 신문들은 패배를 인정했고, 공화당 지지 신문들은 첫면 머릿기사의 제목까지 뽑아놓았다. "대통령 당선자 : 찰스 에반스 휴즈." 윌슨도 가까운 친구에게 대통령이라는

막중한 책임을 벗어버릴 수 있게 되어 마음이 홀가분하다고 토로하면서
도 평소에 조심성 많은 그답게 서부로부터 개표결과가 들어오는 다음날
아침까지는 패배를 선언하지 않겠다고 말했다(서부의 개표결과 보고는 느
리기로 악명이 높았다).

　　바로 그거였다. 윌슨은 캘리포니아에서 3,800표 차이로 이겼고,
서부를 휩쓸었다. 전국적으로는 윌슨이 9,126,300표, 휴즈는 8,546,789
표였다. 패배라는 악마의 입 속에서 승리를 낚아채 낸 놀라운 일이 벌어
졌다.

1920

워렌 G. 하딩

★ ★ ★ ★ ★ ★ ★ ★ ★ ★ VS. ★ ★ ★ ★ ★ ★ ★ ★ ★ ★

제임스 콕스

"[하딩은] 존경할 만한 2류의 오하이오 출신 정치인이다."

– *New York Times* –

혼탁도 ★ ★ ★ ★ ★ ★ ★ ★ ★ ★
　　　　1　2　3　4　5　6　7　8　9　10

윌슨은 나라를 전쟁으로부터 지키겠다고 약속했으나 두 번째 취임식을 하던 1917년 무렵의 상황은 그런 약속을 지킬 수 없게 만들었다. 독일은 무제한 잠수함전을 선언한 후 상선에 대해 공격하기 시작했고, 그런 와중에 미국 상선 몇 척이 U-보트에게 격침되었다. 독일이 멕시코와 비밀협약을 맺은 사실이 밝혀지자 상황은 더 악화되었다. 협약의 주 내용은 멕시코가 추축국에 가담하는 조건으로 미국의 서남부 대부분을 멕시코에게 준다는 것이었다.

1917년 4월 윌슨은 독일에 전쟁을 선포하고 프랑스 전선으로 수천 명의 보병을 파견했다. 1914년에서 1918년까지 계속된 제1차 세계대전에서 미국은 18개월밖에 참전하지 않았으나 5만 3천 명의 미군이 전사했다. 1918년에 종전협정이 체결되었고 윌슨은 의회에 베르사이유 조약의 비준을 요청했다. 윌슨이 열망하던 '국제연맹'(League of Nations) 설립계획이 포함된 베르사이유 조약은 공화당의 반대로 비준을 거부당했다. 지친 윌슨은 뇌졸중으로 쓰러졌고, 나머지 재임기간을 부분적으로 불구인 상태로 보냈다.

전쟁이 끝나자 물가는 오르고 실업이 만연했다. 여기다가 러시아 혁명이 일어나자 미국인들의 불안은 높아갔다. 공화당이 애타게 기다리던 기회가 바로 이런 것이었다. 그들은 민생고를 해결해 준 당의 옛 이미지를 되살리고 전쟁이 있기 이전의 단순하고 좋은 시절로 돌아가자는 주장을 내놓았다.

후보

공화당 : 워런 G. 하딩 워런 하딩(Warren G. Harding)은 70년 후에 빌 클린턴이 아칸소 주에서 워싱턴으로 나오기 전까지는 역대 대통령 후보 가운데서 가장 여자를 밝힌 인물이었다. 잘 생긴 얼굴의 하딩은 이제 수적으로 무시할 수 없게 된 여성 유권자들에게 인기가 좋았다. 공화당의 실력자들은 55세의 오하이오 출신 상원의원을 후보로 지명하기로 결정한 후 그에게 사생활 가운데 대통령 자리를 차지하는 데 "결격사유"가 될 만한 요인이 없는지 물었다. 하딩은 답변을 준비하기 위해 사생활을 돌아봐야 하니 시간을 좀 달라고 요청했다. 한참을 생각한 후 하딩은 자신이 씹는 담배를 즐기며, 술을 좋아하고(이때는 금주법[35]이 통과된 직후였다), 친구의 부인과 관계를 맺고 있을 뿐만 아니라 자신보다 30세나 아래인 여성과 관계를 가져 그 사이에 법외출생 딸이 하나 있다고 답변했다.

여러분, 이게 전부요. 더 이상 숨길 게 없소…….

하딩의 러닝메이트는 그와는 극과 극인 스타일이었다. 캘빈 쿨리지(Calvin Coolidge)는 콧대가 높고 과묵한 매사추세츠 주지사였다. 자신이 부통령 후보로 지명되었다는 소식을 들은 쿨리지는 아내에게 이렇게 말했다. "내가 부통령 후보로 지명되었소." 아내가 물었다. "수락하지 않으실거죠? 그렇죠?" 쿨리지는 이렇게 대답했다. "받아들여야 할 것 같소."

민주당 : 제임스 M. 콕스 1920년에 민주당은 매우 불리한 입장이었다. 그들은 최근에 불구가 된 우드로 윌슨과 관계를 단절할 수가 없었다. 그런 짓은 쓰러진 동료를 버리는 것으로 비쳐질 것을 우려해 민

주당은 윌슨이 애착을 갖고 있던 국제연합 프로젝트를 이어가겠다는 약속을 한 제임스 콕스(James M. Cox)를 선정했다. 콕스는 오하이오 주지사이며 진보적인 신문의 편집자를 지낸 적이 있는 인물이었다. 그의 러닝메이트는 젊고 카리스마 있는 해군성 차관 프랭클린 D. 루즈벨트(Franklin D. Roosevelt)였다. 프랭클린 루즈벨트는 시어도어 루즈벨트의 먼 사촌이자 조카사위뻘이 되었다.

선거전

공화당은 하딩 같은 후보를 내세우려면 일을 재빨리 처리해야 한다는 것을 잘 알고 있었다. 그들이 한 첫 번째 일은 증거를 없애는 것이었다. 그들은 하딩의 유부녀 애인 캐리 풀턴 필립스(Carrie Fulton Philips)가 전 가족과 함께 아시아로 장기간의 무료 여행을 가도록 조치했다. 또한 그들은 일을 보다 확실하게 처리하기 위해 최근에 결혼한 하딩의 동생도 유럽여행을 떠나도록 주선했다. 동생은 가톨릭 신자와 결혼했다(보수적인 중서부지방에서는 가톨릭에 대한 부정적인 정서가 강했다).

하딩이 선거연설에서 말했듯이 이제는 "정상으로 돌아가야 할 때"였다. 연설원고 작가가 원래는 "정상상태"라는 단어를 사용하였는데 하딩은 이를 "정상성"이라고 발음했고, 한 친절한 기자가 이를 "정상"이라고 고쳐서 기사화하였다. 이후로 이 구절은 공화당의 선거구호가 되었다.

하딩 자신은 이 말이 무엇을 의미하는지 명확하게 알지는 못했으나 '정상'이란 세기가 바뀌는 전환기에 처한 미국이 추구하는 작은 촌락적 가치관이었고, 점차적으로 보수화되어 가던 나라에서는 이 구호가 강한 호소력을 갖고 있었다. 제임스 콕스는 믿을 수 없을 정도로 열심히 선거운동을 했다. 그는 36개 주를 거쳐 2만 2천 마일을 여행하며 연인원 2백여 만의 청중 앞에서 400여 차례의 연설을 했다. 그러나 그는 우드로 윌슨을 추종하고 윌슨과 마찬가지로 금주법에 반대한다는 핸디캡을 안고 있었다(하딩은 폭음을 즐겼지만 전국적인 대중의 정서를 고려하여 공개적으로는 금주법을 지지했다).

　　민주당은 하딩을 맹렬하게 공격했다. 그들은 하딩을 "허약하고, 자기 색깔이 없으며, 그저 그런 2류"라고 비하했다. 또한 그들은 하딩을 "우둔하고 조종하는 대로 움직이는 자동인형, 꼭두각시"라고 비난했다. 그가 대통령 후보가 된 것은 "피그미 같은 상원의원들의 음모의 일부분"이며, 그는 "나약하고 겁이 많은 정치인"이라고 공격했다. 그런데 아무 것도 먹혀들지 않았다. 폭음하는 습관에도 불구하고 하딩은 자신이 무엇을 하고 있는지 잘 알고 있었다. 그를 긍정적으로 평가하는 전기작가는 그를 명석한 정치인, "아무 것도 하는 일이 없을 때"는 고담준론을 즐기는 인물, 그래서 사람들에게 무위(無爲)의 즐거움이 뭔지를 알게 해주는 인물이라고 표현했다.

승자 : 워런 G. 하딩

　　1920년 가을에 역사상 처음으로 대통령선거 기간 중에 지지도 조사가 실시되었다. *Literary Digest*란 잡지사가 독자들에게 백여만 장의 우편엽서를 보내 누구에게 투표할 것인지를 물었다. 하딩이 압도적인 차이로 앞서고 있었고, 특히 여성 유권자 사이에서 선호도가 높았다. 실제 선거결과도 지지도 조사결과를 그대로 반영하고 있었다. 하딩은

16,153,115표, 콕스는 9,133,092표. 선거인단 표에서는 404 : 127이란 더 큰 차이가 나왔다.

'광란의 20년대'[36]는 좋은 시절을 즐길 줄 아는 대통령이 조타수 자리에 앉는 것으로부터 시작했다.

★·★

광고 전문가의 부상 앨버트 래스커(Albert Lasker)가 하딩의 선거운동을 컨설팅해 주는 계약서에 서명함으로써 선거운동의 매뉴얼이 완전히 새롭게 씌어졌다. 래스커는 시카고의 광고 홍보회사 사장으로 진정한 의미에서 혁신가였다. 그는 하딩을 위한 대규모 PR전을 조직하고 영화, 라디오 방송, 사진, 신문, 잡지를 총동원했다. 래스커가 고안해낸 표제들 가운데서 몇 가지 예를 들어보자.

"미국 최고!"

"독립은 독립을 의미한다, 지금이나 1776년이나."

"주저함은 던져버려!"

"이 나라는 영원히 미국적인 나라이고 다음 대통령도 영원히 미국적이어야 한다."

지금 우리에게 이런 말을 하면 정신 나간 사람 소리로 듣겠지만 불확실한 세계에서 점점 더 고립감을 느끼고 있던 1920년대의 미국인들에게는 말이 되는 얘기였다.

지금도 그렇지만 당시에도 영화배우들이 인기가 있었다. 래스커는 하딩이 매리언(오하이오)의 고향집에서 할리우드 스타들에게 둘러싸인 모습을 연출했다. 앨고어가 숀 펜과 수잔 서랜던과 친한 친구가 되기 훨씬 전에 뉴스 영화 카메라는 알 존슨(Al Johnson), 릴리언 러셀(Lilian Russel), 더글러스 페어뱅크스(Douglas Fairbanks), 매리 픽포드(Mary Pickford) 같은 스타들과 어울리는 서툰 연기를 하는 하딩의 모습

하딩은 선거운동을 위해 할리우드 스타들과 어울린 첫 번째 후보였다.

을 렌즈에 담았다. 같은 카메라인데도 제임스 콕스를 찍을 때는 고집스럽고 험상궂은 얼굴로 순회연설을 하는 모습을 보여주었다. 유권자들은 어느 후보가 더 재미있는 사람인지 구분하는 데 전혀 어려움을 느끼지 않았다.

울타리를 넘어가다 하딩에게는 벽장 속에 깊이 숨겨두어야 할 치부가 너무 많아 그의 적들로서는 애써 새로운 소문을 만들어낼 필요가 없었다. 오하이오 우스터 대학의 인종차별주의자 교수 윌리엄 챈슬러(William Chancellor)가 하딩의 과거를 철저히 조사해 본 결과 대통령 후보의 조상 가운데 아프리카계 미국인이 있다는 주장을 제기했다.

『오하이오 매리언 출신의 워런 G. 하딩의 혈통』이란 제목의 책에서 챈슬러는 하딩의 고조부와 고조모가 흑인이었으며, 하딩의 아버지는 흑백혼혈이며 백인 여성과 결혼했다고 주장했다. 챈슬러는 그 증거의 일부로서 애이머스 킹(Amos king)—이 사람은 하딩의 장인이었는데 사위를 증오했다—이란 사람이 하딩이 "유색인"임을 확인해 주었다는 사실을 제시했다.

우드로 윌슨과 제임스 콕스는 이 소재를 하딩을 공격하는 데 이용하지 말라고 지시했다(그런데도 콕스가 몇 사람에게 이 얘기를 흘려주었다는 소문이 나돌았다). 대부분의 신문들도 이 소재를 다룰 것을 거부했다. 그런데 민주당이 뿌린 몇몇 전단에는 이 소재를 이용한 비방이 실렸다. 하딩 자신도 전혀 화를 내지 않았다. 마침내 한 신문기자가 하딩에게 직설적으로 질문했다. "후보께서는 니그로 피가 섞여 있습니까?" 공화당 간부들은 하딩의 답변을 듣고 놀라자빠질 지경이었다. "기자 선생, 난들 어떻게 알겠어? 내 선조 가운데 어느 분이 울타리를 넘어간 적이 있나보지."

무슨 말을 하는지 모르시겠다고? 이것저것 온갖 예를 삽입하여 길게 늘여 말하는 고풍스런 19세기식 하딩의 화법은 그를 찬양하는 사람들에게는 감탄거리였으나 비판적인 사람들에게는 지루하기 짝이 없는 말투였다. (한 예를 들어보자. "인생에서 가장 중요한 것이 무엇입니까, 나의 동포 여러분? 그것은 행복입니다. 오늘날 미국의 마을에는 지구 표면에 존재하는 다른 어떤 장소에서보다 더 많은 행복이 있습니다.") 이 연설을 들은 미국의 위대한 유머작가 멍켄(H. L. Mencken)[37]은 "빨래줄에 널린 누더기들과 젖은 행주들의 행렬, 곰팡내 나는 콩 수프, 밤새 아무 이유 없이 짖어대는 개들의 짖는 소리를 연상케 한다. 벌레가 스멀스멀 기어가듯 역겹고 암흑의 나락에서 기어나오는 듯하다"고 썼다.

1924

캘빈 쿨리지

★ ★ ★ ★ ★ ★ ★ ★ ★ ★ ★ vs. ★ ★ ★ ★ ★ ★ ★ ★ ★ ★ ★

존 데이비스

워렌 하딩은 열심히 일하고 열심히 놀았다. 늦은 밤의 포커 게임과 백악관 서재에서 젊은 정부 낸 브리튼(Nan Briton) 과의 밀회는 제1차 세계대전이 끝난 후 찾아온 위기로부터 벗어나 나라를 번영의 길로 이끌어 가려는 노력과 균형을 이루었다. 그러나 하딩은 1923년 초에 악성 인플루엔자에 걸렸고, 이 때문에 의사들은 하딩의 심장이 좋지 않다는 사실을 알아차리지 못했다. 그의 최고 혈압은 일상적으로 175를 넘나들었다.

여러 가지 스캔들이 연속적으로 터져나와 하딩 행정부를 괴롭혔다. 그 중의 하나가 재향군인 국장 찰스 포브스(Charles Forbes)가 제1차 세계대전 참전병사들에게 지급해야 할 2백만 달러를 횡령한 사건이었다 (이 사건을 폭로한 *New York Times*의 기자와 마주치자 하딩은 그의 목을 조르고 소리질렀다. "이 배신자 후레자식아!"). 하딩은 주치의의 처방에 따라 알래스카에서 휴가를 보내고 돌아오던 길에 쓰러져 1923년 8월 2일에 샌프란시스코의 한 호텔에서 숨을 거두었다.

이제 나라를 끌고가는 사람은 "조용한 캘"이라 불리던 쿨리지였다. 쿨리지는 하딩의 스캔들까지 물려받았다. 하딩 재임시에 발생한 '티팟 돔(Teapot Dome) 사건' — 정부 소유의 유전을 민간업자에게 임대해 주고 뇌물을 받은 사건 — 이 드러났다. 이 사건은 청렴함의 대명사인 쿨리지에게 그리 많은 상처를 주지는 않았다. 쿨리지는 1924년 6월에 클리블랜드에서 열린 공화당 전당대회에서 어렵지 않게 대통령 후보 지명을 받았다. 그의 러닝메이트는 당의 재정책임자이자 윌리엄 맥킨리의 젊고 똑똑한 정치참모였던 찰스 도스(Charles Dawes)였다.

뉴욕에서 열린 민주당 전당대회는 라디오로 중계되었고, 백만 명이 넘는 청취자들이 KKK 단원들이 대회기간 중 날마다 벌이는 소동을 직접 들었다. 남부와 서부의 민주당 지지자들 사이에 널리 퍼져 있었던 KKK는 그들이 주장하는 인종차별주의가 선거공약에 반영되기를 바랐다. 103차례나 되는 엄청난 투표를 거친 후(대통령 후보를 선출하는 당대회에서 이렇게 많은 투표를 한 기록은 전무후무하다) 반KKK 세력이 힘을 얻어 우드로 윌슨 밑에서 법무 차관을 지낸 존 데이비스(John W. Davis)가 후보로 지명되었다. 러닝메이트는 네브라스카 주지사이며 윌리엄 제닝스 브라이언의 동생인 찰스 브라이언(Charles Bryan)이었다.

선거전 캘빈 쿨리지로 말하자면 조용히 입 다물고 있는 게 현명하다는 것을 아는 인물이었다. 그는 기삿거리가 될 만한 얘기를 애타게 찾고 있던 기자들에게 "말 안 해서 크게 손해본 대통령 후보를 본 적이 없소"라고 말했다. 그는 나라의 당면과제가 무엇인지 묻는 질문에 이렇게 답했다. "경제요. 그 다음도 역시 경제요." 공화당의 선거구호가 쿨리지의 모든 것을 요약한 듯했다. "쿨리지와 함께 침착하게!" 이것이 선거구호였다.

존 데이비스는 기차를 타고 순회연설에 나섰지만 선거에서 이길 자신도 없었고 연설에도 열의가 없었다("나는 전국을 돌아다니며 시민들에게 내가 당선될 것이라고 외쳤다. 그러나 내가 당선될 가능성은 불구덩이 속의 눈사람만큼도 없다는 것을 알고 있었다"). 민주당은 공화당을 지지하는 26명의 대사들이 임지를 무단이탈하여 쿨리지의 선거운동을 하고 있다는 사실을 알아냈다. 그리고 쿨리지가 부통령이었을 때 한 번 연설하면 250달러의 사례금을 받는다는 사실도 알아냈다(우드로 윌슨의 부통령 찰스 마셜도 그렇게 했다. 그는 나라의 제2인자가 받는 봉급이 너무 적어 "도둑질을 하든지 아니면 사임할 수밖에 없었다"고 말했다).

미국의 선거과정에서 라디오는 계속 중요한 역할을 했다. 하딩이 죽고 나서 새로 설립된 방송위원회는 쿨리지를 찾아가 우드로 윌슨과 하딩은 순회연설을 너무 많이 다녀 건강을 해치고 결국 죽게 되었다고 말했다. 그래서 쿨리지가 방송을 잘 활용했던 것일까?

'조용한 캘'은 방송위원회의 메시지를 알아차렸다. 선거 전날 저녁에 쿨리지는 집에 머물면서 전국의 애청자들에게 라디오를 통해 연설했다. 그는 연설의 마지막에 전 국민을 향해 매우 평민적인 저녁 인사를 전했다. "… 버몬트의 농장에서 이 방송을 듣고 계실 나의 아버지를 포함한 모든 분들께 저녁 인사를 드립니다."

승자 : 캘빈 쿨리지 미국인들은 쿨리지의 방송연설에 몰두했다. 캘빈 쿨리지는 15,719,921표를 얻어 미국의 30대 대통령으로 당선되었다. 존 데이비스는 8,386,704표를 얻었다. 득표율은 거의 2 : 1이었다. 대

법원 판사 올리브 웬델 홈스(Oliver Wendell Holms)가 당시 미국 시민들의 마음을 가장 잘 요약한 말을 남겼다. "[쿨리지에게서] 놀랄 만한 일이 생길 거라고 기대하지 않았던 만큼 놀랄 만한 일이 생기지 않기를 바란다."

1928

허버트 후버

★ ★ ★ ★ ★ ★ ★ ★ ★ ★ VS. ★ ★ ★ ★ ★ ★ ★ ★ ★ ★

알 스미스

"바티칸은 교황이 이곳으로 이사오겠다는 제안을 하였다."

– 공화당계 신문의 머릿기사 –

혼탁도 ★ ★ ★ ★ ★ ★ ★ ★ ★ ★
       1 2 3 4 5 6 7 8 9 10

공화당은 가톨릭 신자인 알 스미스가 교황과 비밀협정을 맺었다고 경고했다.
또 홀랜드 터널[38] 안에는 바티칸으로 통하는 비밀통로가 있다고 주장했다.

1927년 8월 2일 사우스다코타 블랙 힐에 있는 "여름 백악관"
에서 휴가를 보내고 있던 캘빈 쿨리지는 집 밖에서 기다리고
있던 기자들에게 다가와 메모지 한 장을 건네주었다. 메모에는 이렇게

씌어 있었다. "나는 1928년 대통령선거에 출마하지 않기로 결정했습니다." '조용한 캘'은 질문을 받지 않고 집안으로 들어가 버렸다. 그는 그렇게 백악관을 나와버렸다.

쿨리지가 왜 이런 결정을 했는지 아무도 짐작하지 못했다. 경제는 급속하게 발전하고 있었고 대통령 자신도 과묵함과 여러 가지 기행에도 불구하고(또는 그 때문에) 대중적인 인기가 높았다. 1924년에 아들이 혈액오염으로 죽은 슬픔에서 아직 벗어나지 못했었을 수도 있다. 아니면 아내가 쿨리지에게 "아빠가 그러는데 경기불황이 올거래요"라고 했다는데 그 때문이었을 수도 있다.

이유가 무엇이든 그가 출마하지 않기로 한 결정은 어느 역사학자가 말했듯이 "미국 역사상 가장 혐오스러운 광경"이 벌어질 선거판을 마련해 주었다.

후보

공화당 : 허버트 후버 훗날 허버트 후버(Herbert Hoover)는 미국 역사상 최악의 경제위기가 닥쳐왔을 때 아무 것도 하지 않은 대통령이란 평가를 받게 되지만 1928년에는 기대를 한몸에 받은 후보였다. 그는 상무성 장관을 지냈고 자수성가한 백만장자였으며, 제1차 세계대전 중과 종전 후에 굶주리는 유럽 사람들에게 인도적인 지원활동을 하는 민간단체를 조직하고 주도적인 역할을 함으로써 명성을 얻었다. 그런 반면에 그는 가장 거만하고 잘난 체하며 기계처럼 냉정한 대통령 후보 중 한 사람이었다. 어느 정도였느냐 하면 공화당은 신문에 "후버, 그는 인간적이다"라는 머릿기사가 나오도록 공작을 해야 했다.

　　민주당 : 알 스미스 알 스미스(Al Smith)는 후버와는 정반대의 인물이었다. 그는 뉴욕의 태머니에서 나고 자란 사람이었다. 스미스는 사람들을 만나 몸으로 부닥치기를 좋아했다. 1928년 선거에 출마하기 전에 그는 뉴욕 주지사를 네 번이나 역임한 데다 전국적으로 추종자가 많았고, 전도유망한 정계 스타들의 지지도 받고 있었다. 프랭클린 루즈벨트와 그의 아내 엘리노어 루즈벨트도 그런 지지자 가운데 한 사람이었다. 그런데 알은 두 가지 문제, 그것도 큰 문제를 갖고 있었다. 하나는 금주법의 폐지를 지지하고 있다는 것이고, 다른 하나는 최초의 가톨릭 신자 대통령 후보라는 것이었다.

선거전

　　1928년의 선거에서는 어느 당도 돈 때문에 고통받지는 않았고, 그래서 선거는 혼탁해졌다. 공화당은 940만 달러를 썼고 민주당도 710만 달러를 썼다(민주당은 라디오 방송에 50만 달러를 사용했는데, 이는 계산해 보면 대서양에서 태평양까지 중계하는 데 시간당 만 달러를 사용한 셈이다).

　　공화당의 광고는 미국인들이 바라고 있던 풍요로움을 내세웠다. "후버가 행복이라면 스미스는 수프만 먹는 집이다." 더 효과적인 광고는 "모든 냄비에 닭고기를, 후버에게 표를!"이었다. 공화당이 뿌린 한 팸플릿에 적혀 있었듯이 메시지는 "실업과 빈곤의 참상에 대항하기 위해 표를 던지라"는 것이었다.

　　후버의 선거참모들은 그의 냉정한 이미지를 완화하기 위해 큰 개와 함께 노는 후버의 영상을 자주 내보냈다. 그런데 일상생활에서 후버는 언제나 정장을 하고 목깃이 빳빳한 셔츠를 입었으며, 연설할 때는 원고를 기계처럼 단조로운 목소리로 읽어내려 갔다(후버는 이런 말을 한 적이 있었다. "나도 그렇게 많은 연설을 할 수 있으면 좋겠다. 나도 그토록 할 말이 많았으면 좋겠다"). 인터뷰를 할 때면 그는 질문한 내용 이외에는 부연설명을 하지 않았고, 인터뷰가 끝나면 질문자를 멍하니 바라보았다. 그와 인터뷰한 어떤 기자는 그런 모습이 "망가진 기계와 같았다"고 표현했다.

후버는 현명하게도 말솜씨가 현란한 그의 적수 스미스와의 논쟁을 피하고—심지어 상대 후보의 이름조차 언급하지 않았다—자신을 성공한 기업인으로서 국가를 효율적인 기업처럼 운영할 인물로 부각시켰다.

선거전은 구역질나는 상황으로 변했다. KKK는 여전히 중요한 정치세력으로 남아 있었고, 어떤 역사학자의 추정에 의하면 당시 2백만에서 4백만의 회원을 갖고 있었다. 스미스가 서부로 순회연설을 떠나자 그가 탄 열차가 지나가는 곳곳의 언덕에 불타는 십자가가 세워졌고 다이너마이트가 폭발하는 소리가 대평원에 메아리쳤다. KKK단원과 다른 광신자 집단이 무지한 유권자들에게 스미스는 교황에게 충성을 바치기로 맹세한 가톨릭 신자이므로 미국을 "가톨릭 국가로 만들어 파멸시킬 것"이라고 비방했다. 개신교 목사들은 설교를 통해 신자들에게 스미스가 대통령이 되면 가톨릭 의식을 거치지 않은 모든 결혼은 무효가 될 것이며, 그런 결혼을 통해서 태어난 아이들은 모두 사생아로 선포될 것이라고 선동했다. 심지어 알 스미스에게 투표하면 곧장 지옥으로 떨어질 것이라고 설교하는 목사들도 있었다.

후버는 공식적으로는 정적의 종교와 대통령으로서의 능력은 아무런 관계가 없다고 말했지만 후버의 아내조차도 가톨릭 신자에게 투표해서는 안 된다고 사람들에게 귓속말을 하고 다녔다. 후버의 아내와 공화당원들은 스미스가 알코올 중독자란 소문을 퍼뜨렸다. 스미스는 금주법을 폐지하거나 최소한 각 주가 독자적으로 시행 여부를 결정하게 해야 한다는 주장을 지지하고 있었으므로 이런 소문은 급속하게 퍼져나갔다. 공화당은 그를 알-코홀릭 스미스라고 조롱하였고, 술에 취해 공공장소에서 추태를 부렸다거나 술 밀매업자를 재무 장관으로 이미 내정해 놓았다고 주장했다.

스미스는 사실은 술을 마실 때 절도를 지켰고, 저녁이면 법이 허용하는 금주법 시행 이전부터 소유하고 있던 술을 이용해 칵테일 한두 잔을 마시는 정도였다. 그런데 우리가 익숙하게 보아왔던 바이지만 대통령선거에서 진실이 상황을 결정하는 경우는 거의 없다.

승자 : 허버트 후버

허버트 후버는 압도적인 표차로 승리했는데, 통상적으로 민주당을 지지해 왔던 남부에서도 5개 주에서 이겼다. 후버 21,437,227표, 스미스 15,007,698표. 뉴욕에서는 스미스가 선거가 끝난 다음날 교황에게 딱 한 줄로 된 전보를 쳤다는 우스갯소리가 유행했다. 가로되, "짐 푸세요!"

★ · ★ · ★ · ★ · ★ · ★ · ★ · ★ · ★ · ★ · ★ · ★ · ★ · ★ · ★ · ★ · ★ · ★ · ★

반(反)가톨릭 비방은 얼마나 악랄했나? 이런 유언비어를 한번 되새겨 보시라—선거운동이 진행되고 있을 때 뉴욕의 홀랜드 터널이 완공되었다. 알 스미스가 터널 입구에 서서 이 터널은 대서양 밑으로 3,500마일을 뚫고 지나가 (바티칸이 있는) 로마에 이른다고 소리쳤다 … 공화당은 그런 만화를 그려 유포시켰다.

플로리다 데이토나 비치의 한 학교 운영위원회는 모든 학생의 급식판에 다음과 같은 글귀가 적힌 종이를 붙이게 하였다. "우리는 알프레드 E. 스미스가 대통령이 되는 것을 막아야 한다. 그가 대통령이 되면 성경을 읽거나 소유하는 것이 금지될 것이다."

1928년 여름 동안에는 다음과 같은 아름다운 시가 적힌 전단지가 뉴욕 주 북부지방에 나돌았다.

> 가톨릭이 미국을 지배하면
> 유대인의 얼굴에 기독교인의 코가 자라나면
> 교황 피우스가 KKK의 우두머리가 되면
> 엉클 샘의 나라에서
> 알 스미스가 우리의 대통령이 되리
> 그런 나라는 지옥에나 떨어져라.

베이브 루스 운 좋게도 당대 미국 최고의 스포츠 영웅 베이브 루스(Babe Ruth)가 스미스를 지지했다. 1928년 세인트루이스에서 열린 월드 시리즈 야구 결승에서 뉴욕 양키즈가 홈팀인 세인트루이스 카디널즈를 꺾었다. 뉴욕으로 돌아가던 베이브 루스는 양키즈 선수들과 함께 스미스의 선거운동 열차에 동승했다. 유감스럽게도 베이브 루스는 그렇게 믿을 만한 대변인은 못 되었다. 그는 가끔씩 속옷 바람으로 한 손에는 맥주잔을 들고 다른 손에는 돼지갈비를 든 채 사람들 앞에 나타났다. 그런데 더 나쁜 것은 베이브 루스는 스미스를 추켜세우는 얘기를 하다가 상대가 동의하지 않으면 욕설을 퍼부었다. "그게 당신 생각이라면 지옥에나 떨어져!" 그리고는 비틀거리며 열차 안으로 돌아갔다.

누드화와 사냥개 경주? 혐오스러워라! 스미스의 신앙을 공격하는 일에 싫증이 난 사람들은 다음으로 풍성한 독설의 장으로 옮겨갔다. 한 개신교 목사는 스미스가 춤을 좋아한다고 악담을 퍼붓고 스미스가 좋아한다는 저속한 춤의 종류를 열거했다. "버니 허그, 터키 트로트, 헤지테이션, 탱고, 텍사스 토미, '꼭 껴안아 주세요', 폭스 트로트, 쉬미 댄스, … 그리고 스컹크 월츠." 어떤 목사는 스미스가 "카드놀이, 칵테일 마시기, 푸들 강아지, 이혼남, 소설, 통풍이 잘 안 되는 방, 진화론 … 누드화, 상금 걸린 격투, 배우들, 사냥개 경주, 모더니즘"에 빠져 있다고 주장했다.

스미스 씨 부부 알 스미스와 아내 케이트는 뉴욕 시 이스트사이드의 태머니 제4구역에서 성장했다. 그곳은 가난한 사람들이 사는 동네였다. 두 사람은 서로 깊이 사랑했으나 케이트는 세련미와는 거리가 먼 여자였다. 1928년의 선거운동 기간 동안 케이트는 노골적인 반아일랜드 편견을 가진 공화당 부녀들의 공격대상이 되었다. 그들은 케이트가 퍼스트 레이디가 되면 백악관에는 "소금에 절인 쇠고기, 양배추, 집에서 담근 맥주" 냄새가 진동할 것이라고 조롱했다. 공화당 전국위원회 부녀위원 플로렌스 그리즈월드는 한 연설에서 케이트를 두고 이렇게 조롱했다. "귀족적인 외국 대사가 그 여자에게 '멋진 가운을 입은 모습이 정말 아름다우십니다'라고 말하는데 그 여자의 대답은 '너무 길어서 무슨 말인지 못 알아듣겠군요'라고 대답합니다. 여러분은 이런 상황을 상상이나 할 수 있습니까!" 청중들은 환호성을 질렀다.

라디오 1928년이 되자 NBC (National Broadcasting Company)와 CBS (Columbia Broadcasting Company)의 라디오 방송망이 전국으로 퍼졌다. 이제 중요한 정치적 연설은 4천만의 청취자에게 전달될 수 있게 된 것이다.

순회연설로 말하자면 허버트 후버는 알 스미스에 비하자면 솜씨가 형편없었으나 방송 스튜디오에서는 훨씬 나았다. 스튜디오 안에서는 소리의 왜곡을 막고 외부 소음을 차단하기 위해 커다란 '파이' 마이크로폰에서 정확하게 10인치 떨어진 곳에 스피커가 움직이지 않게 놓여 있었다(후버는 그래도 이런 분위기를 좋아하지 않았다. 어떤 사람이 방송연설을 할 때 스릴을 느끼냐고 묻자 그는 신경질적으로 대답했다. "그래, 문고리를 대상으로 리허설할 때와 꼭 같은 스릴을 느껴!")

스미스는 직접 청중들 앞에서 연설할 때 뛰어난 솜씨를 보였으나 방송연설에서는 이것이 약점이 되었다. 스튜디오 안에서는 아무리 노력해도 단상에서 움직이며 연설하던 습성을 버릴 수 없었고, 그러다 보니 그의 목소리는 가까워졌다 멀어졌다를 반복하였다. 그의 강한 뉴욕 액센트(radio는 radeeo로, first는 foist로 발음한다)도 농촌지역의 청취자들에게는 거부감을 주었다. 양당의 선거운동 전략가들은 이번 선거의 경험을 앞으로 있을 선거에서 충분히 활용하게 된다.

1932

프랭클린 D. 루즈벨트

★ ★ ★ ★ ★ ★ ★ ★ ★ ★ ★ vs. ★ ★ ★ ★ ★ ★ ★ ★ ★ ★ ★

허버트 후버

4년 동안 얼마나 큰 변화가 생겨날 수 있을까? 1929년 주식시장이 붕괴하자 미국은 지금까지 경험한 것 중 최악의 경제 위기인 대공황 시대로 접어들었다. 1931년 한 해에만 은행 2천3백 곳이 무너졌다. 1932년이 되자 30만 명의 아동들이 파산한 학교제도 밖으로 밀려났다. 대공황은 꾸준히 진행되어 수백만 명의 미국인들이 일자리를 잃었다. 후버란 이름은 절망과 빈곤의 동의어가 되었다. 후버빌(Hoover-villes)은 판자촌을 의미했고, 후버 담요는 노숙자들이 덮는 신문지를 가리켰으며, 후버 풀먼(Hoover Pullman)³⁹은 (어떤 통계에 의하면 20만 명의) 굶주린 미국인들이 일자리를 찾아 전국을 떠돌 때 무임승차하던 유개화차를 일컫는 말이었다.

상황이 얼마나 나빴는지 알려면 *Time* 잡지가 후버를 "부인(否認)

취임식장으로 향하는 루즈벨트 내외. 1933.

대통령"(President Reject)이라고 불렀음을 보면 알 수 있다. 공화당은 그런 대통령 때문에 곤경에 빠졌다. 후버는 심지어 마리 앙또와네뜨 식의 발언도 서슴지 않았다. "많은 사람들이 일자리를 버린 것은 수입이 더 좋은 사과 파는 일을 하기 위해서이다." 후버의 부통령 찰스 커티스(Charles Curtis) [40] 는 72세였고, 그가 명성을 얻은 주요한 이유는 '미국 원주민' 혈통이라는 것이었다. 그는 선거운동에 나서 연설을 하면서 연설 시작 전에 인디언 하녀로 하여금 롱펠로우의 시 「히아와다」(*Hiawatha*) [41] 를 낭송하게 하였다.

민주당은 당선 가능성이 매우 높은 후보를 갖고 있었다. 프랭클린 델라노 루즈벨트(Franklin Delano Roosevelt)는 50세의 뉴욕 주지사였다. 루즈벨트는 1921년에 소아마비를 앓아 다리를 절었으나 지치지 않는 에너지와 사람들이 듣고 싶어하는 얘기가 무엇인지 정확하게 알아내는 놀라운 정치적 재능을 가진 인물이었다. 루즈벨트의 부통령 후보 "칵투스 잭" 가너("Cactus Jack" Garner)는 텍사스 출신의 하원의장이며 술을 엄청나게 마시는 인물이었다.

선거전 1932년에는 누구든 민주당 후보가 되기만 하면 후버를 꺾을 수 있었지만 루즈벨트의 선거참모들은 잘 돌아가는 기계처럼 모든 것을 철저하게 준비했다. 루즈벨트는 라디오, 팸플릿, 연설, 편지 보내기를 통해 유권자들에게 후버가 약속—"번영이 바로 우리 앞에 와 있다",

"최악의 상황은 지나갔다"—을 지키지 않았음을 일깨워 주었다. 물론 대부분의 미국인들은 이 약속을 잊지 않고 있었고, 그래서 후버를 원망하고 있었다. 후버의 인기는 너무나 형편없어 정보기관에서 대통령이 백악관 밖으로 나오지 말라고 경고해 줄 정도였다. 유세차 들른 캔자스에서는 시민들이 선거열차를 향해 토마토를 던졌고, 철로의 못을 뽑아버린 몇 사람이 체포되는 일까지 일어났다. 디트로이트에서는 후버를 규탄하는 시위대를 폭동진압 경찰이 나서서 해산시켜야 했다(시민들의 소리에 귀를 닫은 후버는 포드사가 제공한 리무진을 타고 이 도시에 나타났다). 시민들은 후버에게 린치를 가하려고 했다. 신경이 날카로워진 후버는 참모들에게 "더 이상 못 해먹겠어!"라고 소리질렀다. 뉴욕에서의 마지막 연설 때는 군중들이 그를 에워싸고 "우리는 빵을 원한다!"고 외쳤다.

루즈벨트—대통령 후보로 지명되면 직접 나서서 수락연설을 하지 않는 그때까지의 관례를 깼다—는 전국을 돌아다니며 미국 시민을 위한 '새로운 대책'(New Deal)을 제시하여 계속 상승세를 탔다.

승자 : 프랭클린 루즈벨트 루즈벨트는 1928년 선거와는 정반대의 압승을 거두었다. 루즈벨트는 22,829,501표를 얻어 15,760,684표를 얻은 후버를 이겼고, 선거인단 수에 있어서는 472 : 59로 후버를 완파했다. 후버에게 동정적인 전기작가도 이번 선거결과를 두고 "그는 진 정도가 아니라 파문당했다"고 표현했다. 이제 미국 역사에서 강력한 새 시대가 열리게 된다.

1936

프랭클린 D. 루즈벨트

★ ★ ★ ★ ★ ★ ★ ★ ★ ★ ★ VS. ★ ★ ★ ★ ★ ★ ★ ★ ★ ★ ★

알프레드 "알프" 랜든

루즈벨트는 취임사에서 미국인이 정말로 두려워해야 할 것은 "두려워한다는 그 자체"라고 선언했다. 국가를 잠식하고 있는 공황을 물리치기 위해 필사적인 노력을 하고 있던 의회에 루즈벨트의 "두뇌집단"이 진출했다. 그는 신속하게 실직한 미국인들에게 일자리를 마련해 주기 위해 "직업안정청"(WPA : Work Project Administra-tion)을 설치했고, 실업보험과 노령보험을 제공하기 위한 "사회보장법"(Social Security Act)을 통과시켰으며, 테네시 강 유역의 홍수문제를 해결하고 전력을 생산하여 남부 7개 주에 공급하기 위해 "테네시 계곡 개발공사"(TVA : Tennessee Valley Authority)를 설립했다. 또한 도시 청년들을 농촌지역으로 보내 나무를 심고 산불 방재작업에 투입하는 "시민 자연보호 군단"(CCC : Civil Conservation Corp)을 발족시켰다.

이런 정책은 경제를 복구하는 데 즉각적인 효과를 보였으나 루즈
벨트의 정적들은 당연히 이를 비판했다. 보수주의자들은 대통령이 공산
주의에 놀아나고 있다고 생각한 반면, 진보주의자들은 "뉴딜(New Deal)
정책"이 미온적이라고 비판했다. 어쨌든 루즈벨트는 1936년에 어렵지
않게 다시 대통령 후보로 지명되었다. 그는 매주 두 번씩 집무실에서 편
안한 스타일의 기자회견을 열었고, 확신에 넘치는 목소리로 전국적인 라
디오 연설을 하는 역사상 가장 인기 있는 민주당 대통령이었다.

공화당은 인기 스타와 같은 루즈벨트에 맞서기 위해 할 수 있는
최선을 다했다. 그들은 평범한 미국인을 자처하는 캔자스 주지사 알프
랜든(Alfred "Alf" Landon)을 후보로 지명했다. 랜든은 '뉴딜정책'의 월권을
공격하는 "거룩한 십자군 전쟁"을 개시했다. 그는 '뉴딜정책'이 권력을
급격하게 워싱턴으로 집중시키고 노동자들에게 너무 많은 힘을 주고 있
다고 비난했다.

선거전 알프 랜든이 갖고 있던 문제 가운데 하나는 전혀 대통령
답지 않은 인상을 풍긴다는 것이었다. 우선 그의 이름만 해도 너무 화려
하고 경망스러운 느낌을 주었다. 공화당은 랜든의 행동거지를 교정하기
위해 테드 본(Ted Bohn)이란 영화감독을 고용했다. 이 사람은 현대적인
기법으로 정치인의 이미지를 조련한 선구자라 할 것이다. 그는 랜든에게
웃을 때 입을 너무 크게 벌리지 말고, 걸어갈 때는 화면을 장악하도록 다
른 사람보다 약간 앞서 나갈 것이며, 악수를 할 때는 자신감이 있다는 인
상을 주도록 턱을 앞으로 내밀도록 하라고 가르쳤다. 그러나 훈련은 별
효과가 없었다.

루즈벨트—그는 사석에서 랜든을 "백악관(White House)에서 살고
싶어하는 하얀 생쥐"(White Mouse)라고 불렀다—는 선거운동을 열심히

하지 않았다. 그러나 루즈벨트가 연설을 할 때는 거대한 시민의(어떤 경우에는 10만 명의) 무리가 모여들어 그의 정책에 대한 지지를 표시했다. 조급해진 공화당은 미디어 조작을 시도했다. 그들은 AP 통신사에게 랜든에 관한 기사를 내보낼 때는 그에게 "균형예산주의자"란 이름표를 붙여달라고 청탁했다(AP 통신사는 루즈벨트에게 "인도주의의 구원자"란 이름표를 붙여주어 두 후보 사이에 균형을 맞추었다).

승자 : 프랭클린 루즈벨트 공화당은 선거운동에 거의 9백만 달러를 쏟아부었으나 루즈벨트가 압승했다. 루즈벨트는 27,757,333표를 얻어 16,684,231표를 얻은 랜든을 꺾었고, 이렇게 큰 표차는 1964년 이전까지는 없었다. 그는 선거인단 수에서도 523 : 8로 승리했다.

1936년 선거에서는 앞으로 되풀이하여 등장하게 되는 추악한 속임수의 한 전형이 동원되었다. 공화당은 "기로에 선 자유"라는 제목의 강력한 라디오 광고를 준비했다. 이 광고는 혼인 신고서를 접수하는 공무원이 결혼을 앞둔 신랑에게 루즈벨트의 '뉴딜정책' 때문에 생긴 빚을 앞으로 태어날 자식들이 떠안아야 할 것임을 상기시켜 주는 내용의 단막 라디오 드라마 형식을 취하고 있었다.

"누군가 우리에게 더러운 수단(dirty deal)을 쓰고 있군. 그건 정말 비열한 속임수야." 신랑이 비통한 목소리로 말한다. 이때 비장한 목소리의 해설자가 등장한다(원고에는 "파멸의 목소리가 등장"한다고 되어 있었다). "아! 그래서 그 빚은 선조들의 죄업처럼 자손들에게 3대, 4대나 물려질 것이다."

최대 방송국인 NBC와 CBS는 실제생활에서 일어나는 정치를 "극화"하는 것은 비윤리적이라는 이유로 이 광고의 방송을 거부했지만 광고시간을 판매하기가 어려운 수많은 군소 방송국들은 주저없이 이 먹이를 물었고, 이제 6백만에 이르게 된 라디오 보유자들이 이 방송을 들었다. "기로에 선 자유"는 대중의 두려움을 드라마로 만든(한편으로는 조작한) 효시이며, 1964년의 선거에서 린든 존슨이 써먹은 악명 높은 "들국화" 광고가 그 직계후손이다.

1940

프랭클린 D. 루즈벨트

★ ★ ★ ★ ★ ★ ★ ★ ★ ★ vs. ★ ★ ★ ★ ★ ★ ★ ★ ★ ★

웬들 윌키

"길거리의 시민들이 알아내는 것은 어쩔 수 없지만
우리 쪽 발언자는 그 누구도 이 일을 입 밖에 내서는 안 된다 …
그들은 소재를 달리 활용할 수 있을 것이다.
그 여자는 지극히 매력 있는 귀여운 정부이다."

– 프랭클린 루즈벨트 대통령, 웬들 윌키의 정부에 관한 얘기가 밝혀지자 –

혼탁도 ★ ★ ★ ★ ★ ★ ★ ★ ★ ★
　　　　1　2　3　4　5　6　7　8　9　10

프 랭클린 델라노 루즈벨트 자신이 세 번째 임기를 원했을까?
물론 그렇지 않았다. 그런데 왜 루즈벨트는 견고한 전통을
깨고 워싱턴이나 제퍼슨도 시도하지 않았던 일을 했을까? 그가 비이성
적인 야망을 갖고 있었다고 주장하는 사람도 있다. 당시 미국은 새로운
지도자가 제시한 길을 따라 제대로 일어섰다. 루즈벨트는 그의 보좌관들
에게 "단호하고 분명하게" 세 번째 임기를 원하지 않는다는 뜻을 밝혔다
고 한다.

그런데 프랭클린 루즈벨트를 좀 아는 사람이라면 그가 1940년에
전례가 없는 3선에 도전하기로 마음을 굳히고 있었음을 알고 있었다.

루즈벨트 내각의 각료 가운데서 우정성 장관 짐 팔리(Jim Farley)와
부통령 존 가너가 루즈벨트의 후임자 자리를 두고 경쟁을 벌이고 있었
다. 루즈벨트는 미소를 지으며 드러나지 않게 두 사람의 계획을 방해하
고 있었다. 팔리는 두뇌회전이 빠르고 당내 파벌의 보스인 직업 정치인
이었으나 국제문제는 잘 알지 못했다. 그리고 가너는 노동자 계층에 대
해서 적대감을 갖고 있어서—그가 사업가들과 석탄광산 오너들과 벌인
"포커판에서 딴" 20만 달러가 관련이 있었을 것이다—루즈벨트의 진보
적인 정부 내에서 골칫거리가 되어 있었다.

미국은 대공황을 극복했으나 또 하나의 세계대전이 일어날 조짐
을 보이고 있었다. 1940년 봄이 되자 나치는 프랑스를 파죽지세로 점령
하고 곧 영국을 침공할 태세였고, 루즈벨트는 미국이 아직도 자신을 필
요로 하는지 숙고하고 있었다. 7월 15일에 시카고에서 전당대회가 열리
자 그는 고단수의 정치적 처신을 보여주었다. 루즈벨트는 전당대회 의장
에게 이렇게 말했다. "지금까지 그랬고 지금 이 순간에도 그렇지만 대통
령 자리에 머물 생각도 없고 그럴 계획을 세운 적도 없습니다." 그러면서

루즈벨트는 한편으로는 자신의 최측근 보좌관 헨리 홉킨스(Henry Hopkins)를 시카고로 보내 시카고 시장 에드 켈리(Ed Kelly)를 비롯한 민주당 보스들에게 은밀한 메시지를 전달했다. 첫 번째 투표에서 150명 이상의 대의원들이 자신에게 표를 몰아주면 후보지명을 받아들이겠다고 … .

다음날 저녁 전당대회 의장이 대의원들에게 루즈벨트가 후보지명을 원치 않는다는 메시지를 읽어주자 대의원들은 천지를 뒤흔드는 함성으로 루즈벨트에 대한 지지를 표시했다(이 모든 일은 켈리 시장이 사전에 준비한 비밀각본대로 진행되었다). 그 다음날 저녁에 루즈벨트는 단 한 차례 투표를 거쳐 짐 팔리와 존 가너를 따돌리고 후보로 지명되었다. 루즈벨트는 재빨리 존 가너를 내치고 농무성 장관 헨리 월리스(Henry Wallace)를 부통령 후보로 만들었다.

후보

민주당 : 프랭클린 델라노 루즈벨트 세 번째 임기에 대한 권유를 단호히 뿌리친 조지 워싱턴을 제외한다면 프랭클린 루즈벨트가 3선에 나서겠다는 마음이라도 먹어본 유일한 대통령이었다. 당시 그의 대중적 인기는 최고조에 이르렀다. 그가 "노변정담"(爐邊情談)을 통해 전하는 인간미 넘치는 얘기는 6백만의 청취자들에게 전달되었고, '뉴딜' 프로그램은 나라의 경제를 되살려놓았다.

공화당 : 웬들 윌키 웬들 윌키(Wendell Willkie)는 48세였고 1939년까지 전력회사의 최고경영자를 지낸 인물이었다. 그는 원래 민주당원이었고, 1932년에는 대의원으로서 민주당 전당대회에 참석한 적도 있었

다.[42] 한번도 선거를 통해 공직을 맡은 적이 없었으나 웬들은 헌신적이고 적극적인 스타일 때문에 강력하고 열렬한 지지자를 몰고 다니는 때 묻지 않은 정치가였다. 또한 그는 큰 키에 동작이 좀 굼뜨고 서민적인 외모에 카리스마를 가진 인물이었다. 1940년의 공화당 전당대회에서 그는 풀뿌리 시민조직의 지원을 업고 뉴욕 주 지방검사 토마스 듀이(Thomas E. Dewey)와 오하이오 출신 상원의원 로버트 태프트(Robert Taft, 그는 27대 대통령의 아들이다) 같은 노련한 선거전문가들을 물리치고 대통령 후보가 되었다.

선거전 _____

윌키는 문자 그대로 소매를 걷어붙이고 열정적인 순회연설에 나섰다. 그는 51일 동안 1만 9천 마일을 돌아다니며 5백 회 이상의 연설을 했다. 머리카락을 흩날리며 격정적으로 손을 흔들어대는 극적인 연설 매너와 거물 정치인들에 맞서는 대중적인 정치신념 덕택에 그는 언론의 호의적인 주목을 받았다. 한 연설에서 그는 이렇게 외쳤다. "보스 여러분, 나를 상처내려 하지 마십시오. 내가 여러분에게 간청하는 것은 공정한 경쟁입니다."

그는 루즈벨트를 "1인통치"를 꿈꾸는 "3선 후보"라고 공격했다. 윌키는 루즈벨트와 마찬가지로 영국을 지원하는 데는 찬성하였으나(당시 영국은 나치의 공중폭격을 받고 있었다) 좀 더 고립주의적인 정책을 지지했다. 그는 전 미국을 돌아다니며 열정적으로 "루즈벨트에게 투표하는 것은 전쟁을 지지하는 것"이라고 외쳤다. 루즈벨트는 "여러분들의 아들과 형제와 애인의 무덤에 세울 나무 십자가"를 의미했다. 링 위에서 비틀거리면서도 쓰러지지 않는 '록키'처럼 그는 루즈벨트에게 토론의 기회를 달라고 간청했다. 그는 외쳤다. 챔피언 벨트는 내거야!

당연히 민주당 선거 본부는 루즈벨트를 지친 투견과 토론을 벌이게 할 준비가 되어 있지 않았다. 선거운동 초기에 대통령은 순회연설조차도 나서지 않았다. 민주당은 윌키를 "단순하고 무식한 월스트리트의 변호사"라고 조롱했고, 그가 경영하던 전력회사가 노동자의 파업을 분쇄하기 위해 첩자를 고용했다고 비난했다. 민주당은 윌키의 고향(일리노이 주 엘우드)에는 길거리에 "니그로들은 햇볕을 쬐지 말라"는 경고문이 나붙어 있다고 주장했다. 또한 민주당은 버려진 도자기 공장 터에 있는 윌키 부친의 황폐한 묘소 사진을 담은 팸플릿을 대량으로 찍어 뿌렸다.

그러나 윌키의 열정적인 캠페인이 성과를 내기 시작했다. '미국여론연구소' 같은 초기의 여론조사 기관이 실시한 조사에서 루즈벨트가 아주 근소한 차이로 앞서고 있다는 것이 드러났다. 한 신문사가 실시한 여론조사에서는 윌키가 앞서고 있었다. 처음에는 윌키를 대수롭지 않게 평가했던 루즈벨트는 이제 윌키의 고립주의 정책을 공격하기 시작했고, 기자들에게 "이 나라에서 친윌키는 곧 친히틀러"라고 말했다. 윌키는 목이 너무 쉬어 의사를 대동하고 다니면서도 캠페인의 강도를 점점 높여 갔다. 마침내 루즈벨트도 순회연설에 나서 선거운동 기간의 마지막 주에 다섯 차례나 불을 토하듯 연설을 했다. 그는 보좌진에게 윌키가 "회전 톱을 향해 달려들고 있다는 사실을 알아차리지 못하고 있다"고 말했다.

승자 : 프랭클린 델라노 루즈벨트 _____

루즈벨트는 지금까지 맞닥뜨려 본 최강의 적수를 상대로 27,313,

041표를 얻어 22,348,480표를 얻은 윌키를 꺾었다. 상당한 표차이기는 하지만 이전에 치른 두 차례의 선거와 비교하면 썩 좋은 성적은 아니었다. 루즈벨트는 수월한 승리에 만족했다. 그러나 미국의 어떤 대통령도 경험하지 못한 가장 어려운 도전이 그를 기다리고 있었다.

★ · ★ · ★ · ★ · ★ · ★ · ★ · ★ · ★ · ★ · ★ · ★ · ★ · ★ · ★ · ★ · ★ · ★ · ★ · ★

엄청나게 좋은 (써먹지 않은) **비방자료 – 공화당 쪽** 루즈벨트 행정부의 농무부 장관 헨리 월리스는 매우 선량한 인물이었다. 그런데 이 진보적인 정치가는 몽상적이고 영적인 세계에 관심이 많았다. 루즈벨트 보좌진들의 놀라움 속에 월리스가 부통령 후보로 낙점을 받은 직후 공화당 측에서는 월리스가 니콜라이 레리흐(Nicholai Rerikh)란 러시아의 이상한 신비주의자에게 보낸 편지의 영인본 몇 통을 입수했다. 한 편지에서 월리스는 이렇게 썼다. "가끔씩이라도 아그니 요가(Agni Yoga)[43]를 혼자 조용히 읽어야 하겠습니다. 지금 우리는 새로운 시대의 원초적인 모습을 바라보고 있습니다. '위대한 존재'의 평화가 당신에게 내리기를 기원합니다."

다른 편지에서 월리스는 해독할 수 없는 단어들을 사용하여 국제문제에 관해 언급했다. "소문에 의하면 '원숭이들'이 '지배자들'과 우호적인 관계를 맺고 '주인님들의 땅'을 나누어 가지려 한답니다. '방황하는 사람'은 '원숭이들'을 크게 걱정하고 있습니다." 해석하자면 이렇다. 일본(원숭이들)이 영국(지배자들)과 만주(주인님들의 땅)를 공동분할하려 한다. 루즈벨트(방황하는 사람)는 그것을 좋아하지 않는다 … .

공화당 전국위원회 의장 조셉 마틴(Joseph W. Martin)이 민주당 쪽에 편지의 원본들은 공화당 전국위원회의 재정담당자가 소유한 은행금고 안에 보관되어 있다고 알려주었다. 그는 민주당에게 이 편지들을 공개하겠다고 협박했다. 민주당은 월리스 같은 정신이상자가 대통령의 최측근에 있다는 사실이 대중에게 알려지기를 바랐을까?

민주당은 엄청난 고민에 빠졌지만 이상하게도 웬들 윌키는 이 편지를 선거 전에 활용하지 말라는 개인적인 지시를 내렸다.

윌키에게도 자신의 '비밀'이 있었던걸까?

엄청나게 좋은 (써먹지 않은) **비방자료 – 민주당 쪽** 루즈벨트는 유부남인 웬들 윌키가 뉴욕의 작가 겸 편집자인 여자—아이리타 반 도런(Irita Van Doren)—를 정부로 두고 있다는 사실을 알고 있었다. 아이리타는 허풍이 심한 뉴욕 시장 지미 워커(Jimmy Walker)와도 한때 관계를 맺었음이 밝혀졌다. 이런 관계를 알고 화가 난 워커 시장 부인은 시장이 공식석상에 부부동반으로 나가야 할 때마다 만 달러를 자신에게 내도록 강요했다.

루즈벨트는 참모들에게 윌키의 아내도 남편의 연설에 따라서 기자들 앞에서 웃음을 지을 때마다 시장 부인처럼 돈을 받으라는 제안을 해보는 게 어떠냐는 농담을 하였다. 그러면 유권자들이 윌키의 여자 친구에 관해 알고 싶어할 텐데 ….

유권자들은 월리스의 편지에 관한 얘기도 듣지 못했고 윌키의 정부에 관한 얘기도 듣지 못했다. 루즈벨트와 윌키가 직접 얘기를 나누었다는 증거는 없다. 그렇지만 둘 사이에 모종의 합의가 이루어졌다고 생각해야 자연스럽다. 러시아의 신비주의? 암호로 씌어진 편지? 뉴욕의 정부? 그토록 치열한 선거전에서 이런 좋은 소재들을 허비한다면 그런 선거참모들은 바보일 따름이다.

인종 카드의 활용 남북전쟁이 끝난 후 흑인에게도 투표권이 주어졌으나 주로 남부지역의 주에서는 백인 우월주의자들이 재산 소유와 기타 갖가지 차별장치를 만들어 투표권의 실제 행사를 제약했다. 1930년대에 들어서자 흑인 노동운동 지도자들이 등장하고 흑인 노동자들이 노동조합을 결성하게 되자 흑인의 투표권 행사가 확대되었고, 흑인들은 루즈벨트에게 기록적으로 표를 몰아주었다. 루즈벨트는 노동자들의 친구라는 평을 들었고, 아내 엘리노어가 저명한 민권운동 지지자란 사실도 더 이상 핸디캡이 되지 않았다. 그런데 미국의 참전 가능성이 높아지자 흑인 지도자들은 제1차 세계대전 때처럼 흑인들은 취사병이나 후방 지원부대에 배치되어 백인과 같은 조건에서 용기를 증명해 보일 기회를 갖지 못하게 될까 염려했다.

엘리노어의 권유로 루즈벨트는 '전국 유색인종 지위향상협회'(National Association for the Advancement of the Colored People) 회장 윌리엄 화이트(William White)와 '침대열차 승무원 상조회' 회장 필립 랜돌프(A. Philip Randolph) 같은 흑인 지도자들을 만났다. 루즈벨트는 이들을 만나 (자신을 지지해 주면) 군대 내에서 흑인에 대한 차별대우를 없애는 데 노력할 것이란 인상을 심어주었다. 그런데 이 면담이 있은 후에 루즈벨트의 언론담당 보좌관 스티브 얼리(Steve Early)가 흑인 병사와 백인 병사를 함께 편성하지 않겠다는 발표를 했고, 더 나아가 이 방침은 루즈벨트와 면담한 화이트, 랜돌프, 그 밖의 흑인 지도자들로부터 지지를 받았다고 했다.

화이트와 랜돌프는 분노했고 루즈벨트는 황급히 발표내용을 정정했다. 그는 해군성 장관 프랭크 녹스를 불러 이런 제안을 했다. "해군은 전함에 승선할 군악병을 양성하고 있는데 몇몇 함정에 유색인 악대를 승선시켜서는 안 될 이유는 없지 않은가? 더욱이나 그들은 연주라면 능숙한 사람들인데 … ."

선거를 일 주일 남겨두고 인종문제는 더욱 꼬여갔다. 루즈벨트는 뉴욕의 매디슨 스퀘어 가든에서 감동적인 연설을 한 후 워싱턴으로 돌아가기 위해 펜 역에서 기차를 탔다. 언론 보좌관 스티브 얼리가 기차에 타려 하자 제임스 슬로운(James Sloan)이란 흑인 결찰관이 그가 누구인지 모르고 승차를 막았다. 그러자 얼리—그는 남부 출신이었다—가 탈장수술을 마치고 업무에 복귀한 지 얼마 안 되는 그 경찰관의 사타구니를 걷어차 경찰관은 곧바로 병원으로 복귀했다.

이 사건이 신문에 대서특필되었다. 공화당 쪽에서 뿌려댄 전단에는 병실에 누운 경찰관의 사진을 싣고 "니그로들이여, 이런 짓을 하는 남부인들이 당신들의 대통령을 둘러싸고 있기를 바란다면 루즈벨트에게 투표하라! 존경스런 대접을 받고 싶다면 웬들 윌키에게 투표하라"는 제목을 달았다.

다행스럽게도 얼리가 사과를 했고 슬로운도 자신이 믿을 만하고 진정한 민주당원이라고 밝힘으로써 사태는 해소되었다.

항공 특송 윌키가 공장지대나 민주당 지지가 강한 지역에 나타나면 채소와 온갖 날릴 수 있는 물건들이 그에게로 날아들었다. 정치평론가들은 대통령 후보가 그토록 다양한 물건들을 날려서 맞히는 표적이 되어본 적은 없다고 지적했다. 어느 기자가 세어본 바에 의하면 칸탈루페 멜론, 감자, 토마토, 오렌지, 달걀, 재떨이, 돌멩이, 의자, 전화번호부, 심지어 침대 커버까지 날아들었다고 한다. 윌키는 언제나 의연하게 그런 공격에 맞섰으나 디트로이트 외곽의 어느 동네에서 청중 한 사람이 그의 아내에게 계란을 던지자 윌키는 그 사람을 향해 소리질렀다.

이미지 컨트롤 1921년에 소아마비를 앓은 후 루즈벨트는 허리 아래가 부분적으로 마비되어 평생 동안 휠체어를 타거나 다리에 무거운 교정기구를 차고 다녀야 했다. 그런데 선거운동 기간 동안 참모들이 철저하게 후보의 활기 넘친 모습이 드러나도록 연출한 덕분에 유권자들은 루즈벨트의 불편한 모습을 보지 못했다. 대중연설이 있을 때면 루즈벨트는 한 시간 먼저 도착했고, 그래서 청중들은 차에서 들어 내려지는 그의 모습을 보지 못했다. 연설하러 일어설 때는 아들과 비밀경호원들의 부축을 받았다. 저명한 하원의원의 장례식에 참석했을 때는 교회 마루바닥과 바깥 길의 높이를 같게 하여 루즈벨트가 자신의 힘만으로 걸어들어 올 수 있게 하였다. 대부분의 퍼스트 레이디가 백악관의 안살림에 몰두하는 것이 당연시되던 시절에 엘리노어 루즈벨트가 정치활동에 그토록 열심이었던 것은 그녀가 전국을 돌아다니며 연설을 하고 그 반응을 남편에게 전달하는 대통령의 "눈과 귀" 역할을 해야 했기 때문이었다.

언론의 협조가 없었더라면 이런 일은 불가능했을 것임은 말할 필요도 없다.

기자들은 대통령이 휠체어와 교정기구에 의존하는 모습을 찍은 적이 거의 없다. 설사 찍는다 하더라도 비밀경호원들이 재빨리 카메라를 낚아채 부셔버렸다.

청중은 부엌 개수대를 제외하고는 온갖 것을 웬들 윌키에게 날렸다.
그럴수록 그는 더 자주 찾아갔다.

1944

프랭클린 D. 루즈벨트

★ ★ ★ ★ ★ ★ ★ ★ ★ ★ ★ vs. ★ ★ ★ ★ ★ ★ ★ ★ ★ ★ ★

토마스 듀이

1944년 가을이 되자 프랭클린이 이끌던 미국은 인류 역사상 가장 참혹했던 전쟁을 거치며 이제 승리의 문턱에 이르렀다. 그러나 루즈벨트 자신은 그 승리를 목격할 때까지 살지는 못했다. 62세의 대통령은 심장병과 고혈압에 시달리고 있었고, 수시로 걸리는 기관지염 때문에 불면증으로 고통받고 있었다. 그의 건강은 점차 악화되었다. 그럼에도 대통령은 좋지 않은 건강을 숨겼고, 주치의 맥킨타이어 제독은 대통령의 건강이 놀라울 정도로 양호하다는 검진결과를 주기적으로 발표했다.

나라가 전쟁을 치르고 있지 않았더라면 루즈벨트는 네 번째 임기는 생각도 하지 않았을 것이다. 그는 친구와 보좌관들에게 전쟁이 끝나 미국이 강대국으로 부상하게 될 시기에 공화당 대통령이 나라를 끌어가

장개석 총통, 루즈벨트, 처칠.(왼쪽부터) 1943년 타이로 회담시

는 상황을 지켜볼 수 없다는 얘기를 하였다. 전당대회가 열리고 루즈벨트는 첫 번째 투표에서 지체 없이 후보로 지명되었으나 루즈벨트가 임기를 제대로 채우지 못할 것 같아 보였기 때문에 부통령 후보를 선출할 때는 그렇게 순조롭지 않았다. 몇 차례의 토론이 있은 후 루즈벨트는 미주리 출신의 상원의원이며 군수품 발주와 관련된 부패를 바로 잡아 국민들에게 인기가 있던 해리 트루먼을 부통령 후보로 정했다.

한편, 공화당은 태평양 전쟁의 영웅인 더글러스 맥아더(Douglas Mac-Arthur) 장군을 대통령 후보로 영입하는 문제를 저울질하고 있었다. 그런데 장군이 네브라스카 출신 하원의원에게 보낸 편지에서 군 최고사령관인 대통령을 비난한 사실이 밝혀지자 맥아더 카드는 폐기되었다(뿐만 아니라 맥아더가 싱가포르의 여성 합창단원에게 보낸 편지도 공개되었는데, 이 여성은 맥아더를 "아빠"라고 지칭했다).

보다 안전한 후보를 찾던 공화당은 42세의 뉴욕 주지사 토마스 듀이(Thomas E. Dewey)를 대통령 후보로 선출했고, 그의 러닝메이트는 오하이오 주지사 존 브리커(John Bricker)였다. 듀이는 정직한 주지사란 평판을 받았다[그는 뉴욕 주 지방검사로 재직할 때 레그스 다이아몬드(Legs Diamond)와

럭키 루치아노(Lucky Luciano) 같은 갱단 두목들을 감옥으로 보냈다). 그는 20세기에 태어난 최초의 대통령 후보였으며, 루즈벨트와 비교할 때 현대적 능률을 중시한다는 인상을 주었다.

선거전 이번 선거는 남북전쟁 이후 처음으로 전시상태에서 치르는 선거였다. 민주당은 전쟁을 이슈로 삼고 루즈벨트의 성공적인 전쟁수행 능력과 국제사회의 지도자로 부상한 그의 위상을 강조함으로써 지금은 최고사령관을 교체할 때가 아니라는 점을 강조하였다. 그리고 군사비지출의 증가에 힘입어 경제도 호황을 누리고 있었다.

1940년의 선거에서와 마찬가지로 루즈벨트는 마지막 주까지도 선거운동에 별 노력을 기울이지 않았으나 듀이는 열심히 순회연설에 나섰다. 뻣뻣한 콧수염과 호리호리한 몸매, 단정하게 머리를 빗는 듀이를 루즈벨트는 "결혼 케이크 위에 꽂는 작은 남자 인형"이라고 비아냥거렸다. 여배우 에델 배리모어(Ethel Barrymore)도, 대통령의 딸 앨리스 루즈벨트 롱워스(Alice Roosevelt Longworth)도 듀이를 그렇게 불렀으나 루즈벨트가 이런 표현을 가장 흔하게 사용했다.

이에 질세라 듀이도 루즈벨트를 미국 공산주의자들의 연인이 된 좌파라고 불렀다. 그가 대통령의 건강에 대해 직접적으로 언급한 적은 없었지만 워싱턴의 "지치고 늙은 남자"는 자신처럼 젊고 활기에 넘치는 이상주의자로 대체되어야 한다고 거듭 주장했다.

그런데 공화당 쪽에서 루즈벨트의 애견 팔라에 대한 거짓 얘기를 지어내 유포시키는 실수를 저질렀다. 이 얘기에 의하면 루즈벨트가 알루션 열도를 방문했다가 돌아오는 길에 실수로 애견을 내버려두고 왔고, 나중에 개를 찾기 위해 구축함을 파견했다는 것이다. 공화당은 루즈벨트의 무절제함을 강조하기 위해 이 일화를 활용하려 했으나 루즈벨트는 전국에 중계된 연설을 통해 공화당의 비방을 점잖게 조롱했다. "나도 내 가족도 이런 공격을 유감스럽게 생각하지 않지만 팔라는 유감스럽게 생각한다 … 이 얘기를 들은 후로 팔라는 완전히 다른 개가 되어버렸다."

승자 : 프랭클린 루즈벨트 루즈벨트는 25,612,610표를 얻어 22,117,617표를 얻은 듀이를 따돌렸고 선거인단 수에서는 432 : 99로 이겼다. 선거결과를 전해들은 루즈벨트는 "첫 번째 12년이 가장 힘들었다"고 조롱했다. 그의 말이 옳았다고 해야 할 것이다. 1945년 4월 12일에 루즈벨트는 조지아 주 웜 스프링에 있는 대통령 별장에서 뇌출혈로 갑자기 사망했다.

1948

해리 트루먼

★ ★ ★ ★ ★ ★ ★ ★ ★ ★ ★ VS. ★ ★ ★ ★ ★ ★ ★ ★ ★ ★ ★

토마스 듀이

"나는 이[기자]들을 다 안다.
그들 중의 누구도 쥐구멍에다 모래를 들이부을 만큼
센스가 없는 사람은 없다."

− 해리 투르먼, 자신의 패배를 예상한 기자들에게 −

혼탁도 ★ ★ ★ ★ ★ ★ ★ ★ ★ ★
　　　　1　2　3　4　5　6　7　8　9　10

1948년의 대통령선거는 오늘날까지도 미국 역사상 가장 놀라운 대역전극으로 남아 있다. 역대 대통령선거 가운데서 어떤 후보도 이 선거에서처럼 잘 싸운 적이 없었고(트루먼은 상대를 혼내주는 환희를 맛보았다), 어떤 후보도 이 선거에서처럼 최악의 선거전을 펼친 적이 없었다(뉴욕 주지사 존 듀이는 예상을 뒤엎고 패배했다). 1948년 내내, 그리고 선거일인 11월 2일까지도 트루먼의 승리를 예상한 어떤 기자도, 여론조사도, 정치분석가도 없었다.

트루먼에 대한 평가가 왜 그토록 낮았을까? 어쨌든 그는 제2차 세계대전에서 항복을 받아낸 대통령이었고, UN의 희망찬 출범을 이끌어낸 사람이었으며, 루즈벨트의 '뉴딜정책'을 충실하게 수행한 사람이었다. 그런데 전시 동안의 인위적인 가격통제가 사라지자 물가는 40%나 뛰었고, 스탈린은 베를린을 봉쇄하려 했으며, 트루먼이 민권신장 정책을 지지하자 남부의 민주당원들이 분노하고 있었고, 공화당이 지배하는 의회는 트루먼의 모든 움직임을 견제했다.

갤럽 여론조사 결과 트루먼 지지율은 36%에 머물렀다. 이런 지지율은 워터게이트 사건 때의 닉슨, 이란 인질사건 때의 카터, 이라크전을 시작한 조지 W. 부시의 지지율과 비슷한 것이다. 트루먼을 조롱하는 농담이 전국적으로 유행했다. "트루먼이 살아 있다면 어떻게 할지 궁금하구만." 민주당에 우호적인 신문들도 "트루먼이 아니면 안 되나?"라는 신랄한 기사제목을 달았다. *Life* 잡지는 듀이의 경력을 찬양하는 기사와 함께 듀이 행정부의 각료가 될 만한 유명인사들의 명단을 실었다. 공화당은 제2차 세계대전 중 연합군 최고 사령관을 지내 대중적 인기가 엄청난 드와이트 아이젠하워를 영입하려는 신호를 보내고 있었다(당시 아이젠하워는 지지정당을 밝히지 않고 있었다).

공화당은 궁지에 몰린 트루먼을 보고 기뻐했다. 공화당 전당대회에서 여성 하원의원 클레어 부드 루스(Clare Boothe Luce)가 트루먼을 "끝장난 오리"라고 조롱하며 (인기 있던 코카콜라 광고 노래에 빗대어) 백악관은 "잠시 멈추고 기분전환하는" 곳이 아니라고 하였다. 공화당은 1944년의 후보 존 듀이를 기꺼이 다시 지명했고, 지역적 균형을 고려하여 진보적인 캘리포니아 주지사 얼 워렌(Earl Warren)이 러닝메이트로 선정되었다 (워렌은 후에 대법원장이 된다).

트루먼은 이 모든 모욕을 속으로 삭였다. 1948년 7월, 풀이 죽은 민주당이 트루먼을 대통령 후보로, 켄터키 주지사 알번 바클리(Alben Barkley)를 러닝메이트로 지명하자 트루먼은 "저들을 혼내주자!"라는 말로 각오를 밝혔다. 이 말은 1948년 이후로 각오를 단단히 다지는 표현으로서 자리잡게 된다.

후보

민주당 : 해리 트루먼 트루먼은 선거운동 초반부터 자신감이 무너져 버리는 사태를 종종 경험했다. (뉴욕에서 듀이를 만난 트루먼은 듀이에게 귓속말로 이렇게 말했다. "톰, 백악관에 들어가거든 제발 배관공사부터 좀 하게.") 그래도 그는 거의 초인적인 의지로 스스로를 북돋웠다. 장모까지 나서서 중도에 사퇴하라고 권고했지만 트루먼은 선거에서 이기겠다는 각오를 버리지 않았다.

공화당 : 토마스 듀이 듀이는 여러 가지로 조건이 좋았다. 이미 46세라는 젊은 나이에 그는 뉴욕의 범죄조직을 박멸한 사람으로서 전국

적인 명성을 얻어 1944년의 선거에서 대통령 후보가 된 적이 있었다. 이번 선거에서는 그를 정상에 올려줄 젊은 정치전문가 그룹이 주변에 포진해 있었다. 이들이 듀이에게 해준 중요한(그리고 치명적인) 조언은 대통령 자리는 따놓은 당상이라는 것이었다. "꼬투리 잡힐 말만 하지 마십시오. 그러면 선거에서 쉽게 이길 수 있습니다."

선거전 _____

트루먼은 토마스 듀이에 비해 골칫거리가 훨씬 많았다. 그는 또한 당내 이탈파들의 도전을 이겨내야 하는 부담을 안고 있었다. 루즈벨트 밑에서 부통령을 지낸 헨리 월리스가 진보당(Progressive Party)이란 정당을 만들고 대통령 후보로 나서서 세계 평화를 공약으로 내세우자 적지 않은 민주당 진보파, 학생층, 노동조합, 미국 공산주의자들이 그 아래로 모여들었다. 그와 대칭되는 쪽에는 민권에 반대하는 남부 민주당원들이 사우스캐롤라이나 주지사 스트롬 서몬드(Strom Thurmond)를 중심으로 이른바 "딕시 민주당"(Dixiecrat)⁴⁴을 결성했다.

민주당이 이렇게 분열되자 듀이는 질 것이란 생각은 꿈에도 하지 않았다. 그는 매우 조심스럽게 선거운동을 벌였다. 그는 통합이란 선거 구호를 제시했는데, 이 말은 미국의 위대함과 그런 미국을 이끌어 갈 신중하고도 당당하며 정직한 지도자로서의 자신의 이미지를 모호하게 뒤섞은 개념을 의미했다. 그 시대에 오늘날의 조지 갤럽만큼 유명했던 여론 조사 전문가 엘모 로퍼(Elmo Roper)는 듀이의 지지도가 44% : 31%로 앞서고 있다고 발표하면서 이후로는 지지도 조사를 중지하겠다고 선언했다. "어느 면에서 보아도 토마스 E. 듀이가 압도적인 우세로 당선될 것이

분명하므로 나의 시간과 에너지를 다른 일에 쏟고자 한다." *Newsweek* 잡
지도 50명의 노련한 정치부 기자들을 대상으로 자체적으로 실시한 지지
도 조사결과를 발표했다. 이번 선거에서 누가 이길까? 이들 박식한 기자
들의 대답은 듀이! 50 : 0!

트루먼은 적수가 모호하게 빠져나가는 것을 내버려두지 않았다.
그는 31,000마일을 돌아다니며 350회의 연설을 하는 믿기지 않는 열정
을 보였다. 그는 공화당을 "탐욕스런 특권층", "월스트리트에 사무실을
가진 흡혈귀", "경제적 기생충"이라고 공격했다. 흥미롭게도 그의 주 공
격대상은 듀이가 아니라 공화당이 장악하고 있던 의회였으며, 의회는
"아무 일도 안 하고" 식품과 주택가격이 오르는 것을 방치하고 있다고
혹평했다. 트루먼은 전국 방방곡곡의 크고 작은 마을을 찾아가 수많은
유권자들을 상대로 외쳤다. 듀이에 비해 그가 나은 점이 하나 있었다. 그
는 유권자들에게 진실한 인물이란 확신을 심어준 것이다. 듀이가 "매우
심한", "하나님 맙소사!"라는 표현을 쓸 때 트루먼은 "빌어먹을", "지옥
에나 가라"는 단어를 사용했다.

트루먼은 아내 베스를 청중들에게 (아내가 더 이상 그런 표현을 쓰지
말라고 할 때까지는) "내 보스"라고 소개했고, 때로는 귀를 의심할 정도로
우둔한 말을 생각 없이 쏟아냈다. 한 연설회장에서는 흥분한 나머지 스
탈린에 대해 말하면서 "그 친구 괜찮은 사람이야. 점잖은 친구지"라고
했다. 공화당이 이 말을 물고 늘어져 그가 공산주의에 동정적이라는 인
상을 부각시키려 했으나 얻은 게 별로 없었다. 트루먼은 로널드 레이건
처럼 매끈매끈한 테프론 대통령[45]이 아니었다. 갈수록 열광하는 청중들
을 상대로 연설을 거듭해 가면서 그는 바윗덩이로 변해갔다. 그가 가는
길을 막는 것은 무엇이든 박살이 났다.

승자 : 해리 트루먼 _____

언론은 선거날이 될 때까지도 트루먼을 패자로 묘사했다. 1948년의 선거일은 할로윈 축제 이틀 뒤인 11월 2일이었다. 11월 1일에 갤럽연구소는 듀이의 승리가 확실하다고 발표했고, *Wall Street Journal*은 누가 듀이의 수석참모가 될 것인지 예측하는 기사를 내보냈다. 한 작가는 "우리는 해리를 잊지 못할 것"이라고 썼다. 칼럼니스트 스튜어트 올솝 (Stewart Alsop)은 *New York Times*에 레임 덕 대통령인 트루먼이 후임 대통령이 취임하기까지 "남은 10주 동안 어떻게 정부를 끌어갈 것인지" 염려하는 글을 실었다. 알리스테어 쿠크(Alistair Cooke)는 영국 신문에 "패배에 관한 연구"란 제목으로 트루먼에 관한 기사를 썼다.

11월 2일 밤 잠자리에 들 때는 패자였던 트루먼이 11월 3일 아침에 일어났을 때는 승자가 되어 있었다. 트루먼은 24,179,345표로 듀이 (21,991,291표)를 이겼다. 그리고 승자가 된 그의 모습을 담은 사진은 언론이 평범한 사람들의 진정한 희망을 무시하고 바보스럽게 여론조사 결과를 과신하면 얼마나 큰 망신을 당할 수 있는지 보여주는 영원불멸의 증거가 되었다. 트루먼은 1면 머릿기사에 각진 대문자로 "듀이, 트루먼을 꺾다"란 제목을 단 *Chicago Tribune*을 펴들고 환한 얼굴로 웃고 있었다.

트루먼이 승리한 원인은 무엇일까? 훗날 듀이가 주장했듯이 투표율이 51%밖에 되지 않았던 것이 원인인지도 모른다. 투표율이 이처럼 낮은 것은 여론조사 결과를 확신한 많은 수의 공화당 지지자들이 승리를 지나치게 확신하고 있었기 때문에 투표일 당일에는 투표하러 나가지 않았다는 해석이 가능하다. 아니면 월리스의 '진보당'이 출현하자 트루먼이 유권자들에게 덜 진보적으로 비쳤을 수도 있고, 서몬드의 '딕시 민

오보를 실은 *Chicago Tribune*,
1948년 11월 3일자

주당' 덕분에 트루먼의 민권 확대를 지원한 경력이 (특히 흑인 유권자들로부터) 실제보다 과장된 평가를 받았기 때문인지도 모른다.

그것도 아니면 출발점에서는 싸움에 진 투견신세였지만 우리를 박차고 나가 온 세상을 향하여 "저들을 혼내주자"고 짖어댔기 때문인지도 모른다. 이것은 후배 민주당 후보 알 고어와 존 케리가 배웠어야 할 교훈이었는데, 결국 교훈으로부터 깨우침을 찾지 못한 잘못은 두 사람의 패배로 귀결되었다.

★·★

연방 '트루먼' 수사국 연방수사국 국장 후버(J. Edgar Hoover)는 해리 트루먼을 싫어했다. 후버는 (훗날 케네디 집안 사람들에게 그랬던 것처럼) 선거에서 트루먼에게 불리하게 작용할 수 있는 트루먼의 주변 정보를 비밀리에 수집했다. 그는 오랜 친구인 토마스 듀이가 당선되면 법무 장관이 될 수 있다는 희망을 갖고 있었다. 한 연방수사국 요원의 회상에 따르면, 트루먼에게서 쓸 만한 약점을 찾아낼 수가 없었기 때문에 결국은 생색을 내기 위해 트루먼이 공산주의에 대해 "물렁한 입장"을 갖고 있다는 동향 보고서를 올렸고, 듀이는 이 보고서를 자신의 참모들이 작성한 것처럼 위장하여 언론에 흘려주었다.

듀이가 트루먼에게 : 핸들에서 손 떼! 선거일 한 주 전에 승리를 확

신한 듀이는 대통령 자리가 이미 손안에 들어온 듯이 행동했다. 트루먼이 소련과의 관계를 개선하기 위해 개인적인 사절을 스탈린에게 보낼 생각이 있다는 발표를 하자 화가 난 듀이는 기자들을 불러모아 놓고 거친 소리로 "해리 트루먼이 앞으로 몇 주 동안 손을 뗐으면 좋겠어. 특히 자기가 잘 알지 못하는 외교분야에는 손을 안 댔으면 좋겠어"라고 말했다.

트루먼이 듀이에게 : 약 오르지! 아마 트루먼이 듀이에게 꼭 이렇게 말하지는 않았을 테지만 어쨌든 트루먼이 듀이를 모질게 비방했다는 것은 사실이다. 트루먼은 순회연설을 다니면서 의사(듀이)와 환자(미국) 사이의 대화에 빗대어 듀이를 환자에게 엄청난 문제가 있는 것처럼 겁주면서 "이슈"가 무엇인지 제대로 정리하지도 못하는 돌팔이 의사라고 공격했다.

> "정말 아무렇지도 않다니까요, 의사 선생님. 지금처럼 기운이 넘친 적이 없었는데 뭐가 잘못 되었다는 겁니까?" 환자가 이렇게 말합니다.
> "나는 환자와 '이슈'를 두고 토론한 적이 없습니다. 당신은 중요한 수술을 받아야 합니다." 의사 선생이 이렇게 말합니다.
> (이쯤에서 트루먼은 콧수염을 쓰다듬는 몸짓을 보여준다.)
> "의사 선생님, 정말로 그렇게 심각한가요?" 환자가 묻습니다.
> "그렇게 심각하지는 않아요. 당신 뇌를 드러내고 공화당이 만든 뇌로 갈아끼우기만 하면 됩니다." 의사가 이렇게 대답합니다.

새들을 위하여 1946년에 미국의 TV 보유 가정은 7천 호에 불과했으나 1948년이 되자 TV는 값도 싸지고 기술도 발전하여 14만 8천 호가 커다란 검은 상자를 사기 위해 돈을 지불했다. 양당의 후보들은 새로 등장한 기술을 재빨리 이용하였다. 트루먼과 듀이는 둘 다 TV 방영시간을 샀는데, 유료 선거광고 방송을 한 첫

처음으로 TV로 중계된 민주당 전당대회에서 풀려난 비둘기들은 각본대로 날지 않았다.

번째 대통령 후보가 되는 영광은 트루먼에게 돌아갔다. 1948년 10월 5일에 트루먼은

뉴저지 주 뉴저지 시에서 처음으로 TV를 이용한 선거연설을 하였다.

　　1948년에 양당은 전국대회를 동부 해안지역에서 개최했고 대회는 TV를 통해 중계되었다. 양당은 TV 중계의 편의를 위해 전국대회를 필라델피아에 있는 '컨벤션 홀'에서—공화당은 6월에, 민주당은 그보다 한 달 뒤에—열기로 합의했다. 역사상 처음으로 TV 케이블이 대회장 마루에 깔렸고, 배터리로 불을 밝히는 뜨거운 조명등이 단상에 늘어섰다. 냉방시설이 없는 홀 안에서 단상의 온도는 화씨 93°까지 올라갔다. 발언자들은 얼굴에 두꺼운 분을 바르고 단상 주위를 돌아다녔다(흑백 TV 세트에서는 갈색 립스틱이 잘 드러난다고 해서 대부분의 여성 발언자들은 방금 커다란 초콜릿 덩어리를 깨문 것 같은 모습을 하고 있었다).

　　유권자들은 미디어가 무언지를 깨달았다. TV는 극장이었고 TV에 나오는 것은 쇼였다. 민주당 전국위원회 여성분과위원장인 인디아 에드워즈(India Edwards)는 육류가격이 비싸다는 것을 강조하기 위해 연설을 하는 중에 비프스테이크를 들고 흔들었다.

　　그날의 하이라이트 이벤트는 각본대로 연출되지 못했다. 밤 2시에 트루먼이 후보수락 연설을 시작할 때 단상에 세워둔 꽃으로 만든 자유의 종 아래에 감춰둔 비둘기떼가 날아오르기로 되어 있었다. 덥고 습기찬 종 속에 밤새 갇혀 있던 새들은 신경이 날카로워져 있었다. 히치콕의 공포영화 「새」에 나오는 장면처럼 비둘기들은 곧장 대의원들을 공격하기 시작했고, 천정에 부딪쳤다가는 TV 카메라와 조명등을 향해 돌진했다.

　　잠시 동안의 아찔한 침묵이 흐른 뒤 트루먼과 대회 참석자들은 일제히 웃음을 터뜨렸다. 밤늦은 시간까지 자지 않고 TV 앞에 앉아 있던 소수의 선택된 사람들만이 TV 생중계 사상 최고의 멋진 순간을 지켜볼 수 있었다.

1952

드와이트 아이젠하워

★ ★ ★ ★ ★ ★ ★ ★ ★ VS. ★ ★ ★ ★ ★ ★ ★ ★ ★

아들라이 스티븐슨

"아이젠하워 장군은 진정한 남성이 어떠해야 하는지를 보여준다.
그에게는 남편과 아버지와 아들의 모습이 통합되어 있다."

– 클레어 부드 루스 –

혼탁도 | ★ ★ ★ ★ ★ ★ ★ ★ ★ ★
    1 2 3 4 5 6 7 8 9 10

1950년대는 흔히 평화, 안정, 자동차 길에는 어디에나 후미가
지느러미 모양인 큰 차가 굴러다니던 시대로 기억되지만 한
편으로는 국가적 공포와 피해망상증의 시대이기도 하다.

트루먼 집권기간 동안에 미국은 한국전쟁에 말려들었다. 한국전
참전은 공산주의 중국과 러시아 세력을 한반도에서 축출한다는 이른바
경찰행위라는 명분을 내세웠지만 미국으로서는 국민들의 지지를 받지
못한 값비싼 전쟁이었다.

그런 분위기 속에서 조 매카시(Joe McCarthy)⁴⁶⁾가 등장했다. 위스
콘신 출신의 젊은 상원의원 매카시는 "파괴적인 미국인"을 찾아낸다는
명분으로 마녀사냥식의 반공활동을 시작하여 수많은 사람의 생애를 망
치고 생명을 해쳤다. 그는 트루먼 행정부를 공격하는 선봉장이 되어 민
주당이 "반역의 20년"을 책임져야 한다고 끊임없이 외쳤다.

이제 68세가 된 트루먼은 7
년 동안 대통령으로 봉직했으면
충분하다고 생각하고 다음 대통령
자리는 다른 사람에게 물려주기로
결심했다. 트루먼은 1948년의 선
거에서 역전승한 데 대해 강한 자
부심을 갖고 있었고, 그래서 자신
이 지명하는 후임자이면 누구든지
공화당을 꺾을 수 있다는 확신을
갖고 있었다(공화당은 20년 동안 정

군 장성 시절의 아이젠하워. 그는 골초였다.

권을 잡지 못했는데, 이는 1856년에 당이 발족한 이후로 대통령을 배출하지 못한 가
장 긴 기간이었다). 트루먼은 일리노이 주지사 아들라이 스티븐슨(Adlai E.

Stevenson)이 자신의 노선을 지켜갈 것으로 기대했다. 스티븐슨은 트루먼의 지지자이며 훌륭한 정치경력을 가진 강력한 진보주의자이자 외모와 지성이 뛰어난 인물이었다.

어떤 사람에게 흔쾌히 받아들일 것으로 확신하고 무엇인가를 제안했는데 상대가 "음, 생각할 시간을 좀 주실래요?"라고 한다면 기분이 어떨까.

트루먼의 제안에 대한 스티븐슨의 반응이 그랬다. 스티븐슨이 이런 소극적인 태도를 보였던 부분적인 이유는 드와이트 아이젠하워(Dwight Eisenhower)가 강력한 공화당 후보로 등장할 것이라는 점을 알고 있었기 때문이었다. 그는 또 너무 쉽게 받아들이면 트루먼의 애완견이라는 평을 들을 수 있다는 것을 알고 있었고, 트루먼 자신은 아직도 인기가 높다고 생각하고 있었지만 대중의 생각은 그렇지 않다는 것도 알고 있었다. 어쨌든 스티븐슨은 7월의 전당대회에서 열정적인 연설을 통해 후보를 수락했다. 이렇게 해서 TV가 지배하는 최초의 대통령선거는 시작되었다.

후보

공화당 : 드와이트 아이젠하워 아이크(Ike)라는 애칭으로 널리 알려진 아이젠하워는 제2차 세계대전을 승리로 이끈 총사령관이었고 후에는 NATO 사령관과 컬럼비아 대학교 총장을 지냈다. 그는 성인이 된 이후로 거의 전 생애 동안 필요로 하는 것을 챙겨주는 사람이 항시 주변에 대기하고 있는 생활을 한 사람이다. 아침에 일어나면 시종이 문자 그대로 머리끝에서 발끝까지 입혀주었다. 아이젠하워는 교환기식 전화

를 어떻게 사용하는지도 몰랐다. 그런데 길거리에 나서면 서민들이 모두 장군에게 말을 걸고 싶어했다. 아이젠하워에게서는 자신감과 진지함, 그리고 진짜배기 미국 사람이라고 할 수 있는 어떤 분위기가 흘러넘쳤다. 아이젠하워의 가장 인기 있는 선거구호는 "나는 아이크를 좋아해"(I Like Ike)였다. 아이젠하워의 러닝메이트는 리처드 닉슨이란 이름의 캘리포니아 출신 상원의원이었다.

민주당 : 아들라이 스티븐슨 스티븐슨은 민주당 순종 혈통을 자랑하는 인물이었다. 그에게 이름을 물려준 할아버지는 1892년에 그로버 클리블랜드 대통령 밑에서 부통령을 지냈고 1900년에는 윌리엄 제닝스 브라이언의 러닝메이트였던 사람이다. 스티븐슨 자신도 제2차 세계대전 동안 해군성 차관을 지냈고 지금은 많은 인구 때문에 정치적으로 중요한 위치를 차지하는 일리노이 주의 진보적인 민주당 지사였다. 그런데 그에게는 두 가지 개인적인 약점이 있었다. 하나는 그는 너무 고상하고 복잡한 화법을 사용했다는 것이고, 다른 하나는 그가 이혼했다는 점이었는데, 아직까지 이혼한 사람이 백악관의 주인이 된 적은 없었다(이혼경력이 있는 인물이 대통령이 된 것은 1980년의 로널드 레이건이 처음이다). 지역적 균형을 고려하여 알라바마 출신 상원의원 존 스파크먼(John Spark-man)이 부통령 후보로 선정되었다.

선거전

"생존한 미국인 중 가장 존경할 만한 사람들" 가운데 하나(엘모 로퍼 여론조사소가 1952년에 실시한 여론조사에서 아이젠하워가 뽑히게 된다)와 맞서 싸운다는 것은 쉬운 일이 아니었다. 싸워보기도 전에 주눅든 투견처럼 스티븐슨은 초라한 선거운동을 펼쳤다. 문제의 부분적인 원인은 그가 민주당의 후보 제안을 받아들일 것인지 말 것인지 망설였기 때문이었다. 유권자들은 그가 나약하고 우유부단하여—그런 방면에서는 고뇌하는 햄릿형의 존 퀸시 애덤스가 선배였다—공산주의와의 추잡한 싸움에서 나라를 이끌기에는 적합하지 못한 인물이라고 생각했다.

스티븐슨에게 또 하나의 문제는 TV였다. 쉽게 말해 아이젠하워 진영은 새로운 미디어를 이해하고 있었고 스티븐슨 측은 그렇지 못했다. 1952년에는 미국 가구의 40%가 TV를 소유하고 있었고, 그 수는 1,800만 대였다. 그리고 미국인들은 매일 2만 대라는 놀라운 숫자의 TV를 사들이고 있었다.

뛰어난 연설 솜씨를 자랑하는 스티븐슨이었지만 TV 앞에만 서면 형편없는 연사가 된 최초의 후보가 그였다. 스티븐슨의 참모들은 30분짜리 방송시간을 샀고, 후보는 이 시간을 이용하여 온갖 이슈에 관한 완벽한 한 판의 연설을 했다. 이 일로 인해 우리가 배우게 된 바이지만, 한 사람이 30분 동안 연설하는 것을 지켜보면서 TV를 끄지 않는 미국인은 거의 없었다. 여기다 더하여 스티븐슨은 방송개시 신호와 함께 돌아가는 원고 투사기를 읽으면서 연설하는 것을 싫어했고, 그러다 보니 연설은 종종 옆길로 새고 할당된 시간을 초과하기 일쑤였다. TV 방송연설은 그에게는 포학한 괴물 같은 것이었다. 지루함을 참고 그래도 그의 연설을 시청하던 일부 유권자들은 중간에서 잘려버리는 그의 연설을 지켜봐야 했다.

아이젠하워의 TV 방송연설 보좌진은[그 중에는 전설적인 벤 더피 (Ben Duffy)도 있었다] 단순하고 짧을수록 효과가 더 좋다는 것을 알고 있었다. 그들은 "아이젠하워가 유권자에게 답하다"라는 제목의 20초짜리

스팟 광고 시리즈를 준비했다. 먼저 카메라가 어떤 사람이나 부부에게 다가가면 그들이 관심사를 질문한다. "아이젠하워 씨, 높은 생활비에 대해 어떻게 생각하세요?" 그러면 카메라는 파노라마 촬영기법을 사용하여 아이젠하워를 비춘다. "내 아내 매이미도 똑같은 걱정을 하고 있어요!"

아이젠하워는 이 모든 광고를 스튜디오에서 찍었다. 그는 빛을 반사시켜 눈동자를 보이지 않게 하는 안경을 벗어버리고 큰 글씨로 쓴 대사 카드를 읽었다. 아이젠하워도 이런 광고 촬영을 싫어했지만—그는 "이건 늙은 군인이 할 짓은 아니야!"라고 불평했다—효과는 그저 그만이었다. 이런 방식의 선거운동을 혐오하던 스티븐슨의 참모 조지 볼(George Ball)이 이렇게 냉소했다. "머지않아 대통령선거에는 직업배우가 후보로 등장하겠구먼!" 그의 냉소는 실제로 훌륭한 예언이 되었다.

아이젠하워라고 해서 실수를 안 한 것은 아니다. 아이젠하워가 이제는 양당의 많은 당원들이 다 같이 나라의 수치라고 생각하는 인물이 되어버린 매카시 상원의원과 악수하는 모습이 찍혔다. 그리고 매카시가 TV에 나와 아이젠하워를 지지하는 연설을 하면서 아들라이 스티븐슨을 거듭하여 "알저"에 비유하였다. 이것은 국무성 직원으로서 스파이 혐의를 받았던 알저 히스(Alger Hiss)[47]에 빗댄 악랄한 비난이었다. 알저가 스파이 혐의로 기소되는 데는 부통령 후보 닉슨이 하원 '비미국적 행위 조사위원회'의 위원으로 활약하면서 주도적인 역할을 한 바 있었다.

점점 더 불안해져 가는 세상에서—미국이 처음으로 수소탄 폭발 실험을 한 직후였고 소련도 원자탄을 보유하고 있었다—미국인들은 평범한 말로 연설을 하고 현대적으로 행동하는 사람과 시간 내에 연설을 끝낼 줄 모르는 노련한 "대머리" 중에서 누구를 선택할 것인지 강요받았다.

승자 : 드와이트 아이젠하워 _____

선거일 밤 10시 30분에 CBS의 강력한 유니백(UNIVAC) 컴퓨터가 아이젠하워의 승리를 알려주었다. 민주당은 스티븐슨이 펜실베니아와 오하이오에서 승리하자 희망의 끈을 놓지 않으려 했으나 공화당의 "증기 롤러"가 서부를 평정했다. 스티븐슨은 9개 주에서만 이겼다. 아이젠하워는 34,936,234표를 얻어 27,314,992표를 얻은 스티븐슨을 눌렀다.

스티븐슨은 품위 있게 패배를 인정했다. 그는 선거결과가 발표되자 링컨의 연설을 인용하여 울기에는 나이가 너무 많고 웃기에는 상처가 너무 깊다고 말했다. 그는 대통령이 되려는 꿈을 포기하지는 않았으나 다음 4년 동안 미소 띤 아이젠하워의 얼굴이 안정, 행복 그리고 평범한 미국인의 상징이 된 것을 지켜봐야 했다.

아들라이 스티븐슨 : 동성애자 아이젠하워는 단조롭고 흠 잡힐 데 없는 사생활을 하고 있었으므로—당시에는 시종 존 모우니(John Moany)가 아침마다 아이젠하워 후보의 옷을 입혀준다는 사실을 아는 사람이 별로 없었다—이혼남인 스티븐슨이 악소문의 주목표가 되었다. 스티븐슨은 여자를 좋아했고 아무 여자하고나 데이트를 즐겼다. 그랬는데도 공화당은 그가 게이란 소문을 퍼뜨렸다. 선거전이 시작되고 나서 친구이자 보좌관인 빌 블레어(Bill Blair)가 일리노이 주지사 저택으로 옮겨와 함께 살자 소문은 설득력을 더해갔다. 이 소문을 듣고 놀란 트루먼 대통령이 보좌관을 일리노이로 보내 확인하게 하였다. 보좌관은 돌아와 대통령에게 스티븐슨이 정상적인 생활을 하고 있다고 보고했다.

공화당은 유권자들에게 아들라이 스티븐슨이 동성애자라고 경고했다.

선거전이 치열해져 가고 소문은 그치지 않았다. FBI 요원이라고 자칭하는 한 남자가 "공식적으로" 동성애 관계를 조사하기 위해 스티븐슨의 보좌관의 친구를 찾아왔다. 이 사람이 누구인지 알아낸 사람은 아무도 없었으나 그가 다녀간 뒤로 스티븐슨의 전처 엘런은 남편이 동성애자이기 때문에 떠났다는 새로운 소문이 나돌았다(엘런은 이 소문을 가라앉히는 데 전혀 도움이 되지 않았다. 오히려 그녀는 『대머리와 나』라는 자서전을 저술하여 모든 것을 까발리겠다고 위협했다. 두 사람이 이혼한 이유는 스티븐슨이 정치경력을 쌓는 일에 몰두하여 아내에게 무관심했고 엘런은 남편의 무관심을 용납하지 못한 때문이었다).

아들라이 스티븐슨 : 살인자 1952년에 중서부지역 일부에서는 스티

븐슨이 질투에서 비롯된 분노 때문에 나이 어린 소녀를 살해했다는 내용을 담은 전단이 나돌았다. 질투와 분노라는 부분은 사실이 아니었으나 나머지 부분은 놀랄 정도로 정확했다. 문제의 사건은 1912년 크리스마스 무렵에 일어난 것이었다. 갓 13세가 된 스티븐슨과 친구 몇 명이 22구경 라이플을 갖고 놀다가 사고를 냈다. 공식적인 기록에 의하면 아이들은 총이 장전되지 않은 줄 알고 가지고 놀았고, 스티븐슨이 총을 제자리에 가져다 놓으려 했을 때 총알이 발사되어 루스 머윈이란 소녀가 맞아 죽었다. 같이 놀던 애들의 말에 의하면 스티븐슨이 총을 들고 이곳저곳을 겨냥하다가 머윈을 겨냥하여 방아쇠를 당겼다는 것인데, 총알은 머윈의 앞 이마 정중앙을 맞혔다.

어느 쪽 말을 믿든 소녀의 죽음은 사고임이 분명한데, 스티븐슨은 이 사고의 죄책감을 평생 안고 살아야 했다. 죄책감이 얼마나 컸든지 그는 아내나 친한 친구들에게도 이 사고에 관한 얘기를 한 번도 입 밖에 내지 않았다. 공화당이 비밀을 어떻게 알아냈는지는 밝혀지지 않았으나 다행스럽게도 그들이 만든 전단은 널리 유포되지 않았고, 그 덕택에 미국 전체로 이 얘기가 퍼져나가지는 않았다.

골치가 아파 1952년 어느 날 밤 스티븐슨은 혼자 앉아서 민주당 후보제안을 받아들일 것인지를 두고 생각에 잠겨 있었다. 이때 기록한 여러 장의 메모가 없어지지 않고 후손들의 손에 전해졌다. 이 메모들을 보면 재미있는(그리고 약간은 두려움에 사로잡힌) 정치인의 속마음을 들여다 볼 수 있다.

제안을 받더라도 후보를 수락하지 않을 것이다.

[몇 단어 판독불능] 대통령 자리는 어떤 미국인도 두려움 때문에 회피해서는 안 되는 자리 … 그러나 내가 그 엄청난 공직 [이 부분은 지워버림] 자신감이 있다 하더라도 나는 민주당의 지명을 받아들이지 않을 것이다.

거듭 얘기했듯이 유일한 야망은 일리노이 주지사이다. 이곳 일리노이에서 끝마치지 못한 일이 많다 … 내 야망의 한계이고 내 능력에 맞는 일이기도 하다.

대통령 후보로 지명되기를 원치 않는다. 나는 일리노이 주지사 재선을 노리는 후보이다. 그게 내 유일한 야망.

민주당의 후보를 수락해야 할까? 그래야겠지. 극히 예외적인 불가피한 상황이 아니라면 거절해서는 안 된다. 그런 경우라면 일리노이 주민들도 내가 한 약속으로부터 나를 놓아줄 것이다.

1956

드와이트 아이젠하워
★ ★ ★ ★ ★ ★ ★ ★ ★ ★ ★ vs. ★ ★ ★ ★ ★ ★ ★ ★ ★ ★ ★
아들라이 스티븐슨

1956년이 되자 미국인들의 긴장이 어느 정도 가라앉았다. 아이젠하워 대통령은 제네바에서 4대국(미국, 영국, 프랑스, 러시아) 정상들과 냉전의 공포를 해소하는 문제를 논의했고, 국내에서는 조셉 매카시가 완전히 신망을 잃었다(그는 1957년에 간경화로 죽었다).

그러나 과중한 업무로 인해 대통령의 건강에 이상이 왔다. 1955년 9월에 아이젠하워는 심장발작을 일으켰다. 금방 회복되기는 했지만 사람들은 대통령이 막중한 업무를 감당할 수 있을지 걱정하기 시작했다. 일 년이 채 지나기도 전에 아이젠하워는 내장기능에 문제가 생겨 다시 병원으로 돌아가 수술을 받았다. 그래도 공화당은 전당대회에서 첫 번째 투표에 아이젠하워를 후보로 지명하였다. 아이젠하워는 닉슨에게 장관 자리를 주어 부통령 자리에서 밀어내려고 하였으나 부통령이 거절했다.

불화가 공개되는 것을 피하려고 아이젠하워는 닉슨을 계속 러닝메이트로 데리고 갔다.

지난 4년 동안 당의 단합을 위해 열심히 노력했던 아들라이 스티븐슨은 다시 한 번 민주당의 대통령 후보가 되기를 바랐다. 예비선거에서 테네시 출신의 상원의원 에스테스 커포버(Estes Kefauver)가 도전했으나 스티븐슨은 쉽게 물리치고 후보로 지명되었고 커포브를 러닝메이트로 받아들였다.

선거전 스티븐슨은 여느 때처럼 용기를 잃지 않았으나 한 가지 일은 각별히 신경을 써야 했다. 1955년의 갤럽 여론조사를 보면 식지 않는 아이젠하워의 인기를 알 수 있다. 그럴 가능성은 거의 없지만 1956년에 공화당이 아이젠하워를 후보로 지명하지 않는다면 민주당은 어떻게 해야 하느냐는 질문에 민주당원 열 명 중 여섯이 아이젠하워를 민주당 후보로 영입해야 한다고 답변했다. 당원들의 이런 정서를 바탕으로 선거전을 벌인다는 것은 어려운 일이었다. 그런데다가 스티븐슨의 선거운동 본부는 선거전을 맡아줄 광고회사를 찾는 데 애를 먹었다. 뉴욕의 20개 주요 광고회사는 승산 없는 거래를 거절했다. 광고회사들은 주요 고객인 공화당 지지 기업들이 보복해 올 것을 두려워했다.

"번영을 향한 또 한번의 4년"이란 구호를 내건 아이젠하워는 난공불락일 것 같았다. 민주당은 아이젠하워를 파트타임 대통령(의사들은 대통령에게 많이 쉬고 운동을 자주하라는 처방을 내렸다)이라 공격한다는 전략을 세웠으나 비겁하게 병든 대통령을 공격한다는 인상도 주지 않아야 했다. 그들이 찾아낸 최상의 선거구호는 "파트타임 아이젠하워와 풀타임 닉슨을 물리치자"였다. 이런 구호는 닉슨을 왕좌 뒤의 실권자처럼 부각시키는 것이었다. 실제로 1956년은 민주당이 좋아하는 놀이—닉슨

때리기―가 시작된 해로 기록되고 있다. 여기에 맞추어 라디오와 TV 광고 시리즈가 제작되었다. "닉슨이 신경 쓰인다고? 닉슨이 대통령이야?" 한 광고에서는 닉슨 고향동네의 가게 주인이 나와 가게에다 닉슨의 선거 포스터를 붙이든지 아니면 쫓겨나든지 둘 중에 하나를 선택해야 한다는 얘기를 들려준다.

'신경 쓰이게 하는 닉슨' 광고는 실제로는 활용되지 않았다. 신사도를 중시하는 스티븐슨이 이 광고를 방송에 내보내는 것에 동의하지 않았기 때문이다.

승자 : 드와이트 아이젠하워 아이젠하워 35,590,472표, 스티븐슨 26,022,752표. 이렇게 하여 일리노이 출신 웅변가의 대통령 자리 도전 드라마는 막을 내렸다. 스티븐슨은 대통령이 되는 데는 실패했지만 UN 주재 미국 대사로 변신하여 뛰어난 활동을 보여주게 된다. 선거일 밤에 스티븐슨은 조금 늦게 패배를 인정하는 발표를 했다. 아이젠하워는 교만한 승자의 모습을 있는 대로 다 드러냈다. "그 원숭이 같은 녀석이 뭘 더 기다리고 있는거야? 연설문 다듬고 있는거야?"

그러나 민주당은 머지않아 복수를 하게 된다. 린든 존슨, 존 F. 케네디, 휴버트 험프리 같은 야망을 가진 상원의원들이 그 무렵 전국적인 주목을 받는 젊은 정치인으로 부상하고 있었다.

1960

존 F. 케네디

★ ★ ★ ★ ★ ★ ★ ★ ★ ★ vs. ★ ★ ★ ★ ★ ★ ★ ★ ★ ★

리처드 닉슨

"오늘날까지도 1960년 선거에서 누가 정말 이겼는지는 아무도 모른다."

– 톰 위커(Tom Wicker) –

혼탁도 ★ ★ ★ ★ ★ ★ ★ ★ ★ ★
　　　　1　2　3　4　5　6　7　8　9　10

1960년은 미국 정계의 선두 그룹이 대폭 교체된 해로 기억되고 있다. 아이젠하워나 트루먼 같은 늙은 세대가 퇴장하고 "뉴프런티어"를 내건 존 F. 케네디(John F. Kennedy)와 "새로운 닉슨"을 내건 리처드 닉슨(Richard Nixon) 같은 젊은 그룹이 전면에 등장했다.

그리고 그럴 때도 되었다. 공화당계 백만장자들로 우글거리던 내각을 데리고 문제를 해결하기보다는 임시방편으로 덮어두고 넘어가기를 선호했던 아이젠하워는 후배들에게 적지 아니 골치 아픈 문제를 넘겨주고 떠났다. 소련은 스푸트니크 1호를 쏘아올려 우주경쟁에서 미국에게 일격을 가했고, 호전적인 소련 수상 니키타 흐루시초프는 위협적인 말들을 쏟아내고 있었다. 아이젠하워는 학교에서의 흑백통합 교육을 시작하기 위해 아칸소의 리틀 록에 연방군을 보내야 했다(그러나 이 결정이 민권문제를 본격적으로 부각시킨 것은 아니었다). 그리고 베트남이라고 불리는 먼 나라에서 미군 고문관들의 존재가 점차로 드러나기 시작했다.

20세기의 가장 폭발적인 10년—지금 돌이켜 봐도 그리 먼 시기가 아니다—을 여는 선거가 시작될 참이었다.

후보

민주당 : 존 F. 케네디 매사추세츠의 전설적인 집안 후손인 43세의 존 F. 케네디는 제2차 세계대전의 전쟁영웅이었고, 14년이란 짧은 시간 안에 하원의원으로 출발하여 상원의원이 되었다가 이제 대통령선거에 출마했다. 그가 이처럼 혜성같이 등장할 수 있었던 데는 집안의 재력, 영화배우 같은 자신의 외모, 그리고 아름다운 아내 재키의 덕을 본 바

가 적지 않았다. 그런 케네디의 큰 약점은 그가 가톨릭 신자라는 점이었다. 가장 최근의 가톨릭 대통령 후보였던 알 스미스는 거의 화형에 처해지듯 공격을 받았다.

상원의원 린든 B. 존슨(Lyndon B. Johnson)은 상원 다수당의 지도자였고 케네디의 러닝메이트였다. 케네디와 존슨은 서로를 싫어했지만 케네디로서는 남부의 표를 끌어모으기 위해서 텍사스 출신 부통령 후보를 필요로 했다. 그러면 존슨은 무엇 때문에 제안을 받아들였을까? 그가 전당대회에서 한 여자 친구에게 털어놓았듯이 "지금까지 대통령 넷 중에 하나는 재임 중에 죽었고 그래서 나는 도박을 하는거요. 이게 내가 대통령이 될 수 있는 유일한 기회니까."

공화당 : 리처드 M. 닉슨 46세인 닉슨의 등장도 케네디만큼이나 극적이었다. 그도 정계에 입문한 지 정확하게 14년 동안에 아이젠하워 밑에서 두 번이나 부통령을 지냈고, 이것을 바탕으로 대통령 자리에 도전했다. 그는 1959년 모스크바에서 열린 무역전시회에 참석하여 소련 수상 니키타 흐루시초프와 이른바 '부엌 논쟁'을 벌여 대중에게 강력한 인상을 심어줌으로써 정치적으로 부상했다. "전형적인 미국 가정"의 부엌 모형 앞에서 그는 흐루시초프의 조롱을 멋지게 받아넘겨 미국의 이상과 민주주의를 대변한 영웅으로 떠올랐다.[48]

흐루시초프와의 논쟁에서 이겼다고 해서 아이젠하워 대통령의 마음에 들 수는 없었다. 대통령은 체커스 연설[49] 이후로 닉슨을 신뢰하지 않았다. 어느 기자가 아이젠하워에게 닉슨이 정부의 중요한 의사결정에 참여한 적이 있는지 묻자 그는 "한 일 주일쯤 시간을 두고 생각해 보면 한두 가지가 기억날지 모르겠다"고 답변했다.

닉슨의 러닝메이트는 주 유엔대사 헨리 캐봇 로지(Henry Cabot

Lodge)였다.

후보

1960년 전투의 특징은 강하게 타격을 가하고 재빨리 움직이는 것이었다. 후보들은 열차를 이용하지 않고 전세 비행기를 타고 현대적인 통계기법을 동원하여 선정된 도시와 촌락을 찾아갔다.

닉슨은 교활하고 음험하다는 평판을 극복하기 위해 원숙하고 부드러우며 합리적이란 새로운 이미지를 만들어냈다. 물론 민주당은 이런 작전을 무력화시킬 방도를 찾았다. 특히 전임 대통령 트루먼이 나서서 "닉슨에게 투표하면 낭패를 볼 것"이라고 강조했다.

물론 케네디에게도 이미지의 문제가 있었다. 그가 내세운 '뉴프런티어'는 대부분의 사람들에게 별 의미가 없는 말이었고, 그의 연설은 대도시에서는 먹혀들었으나 중부 농촌지역에서는 그렇지 않았다. 대부분의 농민들은 부잣집 도련님 같은 케네디의 매력을 좋아하지 않았다. (사우스다코타에서 열린 주 축제에 참석하여 호의적이지 않은 청중들을 향해 연설을 마친 후 케네디는 참모들에게 "어쨌든 끝났어, 빌어먹을 농꾼들 같으니라고!"라고 불평했다.)

그리고 그의 가톨릭 신앙도 문제였다. 알 스미스의 출마 이후로 미국의 반가톨릭 편견은 줄어들었고 케네디도 종교 이슈를 교묘하게 희석시켜 나갔다. 그는 휴스턴에서 열린 영향력 있는 개신교 목사들의 집회에 참석하여 자신은 교황에게 충성할 의무를 느끼지 않는다는 것을 강력하게 주장했다. 닉슨도 케네디의 신앙을 이슈로 삼으려 하지 않았다. 보비 케네디가 지휘하던 민주당 선거운동 부대가 오히려 신앙문제를 부각시켰다. 한번은 보비가 연설을 하면서 이렇게 말했다. "내 형님 조가 격추당하기 전에 누가 그에게 가톨릭이냐고 물어보고 쏘았습니까?"(케네디 형제의 맏이인 조 케네디는 제2차 세계대전에 비행사로 참전했다가 격추되어 사망했다.) 민주당 선거운동원들은 유권자들에 냉소적인 질문을 던지는 운동을 지속했다. "가톨릭 신자라는 이유 때문에 케네디가 대통령이 될 수 없습니까?"

"교활한 딕"이란 소리를 듣던 닉슨이 오히려 케네디보다 더 깨끗한 선거운동을 펼쳤다. 노려보는 듯한 닉슨의 얼굴 위에다 "이 사람에게서 안심하고 중고차를 살 수 있겠습니까?"라는 제목을 단 포스터를 내세운 민주당의 공격에 대해 닉슨은 자신의 적수가 외교문제의 "무경험자"이며 국가를 위해 진정하고 실질적인 이슈를 제시하지 못하고 있다고 반격했다. 9월 말까지도 여론조사는 팽팽한 접전을 예상하고 있었다. 그런데 닉슨이 우매하게도 케네디 쪽의 4차례 TV토론 제안을 받아들였다. 첫 번째 토론은 9월 26일 시카고에서 방송되었다.

6백만 명의 미국인이 이 토론을 지켜보았고 백만 명은 라디오를 통해 토론내용을 들었다. 라디오를 통해 들은 사람들은 대부분 닉슨이 이겼다고 생각했다. 그러나 TV를 통해 지켜본 사람들에게 케네디는 평정을 잃지 않고 자신감에 넘치는 모습이었고, 닉슨은 긴장하고 지친 듯한 모습에다 분장이 잘못되어 '5시의 그늘'[50] 위로 땀이 흐르는 것처럼 보였다. 방송을 지켜본 닉슨의 어머니조차 전화를 걸어 어디 아프냐고 물어왔다. 실제로 그는 선거운동 초기에 자동차 문에 무릎을 부딪쳐 부상을 입고 거동이 불편한 상태였다.

이후로 3차례 더 진행된 TV토론에서는 닉슨은 활기차고 자신감 있는 모습을 보여주었지만 유권자들이 (그리고 미국 역사가) 기억하는 것은 시카고에서의 첫 번째 토론이었다.

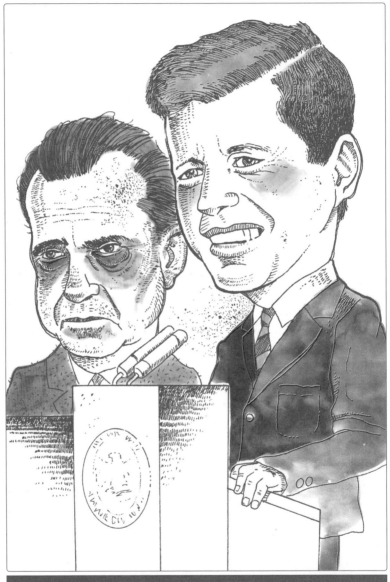

처음으로 TV로 중계된 대통령 후보 토론은 전혀 새로운 추악한 속임수의 시대를 열어놓았다.

승자 : 존 F. 케네디 _____

선거일 밤이 되자 많은 평론가들이 압승은 아니더라도 케네디가 이길 것이라는 예측을 내놓았다. 선거전은 치열했고 많은 유권자들을 투표장으로 불러냈다. 이번 선거는 오늘날까지 투표율이 60%를 넘은 마지막 선거였다. 결과는 케네디 34,226,731표, 닉슨 34,108,157표. 케네디가 119,450

소련 수상 흐루시초프와 케네디, 1961년.

표를 앞섰으나 (선거인단 수에 있어서는 케네디가 303 : 219로 승리하였지만) 이는 총 투표수의 1%의 1/10에도 미치지 못하는 것이었다. 1888년의 벤자민 해리슨–그로브 클리블랜드 선거전 이후로 가장 근접한 표차였다(그런데 이와는 반대로 2000년 선거에서는 알 고어가 직접투표에서 조지 부시보다 50만 표 이상을 더 얻었으나 선거인단 수에서는 졌다).

뜬눈으로 밤을 밝힌 닉슨은 존 F. 케네디의 승리를 인정했고 카멜롯 성은 찬란한 햇빛 속에 모습을 드러냈다. 그 화려한 빛살의 뒤쪽에는 어두운 의문이 남아 있었다. 1960년의 선거에서 정말로 누가 이긴 걸까?

★·★

"아무도 미국의 대통령 자리를 훔치지 않는다" 공화당의 거물

나리들은 닉슨이 1960년의 선거결과에 대해 왜 이의를 제기하지 않았는지 이해할 수 없었다. 의심을 품을 만한 근거는 얼마든지 있었다. 선거 직후부터 *New York Herald Tribune*의 탐사보도 전문 기자인 얼 마초(Earl Mazo)는 선거결과에 결정적인 영향을 준 텍사스(린든 존슨의 출신 주)와 일리노이[민주당의 강력한 파벌을 이끌던 리처드 데일리(Richard Daley)가 시카고 시장이었다]에서 부정투표가 있었음을 확신할 수 있는 연속기사를 내보내기 시작했다.

텍사스에서는 투표용지 도난, 이미 죽은 사람의 투표 참가, 유령 유권자 등록 등의 수법이 광범위하게 동원되었다.

시카고에서는 시장 데일리가 투표결과 발표를 미루고 있었는데, 아마도 케네디가 표를 얼마나 더 얻어야 하는지 지켜보기 위해서였을 것이다. 나중에 밝혀졌지만 닉슨은 일리노이 주의 102개 카운티 가운데서 93개 카운티에서 앞섰으나 데일리가 장악하고 있던 쿡 카운티에서는 45만 표 차이로 뒤졌다(닉슨은 결국 일리노이 전체 투표수 470만 표에서 8천 표 가량 뒤졌고 일리노이의 선거인단 표 27표는 모두 케네디가 가져갔다). 이른 아침에 데일리가 케네디에게 전화를 걸어 이렇게 말했다. "대통령 각하, 약간의 행운과 몇몇 친한 친구들 덕분에 각하가 일리노이를 가져갈 겁니다." 마초는 일리노이에서 지역 선거관리위원장이 현금으로 표를 매수하고, 죽은 사람의 이름으로 투표가 이루어지고, '사전조작'을 통해 한 표가 세 표로 자동집계되는 등의 부정행위가 있었다는 증거를 찾아냈다.

이 두 주에서 선거가 제대로 치러졌더라면 51표의 선거인단이 닉슨에게로 갔을 것이고, 그랬더라면 닉슨이 대통령이 되었을 것이다.

마초는 원래 12회로 계획된 연재기사 중 4회까지 *Herald Tribune*에 게재한 뒤 알라바마와 캘리포니아에서의 민주당의 부정행위를 취재할 준비를 하고 있던 참에 닉슨으로부터 부통령 집무실로 찾아와달라는 전화를 받았다. 마초를 만난 닉슨은 국가의 통합을 위해서 더 이상 기사를 게재하지 말아달라고 간청했다. "아무도 미국의 대통령 자리를 훔치지 않습니다." 닉슨이 마초에게 한 말이었다.

그 시대에는 지금보다는 언론이 정치인에게 훨씬 협조적이었고 마초는 기사 게재를 중단하기로 약속했다. 그런데 닉슨은 정말로 케네디가 대통령 자리를 훔치지 않았다고 생각했을까? 아마도 그러지 않았을 것이다. 그렇지만 혐의를 입증하는 어려움과 재개표 요구가 불러올 혼란의 파장을 고려해 이의를 제기하지 않기로 한 닉슨의 결정은 현명한 것이었다.

민주당은 교활함에 있어서 '교활한 딕'을 이겼다. 닉슨은 이번 일을 잊지 않을 것이다.

전국에 중계되는 역사적인 후보토론을 어떻게 준비했을까? 학교에서 선생님이 가르쳐 주셨겠지만 큰 시험을 준비하는 데는 제대로 된 방법과 잘못된 방법이 있다.

"잘못된 방법": 리처드 닉슨은 11개 주를 도는 순회연설을 마치고 극도로 피곤한 상태에다 열이 계속되는 몸으로 TV토론이 열리는 하루 전날 한밤중에 시카고에 도착했다. 다음날 아침에도 쉬지도 못한 채 중요한 연설을 한 차례 했다. 연설 후에는 6시간 동안 혼자서 호텔방 안에서 누구도 만나지 않고 선거전략 보고서를 검토했다. 그런 후에 방송국으로 가는 길에서도 이미 다친 무릎을 또 다쳤다. 몸에는 화씨 100°의 열이 나고 있었다. 그는 통상적인 분장용 화장품을 거부하고 레이지 셰이브란 활석 파우더를 사용했는데, 그 때문에 얼굴이 유령처럼 창백해 보였다. 그리고 민주당 측에서 제안한 대로 후보들은 서서 토론을 하기로 동의하였다. 민주당은 닉슨의 무릎 상태가 좋지 않다는 점을 알아내 이를 최대한 이용한 것이다.

"제대로 된 방법": TV 토론이 열리기 하루 반나절 전에 시카고에 도착한 케네디는 한 참모들에게 "줄서 있는 여자들 없어?"라고 물었다. 토론이 열리는 날 낮에는 팔머 하우스 호텔 옥상에서 일광욕을 즐겼고, 친구들과 점심을 먹었으며, 그런 후에 호텔 방에서 속옷 바람으로 침대에 누운 채 참모들과 함께 예상질문과 답변을 예습했다. 토론이 시작되기 90분 전에 콜걸이 대기하고 있던 방으로 숨어들어간 케네디는 한 보좌관의 말을 빌리자면 15분 후에 "함박웃음을 지으며" 그 방에서 나왔다. 그런 다음에 그는 방송국으로 달려가 토론이 시작되기 직전에 스튜디오에 도착하였다.

도약, 질주, 접착, 비명 존 F. 케네디만큼 섹스어필이 뛰어난 대통령 후보는 없었다. 그의 모습이 전국에 방송되는 TV화면에 나오는 것만으로도 환호를 불러일으켰다. 케네디의 선거운동을 동행 취재한 기자들은 몰려드는 여자들을 유형별로 분류했다. 도약형 : 케네디의 선거운동 차량에 뛰어 올라타려는 여자들. 질주형 : 어디를 가나 뒤쫓아 오는 여자들. 접착형 : 기회를 잡으면 케네디의 팔을 붙잡고 놓아주지 않는 여자들. 비명형 : 목청껏 비명을 지르는 여자들. '오, 잭! 사랑해요! 사랑해요!'

물론 케네디는 숭배자 그룹을 뿌리치지 않았다. 거듭되는 연설로 목이 잠겨버린 케네디는 어느 날 지시 메모를 봉투에 넣어 참모들에게 보냈는데 그 중 일부를 참모들의 후손들이 간직하고 있다. 한 메모 : "금발머리를 올라탔어." 다른 메모 : "내가 승리하면 … 좋은 시절은 지나가겠지?"

그는 승리했고 그래도 좋은 시절은 결코 지나가지 않았다.

1964

린든 존슨

★ ★ ★ ★ ★ ★ ★ ★ ★ ★ VS. ★ ★ ★ ★ ★ ★ ★ ★ ★ ★

배리 골드워터

"골드워터와 빨갱이 중국에게 동시에 폭탄을 안겨줘 버리자.
그러면 그 허풍쟁이를 날려버릴 수 있을거야."

– 린든 존슨 –

혼탁도 ★ ★ ★ ★ ★ ★ ★ ★ ★ ★
1 2 3 4 5 6 7 8 9 10

1963년 11월 22일 리 하비 오스왈드(Lee Harvey Oswald)란 암살범의 총탄에 존 F. 케네디가 살해당하자 많은 사람들은 케네디가 무시해 온 부통령이 나라를 통합할 능력이 없다고 걱정했다. 동부 해안지대의 진보파라고 하는 사람들은 존슨을 남부 촌뜨기, 애완견의 귀를 잡아 들어올리는 거친 텍사스 촌놈이라고 평했다. 경멸하기는 피차가 마찬가지였다. 존슨도 그들을 조롱하는 "진보적인" 농담을 즐겨 썼다. "진보주의자와 식인종의 차이는? 식인종은 동료를 잡아먹지 않는다."

존슨은 지적인 유희로서의 개혁에는 관심이 없었다. 그는 검증되고 진정한 '뉴딜' 민주당원을 자처했다. 이 말은 그의 친구의 설명을 따르자면 일이 생기면 소매를 걷어붙이고 행동에 나서는 구식 선행자를 의미했다. 존슨은 케네디가 시작한 정책을 이어받아 빈곤과의 전쟁을 선포하고 여러 가지 정부 지원 프로그램을 실시했고 강력한 '민권법'을 통과시키는 데 앞장섰다. 당시 사회분위기도 긍정적이었다. 핵실험 금지조약이 체결되어 미국인들은 10년 전보다는 안전감을 느끼고 있었다. 존슨은 베트남에 더 많은 군대를 보내겠다는 약속을 단계적으로 해왔는데 대부분의 미국인들은 당시에는 이 문제에 관심이 없었다. 진보파는 존슨을 좋아하지 않았는지 모르지만 그는 전체 시민들로부터 많은 지지를 받았다.

존슨은 대통령을 한 임기 더 하고 싶은 강한 희망을 갖고 있었다. 그래서 그는 20세기의 가장 추악한 선거전에 뛰어들 준비를 하였다.

케네디 암살 직후 대통령 전용기 안에서 취임선서하는 존슨.
오른쪽은 재클린 케네디, 왼쪽은 버드 존슨.

후보

민주당 : 린든 베인즈 존슨 LBJ(Lyndon Baines Johnson)라는 이니셜로 잘 알려진—그는 고풍스런 세 글자 이니셜을 가진 마지막 민주당 대통령이다—존슨은 떠벌리기를 좋아하는 텍사스 사람이었다. 누구에게나 스스럼없이 손바닥으로 등을 치기를 좋아하는 그의 서민적 풍모 뒤에는 권력에 대한 엄청난 욕망이 숨겨져 있었고, 20년 동안 하원과 상원에서 정치기술을 갈고 닦아 어떻게 하면 권력을 잡을 수 있는지 풍부한 지식을 갖고 있는 인물이었다. 그의 러닝메이트는 진정한 진보주의자이자 민권운동가인 휴버트 험프리였는데, 존슨은 험프리를 매우 멸시했다. 험프리를 부통령 후보로 선정한 후 존슨은 그에게 이렇게 말했다. "당신이 한 달 전까지도 부통령 후보가 되리라는 것을 모르고 있었다면 당신은 너무 우둔한 사람이라 부통령이 될 자격이 없소."

공화당 : 배리 M. 골드워터 55세의 골드워터(Barry M. Goldwater)
는 아리조나 출생으로 아버지는 유대인이었고 어머니는 장로교 신자였
다. 그는 집안에서 경영하던 백화점에서 사업을 배웠고, 공군 조종사로
복무한 경력이 있었으며, 1952년에 상원의원이 되었다. 골드워터는 강
경 보수주의자였다. 그는 야전사령관에게 전략핵무기를 사용할 수 있는
권한을 주는 것을 지지했고, "때때로 나는 동부 해안지대를 잘라내 바다
에 떠내려 보내면 이 나라가 더 나아질 것이란 생각을 한다"는 따위의
도전적인 발언을 거침없이 하는 인물이었다.

아이젠하워나 닉슨이라면 이런 생각을 하지 않겠지만 1964년에
공화당은 강경 보수파가 장악하고 있었고, 그 결과가 골드워터였다. 그
의 러닝메이트는 무명인사이며 보수주의 이론가이자 뉴욕 주 출신의 하
원의원 윌리엄 밀러(William E. Miller)였다.

선거전

배리 골드워터의 후보지명을 놓고 공화당의 온건파와 보수파가
격렬하게 싸우는 모습을 보고 민주당은 기뻐했다. 한 민주당 정치인은
웃으면서 공화당이 "가미가제 특공대" 같다고 말했다.

존슨은 골드워터를 이길 수 있다고 생각했지만 그가 바란 승리는
평범한 승리가 아니었다. 그는 적수를 완전히 파괴하고 그럼으로써 선거
를 거친 첫 번째 임기 동안 방대한 전권을 부여받기를 바랐다. 선거운동
을 시작하자 존슨은 언론담당 참모로부터 다음과 같은 보고서를 받았다.
"배리 골드워터를 깨끗이 태워버리는 방법은 그를 우스꽝스러운 작은

골칫거리 … 폭격기의 폭탄투하 조종간을 잡으면 행복감을 느끼는 인물로 묘사하여 대중의 마음 속에 골드워터가 불안정하고 충동적이며 통제가 안 되는 사람이란 두려움을 계속 불어넣는 것이다."

대통령은 이 방안을 주저없이 받아들였다. 존슨은 연설을 할 때 하늘을 가리키며 존 F. 케네디의 영혼이 "저 하늘 위에서 우리를 지켜보고 있다!"고 하였다. 순교한 JFK와 이 청중들은 누가 백악관에 들어가기를 바랄까? 존슨인가 골드워터인가? "여러분은 핵무기 발사 버튼에 누구의 엄지손가락이 올라가기를 기대하며 … '모스크바에서 온 전화입니다'라고 했을 때 누가 핫라인 전화기를 들기를 원합니까?"

이런 경고적인 수사에 지나지 않을 수도 있는 연설을 골드워터가 실제적인 위험으로 느껴지도록 만들어 버렸다. 골드워터는 연설에서 "크렘린의 남자 화장실에 멋지게 폭탄을 한방 날리자"고 했다. 뿐만 아니라 그는 당시 미국에서(특히 도시지역에서) 분명하게 드러나고 있던 인종적 갈등을 부추기는 역할도 마다하지 않았다. "모든 인간은 출생하는 순간에는 평등하게 창조된다 … 그러나 그 이후로 평등은 끝이다." 이게 그가 한 연설이다. 골드워터는 흑인 범법자들에 대한 백인들의 공포심을 자극했다. "통계 숫자는 인용할 필요도 없다. 여러분 모두가 알고 있으니까. 미국의 모든 아내와 어머니들, 모든 여자와 소녀들은 내 말이 무슨 뜻인지 안다."

골드워터는 이런 연설에다가 "여러분들도 알다시피 나는 일급 두뇌를 갖고 태어난 사람이 아니다"는 발언을 보태 많은 미국인의 두려움을 자아냈다. 뉴스위크는 그를 "가장 빠른 총"이라 불렀고, 라이프 잡지는 그를 "한 문장으로 끝내버리는 사람"이라고 불렀다. 심리학자들이 전국을 대상으로 조사한 결과를 보면 무시할 수 없는 비율의 미국인들이 골드워터는 병적인 편집증을 앓고 있어서 대통령이 되기에 적절치 않은 인물이란 생각을 갖고 있었다.

선거전이 열기를 더해가자 존슨은 참모들에게 수단과 방법을 가리지 말고 언론에 영향을 미치도록 하라는 지시를 내렸다(그는 "기자들이란 꼭두각시"라고 했다). 골드워터가 부통령 후보 휴버트 험프리를 병역기피자(험프리는 제2차 세계대전 때 징병등록은 하였으나 징병유예 판정을 받았다)라고 공격하자 존슨의 최고위 참모 월터 젠킨스(Walter Jenkins)와 언론 담당 참모 빌 모이어스(Bill Moyers)가 워싱턴포스트와 뉴욕타임즈의 편집자에게 영향력을 행사하여 이런 공격이 얼마나 비열한지 비판하는 기사를 싣도록 했다. 백악관 보좌관 월터 헬러(Walter Heller)는 존슨에게 "신뢰받는 칼럼니스트를 동원하여 골드워터 효과가 증권시장에 부정적인 영향을 미친다는 칼럼을 써서 널리 퍼뜨리게 하는 것이 적절하다"는 비밀 메모를 올렸다. 헬러가 선발한 칼럼니스트 실비아 포스터(Sylvia Poster)는 골드워터의 당선이 미국 경제에 나쁜 영향을 줄 것이란 칼럼을 두 차례 썼다.

골드워터도 반격했다. 그의 선거운동 본부에서는 『텍사스 사람들이 바라보는 린든 : 정통성 없는 권력에 관한 연구』라는 제목을 단 쌍스러운 말로 가득 찬 책을 만들어냈다. 이 책은 19세기 선거운동에 등장하던 아니면 말고 식의 팸플릿을 본받아 존슨에 관한 온갖 추악한 애기들을 다 끌어모아 놓았다. 이 책의 저자 에비츠 헤일리(J. Evetts Haley)에 의하면 존슨은 온갖 종류의 매표행위와 추잡스런 정치공작을 벌인 인물이며, 심지어는 몇몇 기업인뿐만 아니라 존 F. 케네디의 죽음에도 책임이 있는 인물이었다. 이 책은 출판 첫 해에 텍사스에서는 성경보다 더 많이 팔렸다.

당시에 유행하던 두 가지 대립적인 내용의 자동차 범퍼 스티커 구호가 상황을 잘 설명해 준다.

골드워터 지지자들 : 당신의 본심은 그가 옳다는 것을 안다.

(IN YOUR HEART YOU KNOW HE'S RIGHT)

존슨 지지자들 : 그가 미치광이라 마음으로부터 싫다.

(IN YOUR GUT YOU KNOW HE'S NUTS)

선거전 : 린든 존슨 _____

이 선거의 마지막에 가서 미국인들은 적절한 놀라움을 맛보게 된다. 선거일(11월 3일) 오후 6시 30분에 NBC 뉴스는 개표가 끝나지도 않은 상태에서 존슨의 압도적인 승리를 보도하였다. 유권자의 62%가 투표장으로 나왔고, 존슨은 직접투표에서 미국 역사상 가장 높은 득표율 (61.1%)을 기록한다. 그는 골드워터보다 1,600백만 표나 더 얻었고(43, 129,566 : 27,178,188), 이런 표차는 당시까지는 최대의 기록이다(표차의 기록은 1972년에 닉슨에 의해 깨지고 총 득표수의 기록은 1984년에 레이건에 의해 갱신된다). 공화당은 혼란에 빠졌고 민주당은 기쁨에 빠졌다. 남부 촌뜨기 대통령의 통치가 오래 지속될 것처럼 보였다.

그러나 1960년대에는 모든 것이 빨리 변하고 있었다.

★ · ★ · ★ · ★ · ★ · ★ · ★ · ★ · ★ · ★ · ★ · ★ · ★ · ★ · ★ · ★ · ★ · ★ · ★

"들국화" 1964년에 선보인 선거광고 가운데서 가장 유명하고 효과적인 광고는 어느 것이었을까?

9월 7일 밤 NBC의 인기 있는 "월요명화"를 지켜보던 시청자들은 금발머리의 작은 여자 아이가 초원을 걸어가는 장면에 매료되었다. 소녀는 들국화 한 송이를 꺾어들고 꽃잎을 하나씩 따면서 높고 순수한 목소리로 세기 시작한다. "1 ⋯ 2 ⋯ 3 ⋯ 4 ⋯" 소녀의 꽃잎 세기가 끝나자 군인의 딱딱하고 무거운 목소리가 수를 세기 시작한다. "10 ⋯ 9 ⋯ 8 ⋯ 7 ⋯ 6 ⋯" 숫자가 0에 이르자 작은 소녀는 고개를 들어 하늘을 보고 놀란다. 소녀의 공포에 질린 얼굴이 클로즈업된 후 하늘에는 거대한 버섯구름이 무서운 기세로 피어올라 이윽고 화면 전체를 뒤덮는다. 버섯구름 위로부터 린든 존슨의 목소리가 들여온다. "이것은 엄청난 도박입니다. 신이 창조한 모든 어린이들이 살아갈 수 있는 세계를 만들 것인지 아니면 어둠의 세계를 만들 것인지 선택해야 합니다. 우리는 서로 사랑해야 하며 그렇지 않으면 죽게 됩니다."

존슨의 선거본부는 원래 이 광고를 한 차례만 내보낼 계획이었으나 뉴스 시간에 모든 방송이 이 짧은 삽입광고에 관해 보도하면서 광고 전체를 되풀이하여 보여주었고, 덕분에 민주당은 모든 미국 가정을 향해 엄청난 공짜광고를 내보낼 수 있었다. 이 광고를 보고 공화당이 울분에 빠질수록 상황은 그들에게 불리하게 돌아갔다. 이 광고는 과잉대응임이 분명하지만 그 강력하고 단순한 메시지는 보는 사람의 가슴에 와닿았다.

오후 5시라면 추악한 속임수를 짜내기에 좋은 시간이지! 린든 존슨이 배리 골드워터를 공격할 때 동원한 여러 가지 추악한 속임수에도 불구하고 탄핵당하지 않은 것이 놀랍다. 그로부터 10년 후에 닉슨은 존슨보다 심하다고 할 수 없는 추악하고 비윤리적인 속임수를 썼다가 대통령 자리에서 쫓겨난다.

존슨은 상대를 비방하는 전략을 짜기 위해 극비리에 16명으로 구성된 위원회를 구성했다. 이 위원회는 "반캠페인" 또는 "5시 클럽"이란 암호명으로 불렸는데, 일과시간이 끝나고 아무도 없을 때 모였기 때문에 붙인 이름이다. 위원회는 존슨의 직접 지시를 받는 두 사람의 참모가 운영했는데, 위원회는 다음과 같은 활동을 하였다.

* 골드워터를 비방하는 책 만들기

'배리 골드워터 : 극우주의자', '배리 골드워터의 진실', 배리 골드워터를 조롱하는 농담을 모은 '우스워 죽겠는 애기' 등을 이 위원회에서 구상했다. KKK단 복장을 한 골드워터의 그림에 색칠을 하는 유아용 색칠놀이 책도 만들었다.

* 칼럼니스트 앤 랜더스(Ann Landers)에게 골드워터가 대통령이 되는 것을 두려워하는 평범한 시민을 가장하여 편지 보내기
* 기자들에게 골드워터의 선거운동에 대해 익명으로 적대적인 질문 제기하기
* CIA요원 하워드 헌터(E. Howard Hunt)를 골드워터 선거본부에 침투시킴. 헌터는 골드워터의 연설원고를 사전에 빼내 백악관 보좌관들에게 보냈다. 백악관 보좌관들은 이를 바탕으로 골드워터의 주도권을 사전에 차단하는 전략을 세웠다.

공화당의 반격 물론 공화당도 손 놓고 있지는 않았다. 그들도 나름대로 수많은 속임수를 써서 반격했다.

* 존슨이 공직에 나온 후 천만 달러에서 1천4백만 달러의 재산을 모았다는 의혹을 신문사에 흘렸다. 이에 대한 민주당 쪽의 해명은 대통령의 부인 버드 여사가 라디오 방송국을 소유하고 있다는 것이었으나 존슨 자신도 그의 후원자와 매우 특혜적인 부동산 거래를 한 사실이 있었다.
* 존슨이 1961년 부통령으로서 홍콩을 방문했을 때 국무성으로부터 개인 용돈으로 상당한 금액을 받았다는 근거가 희박한 애기를 퍼뜨렸다.

* 서부지역의 신문들에 존슨이 신장 암을 앓고 있어서 얼마나 더 살지 모른다는 광고를 실었다.
* '오피니언 리서치'라는 여론조사 기관이 골드워터가 여러 주에서 앞서고 있다는 여론조사 결과를 발표하였다. 민주당이 이 발표에 의문을 제기하자 다른 여론조사 기관에서 이 기관은 골드워터의 선거운동을 하는 조직이며 조사결과도 조작된 것임을 밝혀냈다.

선택 '도덕적인 미국을 지향하는 어머니들'이라 자칭하는 단체가 골드워터를 지지하는 '선택'이란 제목의 말썽 많은 TV 광고를 내보냈다. 이 광고는 미국인들은 "선과 악 중에서 하나를 선택해야 한다"고 주장했다.

이 광고는 선택해야 할 긍정적인 요소로서 건강하고 단정한 차림의 젊은이들, 하늘 높이 휘날리는 성조기, 햇빛을 받아 빛나는 자유의 여신상, 열정적인 연설을 하는 배리 골드워터의 모습을 보여주었다.

그 반대편의 모습으로는 '날 안아줘요'나 '남자 팝니다'라는 제목의 포르노 책들, 트위스트 같은 춤, 토플리스 수영복 차림의 여자들, 폭동에 가담한 흑인 청소년들이 춤추고 돌을 던지는 장면, 빈 맥주 깡통을 창밖으로 던지며 질주하는 링컨 컨티넨털 자동차―이 광경은 존슨을 비꼬는 의미였다. 존슨은 텍사스에 있는 자기 소유의 목장에서 고속으로 차를 몰면서 차가운 맥주를 마시는 것을 즐겼다― 등을 보여주었다.

당신은 어느 쪽을 선택할 것인가? 도전적인 질문이었다. 훗날 골드워터의 참모 가운데 한 사람이 밝힌 바에 의하면 '도덕적인 미국을 지향하는 어머니들'이란 단체는 골드워터 선거운동의 "전위부대"였다고 한다. 이 광고는 선거운동 후반부에 집중적으로 노출시킬 계획이었으나 민주당 측에서 인종차별주의 내용을 담고 있다고 요란스럽게 떠들어대자 골드워터는 중도에 광고를 중단할 수밖에 없었다.

동성애의 덫 10월 초에 골드워터 선거운동 본부는 예상치 못한 선물을 받았다. 린든 존슨의 최고위 참모인 월터 젠킨스(Walter Jenkins)가 워싱턴 D.C.의 YMCA 건물 남자 화장실에서 성행위를 유도하여 공중도덕을 침해했다는 혐의로 체포된 것이다.

46세의 젠킨스는 존슨 밑에서 오랫동안 일했다. 그는 결혼하여 6명의 자녀를 두었으나 가정은 돌보지 않고 일에 몰두하는 인물로 알려졌다. 1964년 10월 7일, 그는 워싱턴의 한 파티에 참석하여 다섯 잔의 마르티니를 마신 후 YMCA 건물 지하 남자 화장실로 갔다가 그곳에서 한 남자를 만났다. 두 사람이 한참 열을 올리고 있을 때 3명의 형사가 들이닥쳤다.

존슨은 충격을 받았다. 훗날 존슨은 전기작가에게 이렇게 말했다. "내 아내가 교황을 살해했다는 소식을 들었어도 이보다 충격적이지는 않았을 것이다." 대통령은 젠킨스가 공화당이 놓은 덫에 걸린 것이라고 굳게 믿었지만 얼마 지나지 않아 젠킨스가 5년 전에도 같은 장소에서 같은 행위를 한 혐의로 체포된 적이 있음이 밝혀졌다.

LBJ는 이 사건을 덮어버리려고 온갖 수를 다 썼으나 결국 언론의 촉수에 걸렸다. 젠킨스는 사임하였다. 젠킨스와 공군에서 함께 복무한 적이 있던 골드워터는 공화당은 이 개인적 비극을 선거전에 이용하지 않겠다고 공개적으로 선언했다. 그런데 그는 사적인 자리에서는 기자들에게 "대통령선거에서 이기려면 공산주의자와 동성애자만큼 써먹기 좋은 소재는 없다"고 털어놓았다. 그런데 골드워터의 선거운동 조직이 백악관 내부의 비윤리성을 부각시키기 위해 젠킨스 사건을 써먹으려 하던 참에 더 큰 사건이 발생했다. 중국이 첫 핵무기 실험을 했다는 뉴스가 젠킨스 사건을 덮어버렸다.

이 사건과 관련된 코미디 같은 뒷얘기 하나. 젠킨스가 체포되고 나서 몇 주 후에 LBJ는 연방수사국장 에드가 후버로부터 사건의 전말에 관한 보고를 받았다. 백

민주당은 KKK 제복을 입은 골드워터의 그림에 색칠하는 놀이를 하도록 아이들을 부추겼다.

악관에서는 통상적으로 대통령의 대화를 녹음해두었고 두 사람 사이의 대화도 녹음되었다. 훗날 이 녹음 테이프가 '정보자유법'에 따라 공개되었다. 존슨은 이렇게 말했다. "자네라면 도대체 어찌된 일인지 말해줄 수 있겠지. 맹세컨대 나는 동성애자가 어떻게 생겼는지 알 수가 없었단 말일세."

그러자 후버가—그도 동성애자란 소문이 오랫동안 나돌았고 LBJ도 이를 모를 수가 없었다—최고사령관을 안심시켜 주었다. "각하, 동성애라고 부르는 우스운 짓을 하는 사람이 가끔 있습니다. 그런데 이번 젠킨스 경우에는 그런 흔적이 보이지 않았습니다."

1968

리처드 닉슨

★ ★ ★ ★ ★ ★ ★ ★ ★ ★ VS. ★ ★ ★ ★ ★ ★ ★ ★ ★ ★

휴버트 험프리

"1964, 1966, 1968, 1972년 그 어느 선거에서도
나는 후보가 된다고는 생각하지 않았다 … .
어느 해의 선거에서도 내가 후보가 되리라고 생각했다면
그 사람은 정신 나간 사람이다."

– 리처드 닉슨, 캘리포니아 주지사 선거에서 떨어지고 나서 –

혼탁도 ★ ★ ★ ★ ★ ★ ★ ★ ★ ★
        1 2 3 4 5 6 7 8 9 10

1968년 초가 되자 존슨은 베트남전의 포로가 되어 있었다. 50만 명 이상의 미군이 야만적인 전쟁의 수렁에 빠져 있었고, 미국의 납세자들은 하루에 8천만 달러의 전비를 부담하고 있었다. 인명 희생은 그보다 더 큰 부담이었다. 1968년이 시작되었을 때 미군 전사자의 수는 1만 6천 명이었고, 그해에는 매달 1천 명의 전사자가 생기게 된다.

존슨이 대중 앞에 나타나면 시위자들이 길을 막고 조롱을 퍼부었다. "어이, LBJ. 오늘은 몇 명의 젊은이들을 죽였지?" 그들은 병사들을 고향으로 데리고 오라고 요구했다. 존슨이 내세운 "위대한 사회"는 산산조각이 나고 있는 것 같았다. 지난 2년 동안 전국의 주요 도시에서 흑인폭동이 일어나지 않은 곳이 없었고, 골드워터의 몰락 이후로 공화당의 희망이 된 닉슨은 "빈곤과의 전쟁"을 지독한 속임수라고 비난했다.

모든 것을 존슨이 감당하기에는 벅찼다. 1968년 3월 31일에 존슨은 다음 선거에 출마하지 않겠다는 폭탄선언을 했다.

후보

공화당 : 리처드 M. 닉슨 그가 돌아왔다. 1962년에 캘리포니아 주지사 선거에 나섰다가 보기 좋게 패한 뒤 그는 기자들에게 유명한 말을 남겼다. "기자 여러분, 다시는 저 닉슨을 거칠게 대하지 않아도 됩니다. 이번이 나의 마지막 기자회견이니까요."[51] ABC 방송은 "리처드 닉슨의 정치적 묘비명"이란 제목의 반 시간짜리 뉴스를 내보냈다. 닉슨은 뉴욕으로 가 변호사로 개업하였다.

그러나 마음대로 물러나기도 어려웠다. 골드워터가 대패한 후 공화당의 재기를 꿈꾸던 온건파 당원들에게는 닉슨이 매력 있는 후보로 비치기 시작했다. 닉슨은 후원금 모금활동을 시작하고 할데만(H. R. Haldeman), 얼리치만(John Ehrlichman), 존 미첼(John Mitchell) 같은 충성스런 참모들을 모았다. 그리고 자신의 이미지를 바꾸어 줄 미디어 전담 고문을 찾아냈다. 그는 몇몇 공화당 예비선거에 나섰고 1968년 8월에 전당대회 첫 번째 투표에서 후보로 지명되었다.

그의 유일한 실책은 매릴랜드 주지사 스피로 애그뉴(Sprio Agnew)를 러닝메이트로 선정한 것이었다. 애그뉴는 용모는 잘 생겼으나 떠벌리기를 좋아하는 영리하지 못한 정치가였다.

민주당 : 휴버트 험프리 존슨이 재출마 포기를 선언하자 민주당은 서둘러 대오를 정비하고 부통령이던 험프리(Hubert Humphery)를 대통령 후보로 지명했다. 험프리는 재치 있고 민권신장을 위해 많은 활약을 했으나 강하지 못하고 자상한 아저씨 같은 인상을 주는 약점이 있었다. 그는 존슨의 충실한 부하라는 인상이 강해 어느 선거연설에서는 "대통령이 나를 노예처럼 부리지도 않았고 나는 대통령의 충실한 하인도 아니다"고 선언해야 할 정도였다.

더욱 좋지 않은 조건은 당내에 미네소타 출신 상원의원 유진 매카시(Eugene McCarthy)와 매사추세츠 출신 상원의원 로버트 케네디(Robert Kennedy) 같은 강력한 반전파 적수가 있었다는 점이다(로버트 케네디는 1968년 6월에 로스엔젤리스에서 암살당하지 않았더라면 분명히 대통령 후보로 지명되었을 것이다). 민주당은 반전시위대가 거리를 누비는 소란스러운 시카고에서 전당대회를 열고 험프리를 대통령 후보로, 매인 출신 상원의원 에드먼드 머스키(Edmund Muskie)를 부통령 후보로 지명했다.

선거전 _____

조 맥기니스(Joe McGinniss)가 『대통령이란 상품 만들기』(*The Selling of the President*)란 저서에서 잘 묘사했듯이 닉슨은 자신을 대통령으로 만들어 준 미디어 전문가 그룹에 둘러싸여 있었다. 그는 더 이상은 강행군 연설을 하지 않았고(닉슨은 자주 휴식을 취했다) 더 이상 TV 토론도 벌이지 않았다(험프리는 이런 닉슨을 '새가슴 닉슨'이라 조롱했다). 미디어 전문가들은 쉴 새 없이 말을 쏟아내는 닉슨의 실수를 막기 위해 공개적인 기자회견을 피하도록 했다. 닉슨을 조종하는 사람들은 "평범한 시민들"(모두가 닉슨 지지자)이 등장하여 질문을 주도하는 TV "패널 쇼"를 연출하였다.

여론조사 결과는 선거전 초반부터 닉슨이 험프리를 20포인트나 앞서는 것으로 나왔고, 특히 블루칼라 계층이 강한 지지를 보냈다. 닉슨은 히피, 폭동을 일으키는 학생과 흑인, 브래지어를 불태우는 페미니스트들의 모습을 오랫동안 지켜보면서 반감을 품어온 노동자 계층인 이른바 "침묵하는 다수"를 위해 법과 질서를 대변하는 후보로 변신했다.

험프리가 곤란한 처지에 빠졌다. 블루칼라 유권자들은 그를 좋아하지 않았고, 그렇다고 반전파가 그를 지지하는 것도 아니었다. 거액의 선거후원금을 내던 부자들이 패색이 짙은 후보에게 돈을 대기를 꺼려하자 선거운동 본부는 주기적으로 자금부족에 시달렸다. 어느 때인가 험프리는 거의 눈물을 쏟을 것 같은 표정으로 소리쳤다. "닉슨은 괜찮은데 왜 나만 쪼들리지?" 닉슨은 따라잡을 수 없는 먼 곳에 있었다. 그는 방송국 스튜디오 안에서 유권자들을 만나고 있었고, 막내딸 트리샤의 이름을 딴 전용 보잉 727기를 타고 전국을 돌아다니고 있었다. 닉슨은 질문에 대해 핵심만 답변하는 현대적인 후보인 반면에 험프리는 한번 말을 시작하면 그칠 줄 몰랐다. "나는 험프리가 한번 질문을 받고 12분 동안 답변하는 것을 본 적이 있다. 진행자조차도 카메라가 돌아가지 않는 틈에 '내가 이 사람에게 무슨 질문을 했는지도 모르겠네' 라고 토로했다." 닉슨의 한 참모가 한 말이다.

9월이 되자 선거전은 접전의 양상을 띠기 시작했다. 베트남전 종전 방안에 대한 닉슨의 모호한 태도—사실 종전 방안에 대해서만 모호한 것은 아니었다—는 분명한 답을 간절히 원하던 사람들을 지치게 만들었다. 뿐만 아니라 인종차별주의를 내세운 제3당 후보 알라바마 주지사 조지 월리스(George Wallace)가 보수파 공화당원들을 파고들기 시작했다.

10월에 존슨 대통령이 엄청난 10월의 깜작 쇼를 연출했다. 1968년의 할로윈 축제날 저녁에 대통령은 TV에 나와 하노이 측이 북부 베트남에 대한 폭격을 중단하는 조건으로 파리에서 평화회담을 열기로 동의했다는 소식을 전했다. 험프리의 지지율이 순식간에 올라갔다. 민주당 정권이 적극적으로 평화회담을 열겠다는데 그 정책을 이어갈 후보를 떨어뜨리려는 생각을 할 사람이 어디 있을까?

닉슨은 신랄하게(그리고 현명하게) 비난했다. "내가 들은 바에 의하면 이번의 갑작스런 결정은 험프리 씨를 구하기 위한 마지막 시도라고 하는데, 물론 나는 이 말을 믿고 싶지 않다." 투표일을 앞둔 마지막 주에 몇몇 여론조사에서 민주당 후보가 처음으로 앞서고 있는 것으로 나타났다. 그런데 이런 우세는 남부 베트남 대통령 구엔 반 티우가 평화회담에 참가하지 않겠다고 선언함으로써 회담이 결렬되자 끝이 났다.

공화당은 험프리가 청중을 졸리게 하는 데는 명수라고 조롱했다.

승자 : 리처드 닉슨

닉슨이 근소한 표차로 험프리를 이겼다. 닉슨 31,785,480표, 험프리 31,275166표. 직접투표의 표차는 약 50만 표였으나 선거인단 수에서는 닉슨이 301 : 191로 이겼다. 55세의 닉슨은 미국 역사상 극히 예외적인 정치적 재기를 보여주었다. 그는 당선연설에서 차기 정권의 국정지표로서 선거운동 기간 동안에 한 10대 지지자가 들고 있던 피켓에 쓰인 구호를 사용하겠다고 발표했다. "우리 함께 가요"(Bring Us Together).

그러나 닉슨이 집권한 시기는 단결을 강조하는 이 푸근한 구호처럼 전개되지는 않았다. 문제의 10대 지지자는 비키 코울(Viki Cole)이란 이름의 소녀였는데, 오하이오의 한 작은 마을 감리교 목사의 딸이었다. 비키가 처음에 든 피켓에는 "LBJ가 우리에게 공화당에 투표하도록 가르쳤다"고 씌어 있었다. 비키는 이 피켓을 잃어버렸고, 그래서 땅바닥에 떨어져 있던 "우리 함께 가요"라고 적힌 피켓을 발견하고 주워들었다. 이 우연한 발견 덕분에 선거가 끝나고 비키는 백악관에 초대되어 닉슨을 직접 만나는 행운을 맛보았다.

비키는 기자들과의 인터뷰에서 정말 표를 찍고 싶었던 후보는 암살당한 민주당원 로버트 케네디라고 속마음을 털어놓았다.

★ · ★ · ★ · ★ · ★ · ★ · ★ · ★ · ★ · ★ · ★ · ★ · ★ · ★ · ★ · ★ · ★ · ★ · ★

10월의 깜작 쇼 1968년 선거운동 마지막 주에 발표한 존슨의 평화회담 개시선언이 제대로 진행되었더라면 험프리가 틀림없이 당선되었을 것이라는 게 일반적인 평가이다. 그러나 남부 베트남의 구엔 반 티우 대통령이 반대하여 협상은 깨어졌다.

LBJ를 포함하여 많은 사람들은 닉슨이 협상을 방해하기 위해 구엔 반 티우에게 대통령이 되고 나면 남부 베트남에게 보다 유리한 조건의 제안을 하겠다는 언질을 주었다고 믿었다. 몇몇 가지 상황적인 증거—당시 닉슨의 고위 선거참모이자 후에 닉슨 행정부에서 법무장관이 된 존 미첼이 중개인을 통해 티우와 접촉했다—
에도 불구하고 이런 혐의는 입증된 바가 없다. 당시에 험프리를 포함하여 다수의 관
측자들은 닉슨이 평화회담의 방해꾼으로 비쳐질 모험을 하지 않았을 것이라고 믿었
다. 또 어떤 사람들은 티우가 존슨의 평화회담 개시선언이 11월 선거를 겨냥한 것일
뿐 남부 베트남의 절실한 이익과 꼭 일치하는 것이 아니라고 판단했기 때문에 미국
의 도움을 거절했다고 분석한다.

다가올 일들의 예행연습 1962년 캘리포니아에서 현직 민주당 지사 팻
브라운(Pat Brown)에 맞서 주지사 선거에 나섰다가 패배한 닉슨은 선거운동을 하면
서 할데만—후에 닉슨 대통령의 비서실장이 된다—의 도움을 받아 정말로 추악한
속임수를 썼다.

두 사람이 만든 '민주당 보존위원회'란 유령단체가 등록된 민주당원들을 대
상으로 당이 브라운 같은 "소수 좌파"에게 "점령"되어 있어서는 안 된다는 내용의
우편엽서 50여 만 장을 발송했다. 민주당은 이 책략을 밝혀내고 법원으로부터 닉슨
에게 우편엽서의 발송을 중지하라는 명령을 받아내고 공화당을 고소했다. 이 사건은
결국 법정 밖 회의를 통해 수습되었다.

또 하나의 책략은 그 야비함이 놀라울 정도였다. 브라운이 라오스 난민 소녀
와 얘기를 나누기 위해 무릎을 꿇고 있는 사진을 찾아낸 닉슨과 할데만은 소녀의 모
습을 덜어내고 그 자리에다 소련 수상 니키타 흐루시초프의 사진을 붙여놓았다. 브
라운이 미국의 최대의 적 앞에 무릎을 꿇고 애원하는 모습을 연출한 것이다.

"말 많은" 스피로 애그뉴 정교한 각본에 따라 진행되던 리처드 닉슨의
선거운동에서 즉흥대사를 남발하여 판을 깨는 유일한 인물이 부통령 후보 스피로 애
그뉴였다. 최초의 그리스계 부통령 후보였던 애그뉴는 매릴랜드 주지사 시절에 법과
질서를 강력하게 옹호했고, 그런 이미지 때문에 부통령 후보로 선정되었다. 닉슨은

그가 통제가 안 되는 인물이라는 사실을 곧 알아차렸다. 하와이로 가는 비행기 안에서 애그뉴는 일본계 미국인 기자가 잠자고 있는 것을 보고는 옆 사람에게 "이 왜놈은 어떻게 된거야?"라고 소리쳤다.

애그뉴는 아무리 좋게 보더라도 기회균등의 원칙을 무시한 인물이었다. 그는 폴란드계 미국인들을 "폴란드 놈"이라 불렀고, 빈민지역을 둘러보고서는 "한 도시의 슬럼에 가봤으면 그 도시의 폴란드 사람들을 다 만난 것이나 다름없다"고 말했다.

민주당은 이런 애그뉴를 물고 늘어졌다. 화면 가득히 "스피로 애그뉴를 부통령으로 뽑읍시다"라는 큰 글자만 보여주면서 30초 동안 폭소 소리가 계속되는 TV 광고를 내보냈다.

1972

리처드 닉슨

★ ★ ★ ★ ★ ★ ★ ★ ★ ★ VS. ★ ★ ★ ★ ★ ★ ★ ★ ★ ★

조지 맥거번

"정치적 목적의 도청에 대해 그렇게 큰 도덕적 분노를 느끼지 못했다."

– 리처드 닉슨 –

혼탁도 ★ ★ ★ ★ ★ ★ ★ ★ ★ ★
       1 2 3 4 5 6 7 8 9 10

전쟁을 멈추게 하겠다던 닉슨의 선거공약에도 불구하고 1972년에도 베트남전은 치열하게 전개되고 있었다. 국내에서도 오하이오의 켄트 주립대학 캠퍼스 안에서 반전 데모를 하던 학생 4명이 주 방위군의 총격으로 사망하는 사건이 발생했다. 전쟁의 종식을 요구하는 20여 만의 시위대가 워싱턴을 향해 행진했다. 이런 상황 속에서 치르는 1972년의 선거는 매우 중요한 의미를 가지는 선거였다. 유례없는 사회적 혼란에 지친 미국인들은 강력한 지도력과 성실성과 열정을 가진 대통령이 나와주기를 고대했다. 그런 희망을 가지고 있던 미국인은 앞선 10년 동안의 선거에서 행해졌던 모든 비열한 술책과 정치적 음모가 하나로 어우러져 난무하는 선거운동을 보게 되었다. 1972년 선거는 영원히 "추악한 속임수"의 동의어로 기록된다.

엘비스 프레슬리를 만난 닉슨. 1970년 12월.

후보

공화당 : 리처드 닉슨 닉슨은 재임 중 역사적인 중국과 소련 방문 등 주로 외교방면에서 큰 업적을 쌓았다. 그러나 내정에 있어서는 그의 정책에 대한 반대가 증대되고 있었고, 경제는 임금과 물가를 통제한 덕분에 버티고 있었다. 그는 대통령 자리라는 벽 속에 스스로 갇혀 백악관 안에서만 맴돌았고, 듣기 좋은 충고와 편안한 애기만 해주는 똑같은 보좌진과 부자 친구들에게 둘러싸여 지냈다.

민주당 : 조지 맥거번 조지 맥거번(George McGovern)은 대학에서 역사와 정치학을 가르치다가 정치인으로 변신한 사우스다코타 출신 상원의원으로 그는 상냥하고 소탈하면서도 의자가 강한 사람이었다. 닉슨과는 달리 맥거번은 제2차 세계대전 참전용사였고, 폭격기를 몰고 북아프리카와 이태리 공습에 참가한 공로로 '비행수훈장'을 받은 경력을 갖고 있었다.

험프리도 그랬지만 맥거번의 후보지명도 대중의 관심을 끌지 못했다. 마이애미에서 열린 전당대회에서 대통령 후보로 지명된 맥거번이 후보수락 연설을 한 시각은 새벽 2시 48분이었다. 한 정치평론가의 말을 빌리자면 이 시각은 "괌에서는" 주요 시청 시간대였다. 그의 러닝메이트는 미주리 출신 상원의원 토마스 이글튼(Thomas Eagleton)이었다.

선거전

선거전 초기에 공화당은 토마스 이글튼이 병적인 우울증으로 1960년과 1966년 사이에 세 차례나 병원에서 입원치료를 받은 적이 있고 전기충격 요법 치료도 받은 적이 있다는 놀라운 소식을 들었다. 또 이글튼이 알코올 중독 치료도 받은 적이 있다는 소문이 나돌았다. 맥거번은 처음에는 이글튼을 "1,000%" 지지한다고 말했으나 결국 당의 압력 때문에 부통령 후보를 교체했다. 새로운 부통령 후보 사전트 슈라이버(Robert Sargent Shriver)52)는 케네디가 사람으로서 전직 프랑스 주재 대사였다. 공화당은 손쉽게 맥거번을 우유부단한 사람, 곤경에 빠진 친구를 지켜주지 않는 사람으로 몰아세울 수 있었다.

닉슨은 이번 선거에서 후보 닉슨이 아니라 대통령 닉슨으로서 선거운동을 끌어가기로 결정했다. 그는 백악관 장미정원에만 모습을 드러냈고, 치밀하게 짜여진 각본에 따라 선별된 선거운동 행사에만 나타났다. 그러나 막후에서 벌어지는 그의 선거운동은 추악한 속임수로 가득 차 있었다. 뉴욕타임즈가 미군이 북부 베트남 하이퐁 항구를 봉쇄하기 위해 기뢰를 부설한 것을 비난하는 기사를 내보내자 바로 그 다음날 이 신문에 미국의 장래를 걱정하는 14명 시민의 이름으로 닉슨의 결정을 지지하는 전면광고가 실렸다. 광고 자체야 나무랄 것이 없지만 문제가 된 것은 '대통령 재선위원회'(CRP : Committee to Re-Elect President)에서 비밀리에 게재한 때문이었다[이 위원회의 정식 약칭은 CRP였는데 사람들은 비꼬는 의미로 CREEP(몰래 접근)이라 불렀다]. 문제의 광고에 이름을 올린 사람들은 CREEP 팀 구성원들의 친척이었다. CREEP는 또 하이퐁 항에 기뢰를 부설한 대통령의 결정에 대한 여론조사를 실시 중이던 워싱턴 소재

TV 방송국으로 닉슨 지지 우편엽서 수천 장을 보냈고, 그 결과 대통령의 결정을 지지하는 의견이 3 : 1로 우세했다.

이런 것들은 밖으로 드러나는 활동이었다. 닉슨은 또한 내국세조사국(Internal Revenue Service)의 특별팀—이름만 들어도 으스스한 '특별조사팀'(SSSS : Special Service Staff)—을 동원하여 정적들을 대상으로 세무조사를 벌였다. 이때 세무조사를 받은 인물 가운데는 민주당 전국위원회 의장인 래리 오브라이언(Larry O'Brian)도 들어 있었다. 닉슨은 누가 적인지 어떻게 알아냈을까? 존 딘(John Dean)과 척 콜슨(Chuck Colson) 같은 참모가 "정적 명단"을 만들어 바쳤다. 이 명단에는 200여 명의 이름이 올라 있었다. 몇 사람을 예로 들자면 영화배우 폴 뉴먼("급진 자유주의자"), 흑인 하원의원 존 코니어스(John Conyers)("백인 여성을 애호하는 것으로 알려짐"), 맥스웰 데인(Maxwell Dane)(이 사람은 유명한 '들국화' 광고를 제작한 광고회사의 공동 경영자 중 한 사람이었다) 등이 올라 있었다.

미국 역사상 가장 비열한 야바위꾼들 중에서 고수들, 추잡함에 있어서는 LBJ의 '5시 클럽'에 결코 뒤지지 않는 음모가들의 이름은 지금부터 나온다. 이름하여 '특별조사대'(Special Investigation Unit), 사람들은 "배관공부대"[53]라고 불렀다. 닉슨은 고위 보좌관 존 얼리치만에게 정보의 누출을 막기 위해 "바로 이곳 백악관 안에 소규모 그룹을 조직하라"는 지시를 내렸다. 얼리치만은 전직 정보요원들을 다수 불러모았는데, 그 중에서 CIA 출신인 하워드 헌트와 고든 리디(G. Gordon Liddy)가 맹활약을 하게 된다.

1972년 6월 17일 밤에 워싱턴의 주거 사무 복합건물인 워터게이트 빌딩의 야간 경비원이 이 건물에 세든 민주당 전국위원회 사무실에 침입한 5명의 '배관공'을 발견했다. 그들은 수술용 장갑을 끼고 도청장비(입술 크림 케이스를 가장한 소형 마이크), 카메라, 아직 노출되지 않은 40

통의 필름, 일련번호가 이어진 신권 100달러짜리 지폐로 3천5백 달러를 갖고 있었다.

기자들이 백악관 대변인 론 지글러(Ron Ziegler)에게 이 조그마한 사건에 대해 질문하자 지글러는 간단하게 '3류 밤손님'이라고 언급했다. 그런데 이 3류 야간 절도사건이 마침내 미국 대통령을 사임하게 만든다. 놀랍게도 당시에는 이 사건 관련 뉴스에 관심을 기울인 미국인은 거의 없었다. 선거운동은 아무 탈 없이 진행되고 있었고, 닉슨은 1964년의 LBJ의 선거전략 매뉴얼을 베껴 상대를 위험한 급진주의자로 몰아가고 있었다. 공화당은 맥거번을 "3A 후보"(Acid : 마약, Amnesty : 징병 거부자에 대한 사면, Abortion : 낙태)라고 묘사했고, 이런 비방은 상당한 효과를 내고 있어서 맥거번의 참모 한 사람이 기자에게 "K. O.나 당하지 않았으면 좋겠다"고 토로할 지경이었다.

승자 : 리처드 닉슨

대참패극이 일어났다. 닉슨은 당시까지는 최다 기록인 47,169,911표를 얻어 29,170,383표를 얻은 맥거번을 물리쳤다. 선거인단 수에서는 520 : 17. 그러나 파티는 곧 끝이 나고 닉슨은 새 임기를 시작한 이듬해(1974년) 8월이 되자 워터게이트 사건 때문에 대통령 자리에서 쫓겨나게 된다.

닉슨은 훗날 워터게이트 사건을 흔히 있는 "정치적 도청"의 하나에 불과했던 것이라고 의미를 축소하고, 그때 활약한 어둠 속의 전사들은 수많은 추악한 속임수의 희생양이라고 말했다. 그러나 이는 결코 진실이 아니다. 그는 회고록에서 "나는 참모들에게 우리의 적수 민주당이

'추악한 속임수'의 명예의 전당에서 이 사람도 한자리 차지할 자격이 있다.

우리에게 뿐만 아니라 앞서 있었던 여러 선거에서 다른 후보들에게 저지른 수많은 추악한 속임수를 밝혀야 한다고 말했다"고 시인하고 있다 (닉슨은 케네디와 존슨의 선거운동을 구체적으로 지적했다).

그런데 존슨과 케네디 때와 다른 점은 워터게이트 사건이 폭로되자 미국인들은 대통령 집무실에서의 대화가 녹음되고 있다는 사실을 처음으로 알게 되었고, 이 녹음 테이프를 통해 대통령이 어떻게 일하는지도 처음으로 직접 듣게 되었다는 것이다. 미국인들이 녹음 테이프를 통해 들은 내용은 결코 유쾌한 것이 아니었다.

★·★

에드먼드 머스키의 추락과 그 밖의 예비선거 일화 1972년 초에 닉슨은 (당시 그의 지지율은 48%에서 맴돌고 있었다) 민주당에서 강력한 후보가 나온다면 밀릴지도 모른다는 불안감을 느끼고 있었다.

그래서 예비선거 단계에서 대통령 특별보좌관 드와이트 채프(Dwight Chap) 같은 추악한 속임수 전문가들이 "민주당의 유력한 후보들 사이에 분쟁을 촉발하는" 작전에 투입되었다. 케네디 집안 형제들 가운데 마지막 남은 에드워드 케네디는 별 문제될 게 없었다. 그는 1969년에 젊은 여자를 태우고 차를 몰다가 다리 위에서 떨어져 동승한 여자를 죽게 한 경력 때문에 대통령이 될 수 있는 기회를 거의 날려버린 처지였다.

뉴햄프셔 예비선거가 다가오자 많은 관측자들은 매인 출신의 에드먼드 머스키(1968년 선거에서 휴버트 험프리의 러닝메이트) 상원의원이 선두주자가 될 것으로 예측했다. 실제로 대다수 기자들은 머스키를 민주당 대통령 후보로 대접하고 있었고 닉슨도 머스키를 두려운 상대로 보고 있었다.

그런데 이상한 일들이 생기기 시작했다. 뉴햄프셔의 유권자들에게 무례한 흑인들의 전화가 걸려오기 시작했다. 늦은 밤이나 이른 아침에 전화를 건 이 사람들은 자신들은 머스키의 선거운동을 돕기 위해 뉴욕 시 할렘(Harlem)[54]으로부터 전세버스를 타고 왔다고 말했다. 그 무렵 보수적 신문인 *Manchester Union Leader*의 편집자 윌리엄 뢰브(William Loeb)가 이 신문에 평범한 시민이 보내온 편지 한 통을 소개했다. 편지는 머스키가 프랑스계 캐나다인들을 커나크(Canuck)[55]라고 불렀다고 비난하는 내용이었다. 머스키는 노천에서 카메라와 마이크 앞에 서서 이 일과 그 밖의 자신을 향한 험담에 대해 해명하다가 눈물을 흘렸다. 아니면 그날 눈이 내리고 있었기 때문에 눈송이가 머스키의 눈에 내려앉은 것인지도 모른다. 당시의 광경을 녹화한 테이프를 보면 어느 쪽인지 판별할 수가 없다.

어쨌든 이때 머스키는 평정을 잃었고, 그래서 많은 유권자들이 머스키가 중압감을 제대로 통제하지 못하는 인물이라고 느꼈다. 그는 뉴햄프셔 예비선거에서 이기기는 하였으나 예상보다는 표차가 훨씬 적었다. 훗날 비로소 밝혀졌지만 문제의 "커나크" 편지는 백악관의 보좌관 케네스 클라우슨(Kenneth Clawson)이 쓴 것이었다.

머스키가 플로리다 예비선거에 참가할 무렵에는 상황이 더 악화되었다. 플로리다의 많은 유권자들은 휴버트 험프리가 1967년에 음주운전으로 체포된 적이 있다는(물론 이는 사실이 아니다) 내용의 편지를 받았는데, 편지가 씌어진 종이에는 머스키 선거운동 본부의 마크가 찍혀 있었다. 또 민주당의 거물이자 유력한 대통령 후보로 거론되고 있던 헨리 잭슨(Henry Jackson) 상원의원이 17세 소녀와 관계를 맺어 아이를 낳게 했다고 주장하는 편지도 배달되었는데, 이 편지 역시 머스키 선거운동 본부의 마크가 찍힌 용지에 씌어져 있었다.

아무리 사소한 일이라도 침소봉대하여 써먹기에는 부족함이 없었다. 플로리다로 진입하는 고속도로에는 "머스키가 애들을 더 태워오도록 도와주자"고 야유하는 포스터가 나붙었다. 조그마한 신문가판대에도 "머스키, 당신은 흑인 러닝메이트를 받아들일 텐가?"라는 광고가 나붙었다. 그리고 마이애미에서 열린 머스키의 기자회견장에서는 누군가가 새앙쥐떼(rat)를 풀어놓았는데 쥐들의 꼬리에는 "머스키는 고자질쟁이(rat fink)"라는 딱지가 붙어 있었다.

플로리다에서 벌어진 이런 무차별적인 중상모략극 뒤에는 추악한 속임수의 달인 도널드 세그레티(Donald Segretti)가 있었다. 캘리포니아의 변호사인 세그레티는 닉슨 참모들 가운데 몇 명과 법학대학 동창이었고, 그 중에서도 드와이트 채프와 가까운 사이였다. 채프는 세그레티가 예비선거에서 혼란작전을 실행하는 대가로 실비를 제외하고 1만 6천 달러를 지급했다. 참고로, 세그레티는 이태리 말로 비밀(secret)이라는 뜻이다.

머스키는 플로리다 예비선거에서 4위에 그쳤고, 결국 후보로서는 끝장이 나고 말았다. 세그레티의 활약은 훗날 워터게이트 침입사건을 조사하는 과정에서 드러났고, 그는 불법적인 선거운동과 관련된 경범죄 혐의로 유죄판결을 받아 5개월을 복역하게 된다.

샌다고? 그럼 배관공을 불러! "펜타곤 문서"가 뉴욕타임즈와 워싱턴 포스트에 보도된 것이 '배관공부대'를 설치하게 된 부분적인 이유였다. 국방성의 1급 기밀문서가 공개됨으로써 미국의 베트남전 개입과정이 드러났고, 미국 시민들은 자신들이 알지 못하는 어둠 속의 결정이 만들어지고 있음을 알게 되었다. 이 문서에서 드러난 행위는 대부분 민주당 집권기에 있었던 것이었지만, 닉슨은 이런 기밀유출이 선례가 되어 자신이 내렸던 비밀스런 결정까지 드러날까 우려했다.

문서유출자는 퇴직 국방성 관리 대니얼 엘스버그(Daniel Ellsberg)였다. '배관공부대'가 조직된 목적은, 닉슨의 보좌관 척 콜슨의 말을 빌리자면, 엘스버그를 "반역행위를 음모한 것처럼 비치게 하여" 신용을 실추시키는 것이었다. 그들의 첫 번째 작전은 엘스버그가 치료를 받은 적이 있는 정신과의사의 사무실에 침입하는 것이었는데, 별로 유용한 자료도 찾아내지 못했고 솜씨도 서툴러 침입의 흔적을 남기고 말았다.

서툰 솜씨로 말하자면 민주당 전국위원회 사무실을 뒤진 1972년 6월 17일의 워터게이트 침입작전도 그 못지않았다. '배관공들'은 이미 현충일(5월 30일)에 침입하여 도청장치를 설치해 놓았었는데(물론 이때는 들키지 않았다) 도청 마이크가 제대로 작동하지 않아 다시 들렀던 것이다. 그런데 그들은 이번에는 부주의하게도 출입문 잠금장치를 수직으로 두지 않고 수평으로 두었기 때문에 야간경비원들이 침입자가 있음을 알아차리고 경찰을 불렀던 것이다. 용의자 중에 두 사람은 전화번호를 적은 수첩을 갖고 있었고, 그곳에서 백악관 전화번호가 드러났다. 게다가 일련번호가 이어지는 신권 100달러짜리로 3천5백 달러의 현금을 소지하고 있었는데, 이런 돈이라면 통상적인 용돈이라고 말할 수는 없었다.

5명의 침입자들은 하워드 헌트와 고든 리디가 선발한 사람들이었다. 두 사람의 존재가 드러나자 이제 끈은 곧바로 CREEP와 백악관으로 연결되었다. 이렇게 되자 다음해에 열린 TV로 중계된 의회 청문회에서 핵심 이슈는 닉슨이 이 침입행위를 승인했는지 아니면 인지하고 있었는지가 되었다. 닉슨은 두 가지 다 부인했다. 그러나 대통령 집무실에서 나온 녹음 테이프는 닉슨이 최소한 이 추악한 속임수가 진행되고 있음을 알고 있었다는 사실을 밝혀주었다.

1976

지미 카터

★ ★ ★ ★ ★ ★ ★ ★ ★ ★ vs. ★ ★ ★ ★ ★ ★ ★ ★ ★ ★ ★

제럴드 포드

워터게이트의 먼지가 가라앉자 닉슨 행정부의 관리들 가운데 20명이 유죄판결을 받았다. 워터게이트 사건과는 관련 없는 탈세혐의 때문에 사임한 애그뉴 부통령은 여기에 포함되지 않는다.⁵⁶⁾ 닉슨 자신도 후임자인 제럴드 포드(Gerald Ford)가 (닉슨이 재임 중에 저질렀을 일체의 범죄행위에 대해) "전면적이며 무조건적인" 사면을 해주지 않았더라면 형사소추를 면할 수 없었을 것이라고 말했다.⁵⁷⁾

사면은 미국 시민들이 바라던 것이 아니었고, 그 부담은 건국 200주년인 1976년의 선거에서 포드를 계속 따라다녔다. 포드 재임기간 동안 미국은 심각한 인플레이션을 경험했고, 실업률은 상승했으며, 베트남 전쟁은 미군 병사들이 불명예스럽게 베트남에서 탈출하는 충격적인 모습으로 결말이 났다. 게다가 포드 대통령의 실족사건까지 일어났다(포드는 공무로 여행 중 공군 1호기 트랩을 내려오다가 굴러 떨어졌다). 미국인들은 이 사건을 잊지 않았다. 그럼에도 불구하고 포드는 전임 캘리포니아 주지사이자 네오콘인 로널드 레이건(Ronald Reagan)을 가까스로 물리치고 대통령 후보로 지명되었다. 그의 러닝메이트는 캔자스 출신 상원의원 로버트 돌(Robert Dole)이었다.

워터게이트 사건의 여파로 통과된 여러 가지 개혁적인 법률이 열어놓은 새로운 길을 따라 전혀 비전통적인 대통령 후보가 나타났다. 그가 조지아 주지사를 지낸 지미 카터였다. 새로운 '연방 선거운동법' (FECT : Federal Election Campaign Act)은 개인적인 선거후원금을 엄격하게 제한한 반면, 15개 이상의 주에서 10만 달러 이상의 후원금을 모은 후보는 후원금과 같은 액수의 연방정부 보조금을 요구할 수 있도록 규정했다. 1976년에 대법원은 선거후원금도 수정헌법 제1조가 보장하는 표현의 자유의 일부이므로 연방정부로부터 보조금을 받지 않는다면 후보는 원하는 만큼의 선거운동 비용을 지출할 수 있다고 판결했다. 그러면서도 법원은 연방선거 후보자들에 대한 개인 후원금에 제약을 둔다는 규정은 유효하며, 선거자금의 집행결과를 공개하도록 한 규정도 헌법정신에 배치되지 않는다고 판시했다.

돈이 넉넉지 않은 후보도 연방정부의 보조금을 받을 수 있게 되자 예비선거 기간이 더 늘어났다. 아울러 많은 주에서 최고득표자가 당의 대의원을 모두 가져가는 승자독식의 전통을 버렸다. 이것은 2위나 3위의 후보도 득표비율대로 대의원을 확보할 수 있다는 것을 의미했다.

그 결과 많은 후보들이 링에 올라올 수 있게 되었고, 이런 제도는 지금까지 지켜지고 있다. 이제 미국인들은 상대적으로 덜 알려진 수많은 후보들에 대해서 TV를 통해 평가하게 되었다. 새로운 시대의 첫 번째 스타는 '지미'라는 애칭으로 불리기를 좋아하고 조지아 주지사를 한 차례 지낸 적이 있으며 땅콩농장을 경영하는 농부 제임스 얼 카터(James Earl Carter)였다. 지미 카터는 정말로 예상 밖의 다크호스였다. 그는 '외딴 남부' — 남북전쟁 직전부터 남부 출신이 대통령으로 당선된 적이 없었다 — 출신이었으며, '다시 태어난' 크리스천이었고, 말투가 너무나 지루하여 상원의원 유진 매카시 같은 사람은 그를 "연설의 장의사"라 불렀다.

그의 곁에는 뛰어난 참모 해밀턴 조단(Hamilton Jordan)이 있었다. 조단은 예비선거 기간이 늘어났기 때문에 초기에 승리하여 언론의 조명을 받는다고 해서 마지막까지 지지도가 유지되지 않는다는 것을 꿰뚫고 있었다. 그래서 카터는 뚜렷한 우세 후보가 없는 아이오와 예비선거에 올인하였고, 그 다음날 뉴욕타임즈는 카터를 민주당의 선두주자로 평가하는 기사를 내보냈다. 카터는 이때의 우세를 계속 유지해 나갔다. 그의 러닝메이트는 미네소타 출신 상원의원 월터 먼데일(Walter Mondale)이었다.

선거전 카터는 자신을 워싱턴을 청소하기 위해 나타난 아웃사이더로 부각시켰다. 그는 대부분의 연설을 이런 말로 시작했다. "안녕하세요. 내 이름은 지미 카터이고 대통령이 되려고 합니다." 이 보잘 것 없는 촌사람에게는 몇 가지 문제가 있었다. 카터는 『플레이보이』 잡지와 인터뷰를 했고, 선거운동 기간 중에 인터뷰 기사가 나왔다. 그는 인터뷰 가운데서 "나는 욕정을 품고서 많은 여자들을 바라보았고 마음 속으로 여러 번 간음하였습니다"라고 밝혔다. 이 얘기와 그가 기독교 신앙으로 다시 태어났다는 사실은 잘 어우러지지 않았다. 카터는 또 동료 민주당원들에게 언짢은 느낌을 주는 말도 했다. 같은 인터뷰에서 그는 "거짓말하고 속이고 진실을 왜곡했다는 점에 있어서는" 린든 존슨도 리처드 닉슨만큼

죄가 있다고 말했다. 그의 솔직함이 정치적 우둔함을 덜어줄 수는 없었다.

　다행스럽게도 카터의 맞수는 제럴드 포드였다. 두 후보는 몇 차례 TV 토론을 벌였다. 1960년 이후로 대통령 후보의 TV 토론은 이때가 처음이었고 현직 대통령이 상대 후보와 TV 토론을 벌인 것도 처음이었다. 포드의 참모들은 말과 행동이 굼뜬 그의 모습이 드러나지 않도록 미세한 곳까지 신경을 썼다. 참모들은 포드가 연단의 물컵을 엎지르지 않도록 특별히 깊숙한 컵받침을 놓아달라는 요구까지 하였다. 그런데 참모들은 그의 말까지는 어떻게 할 도리가 없었다. TV를 지켜보든 미국인들은 포드가 동유럽 국가들은 소련의 지배 아래 있지 않다고 말하는 것을 보고 놀랐다.

　포드가 본래 하고 싶었던 말은 미국은 동유럽의 현 상황을 기정사실로 받아들이기를 거부한다는 의미였으나 스튜디오의 강렬한 조명도 그의 좋은 의도를 비쳐주지는 못했다.

　승자 : 지미 카터 지미 카터는 겨우 2%의 표차로 대통령에 당선되었다(40,830,763표 : 39,147,793표). 지미 카터가 대통령이 되었을 뿐만 아니라 민주당도 상원과 하원에서 다수당으로 복귀했다. 1977년 1월 20일에 카터는 리무진을 타지 않고 걸어서 취임식장으로 갔다. 그는 취임 연설에서 미국이 허리띠를 졸라매야 한다고 말했다. 그는 다시 한 번 정직한 메시지를 전달하고 있었지만 유권자들이 정말로 듣고 싶어하던 말은 아니었다.

'캠프 데이비드 협정' 체결 기념사진.
좌로부터 메나헴 베긴, 지미 카터, 안와르 사다트. 1978년.

1980

로널드 레이건

★ ★ ★ ★ ★ ★ ★ ★ ★ ★ vs. ★ ★ ★ ★ ★ ★ ★ ★ ★ ★

지미 카터

"내가 다시 살인을 저지르기 전에 나좀 말려줘."

– 캘리포니아 레드우드 나무에 걸린 표지판,
로널드 레이건이 자동차보다 나무가 더 많은 오염을 유발한다는
발언을 하고 나서 –

혼탁도 ★ ★ ★ ★ ★ ★ ★ ★ ★ ★
　　　　1　2　3　4　5　6　7　8　9　10

아! 카터 시절 … "토끼 킬러"[58] 지미 카터가 낚시하다가 노로 토끼를 몰아내던 광경을 기억하시는가? 그가 즐겨 입던 카디건 스웨터를 기억하시는가? 뉴욕의 주유소 75%가 문을 닫은 1979년 7월의 그 주말을 기억하시는가? 두 자리 수의 물가상승률을 기억하시는가?

선거가 있는 1980년이 될 무렵 카터는 어려운 상황을 맞고 있었다. 카터는 '파나마 운하 조약'[59]을 성사시켰고 그의 중재로 이스라엘과 이집트가 '캠프 데이비드 협정'을 체결하는 등의 업적이 있었으나 때마침 이란에서 대학생들이 미국인들을 인질로 억류하는 사태가 벌어졌고, 소련이 아프가니스탄을 침공하고 세인트 헬렌스 화산이 폭발하여 그의 업적은 빛이 바랬다.

더욱 힘든 일은 그가 상대해야 할 후보가 할리우드 배우 출신에 전직 캘리포니아 주지사이자 "기퍼"[60]라는 애칭으로 불리고 훗날에는 달라붙지 않는다고 해서 '테프론 맨'이라 불리게 되는 로널드 레이건이었다. 51개 주를 거치는 기나긴 예비선거는 끄트머리에 가서는 '10월의 깜작 쇼'를 낳는 험난한 여정이었다.

후보

공화당 : 로널드 레이건 1952년의 선거에서 아들라이 스티븐슨의 선거참모가 불만에 찬 어투로 "머지않아 대통령선거에는 직업배우가 후보로 등장하겠구먼!"이라고 예언한 말을 기억하시는가?

바로 그 미래가 눈앞에 다가왔다. 로널드 "로니" 레이건(Ronald

Cowboy From Brooklyn (1938)에 출연한 레이건.

"Ronnie" Reagan)—그는 「보호관찰 중인 소녀들」(Girls on Probation), 「누트 로크니」(Knute Rockne) 같은 고전적인 영화와 「본조의 취침시간」(Bedtime for Bonzo) 같은 인기 있는 영화에 출연했던 미남 배우였다—은 1980년의 선거전이 시작될 때 69세였다. 1976년의 예비선거에서 제럴드 포드를 거의 꺾을 뻔했던 레이건이 이제 비밀이 누설될 염려가 없는 참모들을 데리고 순탄한 선거운동을 시작했다. 훗날 CIA 국장이 되는 윌리엄 케이시(William Casey)가 선거운동을 지휘했고 전직 CIA 국장이던 조지 H. W. 부시(George H. W. Bush)가 러닝메이트였다.

민주당 : 지미 카터 힘든 대통령 직무와 자신이 저지른 몇 가지 실책 때문에 지미 카터는 지쳐 있었다. 그는 미국인들이 듣기 싫어하는 "자신감의 위기"가 무슨 뜻인지도 알아차리지 못했고, 경제를 희생시키기 위해 취한 금욕적인 조치들이 미국인들로부터 환영받지 못한다는 사실도 눈치채지 못했다. 카터 행정부의 이미지를 상징적으로 보여주는 사건이 일어났다. 카터는 대통령 별장 캠프 데이비드 근처에서 체력단련을 위해 10Km의 달리기를 하다가 쓰러졌다. 거칠게 표현하자면 카터는 이제 거추장스러운 존재가 되어버린 것이다.

선거전 _____

    선거운동이 시작될 무렵 미국의 "불행지수"—시카고 대학의 경제학 교수가 물가상승률과 실업률을 결합하여 만든 지수—는 이 지수가 사용된 이후로 최고 기록인 22%였다(2006년 하반기의 이 지수는 9% 이하였다). 현직 대통령에게 이 지수는 골칫거리를 의미했지만 도전자에게는 수많은 기회를 의미했다. 로널드 레이건의 선거운동 주제는 "4년 전보다 당신의 형편이 나아졌습니까?"였다. 1976년의 불행지수는 13%였으니 이 질문에 대한 답은 불행스럽게도 당연히 '아니오'였다.

    그래도 카터는 대통령 자리를 방어하기 위해 레이건을 강하게 공격하는 전략을 택할 수밖에 없었다. 카터의 언론참모가 작성한 메모에 이 전략이 잘 정리되어 있다.

카터	레이건
안정 / 건전	검증된 바 없음
젊음	노령
활력	노령
명민함	둔함

    레이건이 나이 많고 약간 우둔한 느낌을 주는 것은 사실이었다. 그는 "가장 똑똑한 석유지질학자가" 해준 얘기에 의하면 미국이 사우디아라비아보다 더 많은 석유를 갖고 있다고 주장했다. 세인트 헬렌스 화산의 폭발로 지난 10년간 자동차에서 배출된 것보다 더 많은 아황산가스가 분출되었다고 말했다. 그는 또 인종차별적인 농담도 즐겼다. 뉴햄

프셔 예비선거가 끝나고 나서 어느 기자는 레이건이 이런 농담을 하는 것을 들었다. "닭싸움에 출전한 사람 중에서 누가 폴란드 사람인지 어떻게 알 수 있게? 그건 바로 오리를 안고 나온 사람이야." 이 얘기가 신문에 실리자 레이건은 대통령 후보가 해서는 안 될 농담을 예로 든 것일 따름이라고 해명했다. 테프론 맨은 이렇게 빠져나갔다.

카터는 어떻게 해볼 도리가 없었다. 카터가 레이건이 "주(州)의 주권"이란 법률용어를 인용하여 파괴적인 인종차별 이슈를 부추긴다고 공격했다(카터는 레이건이 대통령이 되면 "미국은 흑과 백, 유대인과 기독교인, 남과 북"으로 분열될 것이라고 주장했다). 그러나 사람들은 카터가 심한 말을 한다고 생각했다. 많은 사람들이 친구 같은 느낌을 주는 레이건이 그런 심한 공격을 받는 것을 원치 않았다.

선거의 핵심 이슈는 1979년 11월 4일에 이란에서 미국인 53명이 학생들에게 인질로 붙잡힌 사건이었다.[61] 미국은 충격에 빠졌다. 한 무리의 외국 학생들이 미국을 약올리는데도 카터는 그들을 누를 힘이 없는 것처럼 보였다. 선거운동이 진행되고 있던 1980년의 대통령 카터에 대한 지지도는 워터게이트 사건에 휘말렸을 때의 닉슨의 지지도보다 더 낮은 22%였다.

제3당 후보조차도 카터에게 도움이 되지 않았다. 오랜 의정활동을 해온 일리노이 출신 하원의원 존 앤더슨(John Anderson)은 국가통일당(National Unity Party)을 이끌고 의외의 선전을 하고 있었다. 많은 사람들이 앤더슨을 카터와 레이건을 대체할 수 있는 인물로 받아들였는데, 결과적으로 앤더슨은 레이건보다는 카터의 표를 더 많이 잠식했다. 공화당 내에서 새로운 세력으로 부상하고 있던 기독교 근본주의자들도 다시 태어난 크리스천 대통령을 지나치게 진보적이라 하여 공격했다.

카터는 10월 28일에 있을 레이건과의 TV 토론을 열세를 만회할 기회로 만들려고 각별한 노력을 기울이고 있었는데, 이것조차 오히려 열세를 고착시키는 기회가 되어버렸다. 공화당의 첩자가 카터의 토론 준비를 위해 작성한 비밀 브리핑 자료를 훔쳐 레이건에게 제공했다. 레이건은 이 자료를 활용하지 않고도 토론을 압도했다. 레이건은 카터가 우둔한 발언을 할 때마다 상냥한 매너와 환환 웃음으로 응수했다. "대통령 각하, 또 그 얘기군요." 카터는 극히 중요한 국제문제를 언급하면서 자신의 열세 살 난 딸 애이미의 말을 인용함으로써 오히려 점수를 잃었다. "나는 오늘 토론에 나오기 위해 며칠 전에 딸과 가장 중요한 이슈가 무엇인지 토론해 보았습니다. 내 딸은 핵무기가 가장 중요한 이슈라고 했습니다."

카터에게 남은 마지막 희망은 이란 인질석방이었고, 그래서 카터 행정부는 과감한 작전을 개시했다. 그동안 레이건 캠프에서는 미국 시민들에게 카터가 극적인 '10월의 깜작 쇼'를 써먹을지 모른다는 경고를 보내오고 있었는데, 이 깜작 쇼는 결국 실현되지 못했다(이유는 뒤에서 설명할 것이다).

승자 : 로널드 레이건

레이건은 카터에게 시계를 거꾸로 돌릴 수 없음을 깨우쳐 주었다. 레이건 43,904,153표, 카터 35,483,838표. 선거인단 표는 5개 주와 워싱턴 D.C.를 제외하고는 레이건이 쓸어갔다. 존 앤더슨은 570만 표를 얻었다. 자금도 정치조직도 없는 제3당 후보가 총 투표의 7%를 얻은 것은 놀라운 성적이었다. 선거결과는 너무나 참담한 것이어서 카터는 동부 시간으로 밤 9시 50분에 전국에 중계된 TV 연설을 통해 패배를 시인했다. 이 시각은 태평양 시간대에서는 오후 6시 50분이어서 투표가 아직 진행 중인 곳도 있었다. 때 이른 패배선언은 지역선거에 출마한 민주당 후보들과 당원들을 분노하게 만들었다. 카터는 그로버 클리블랜드 이후로 선거에서 패배한 유일한 현직 대통령이 되었다(그로버는 그래도 두 번째 도전에서 성공하여 복귀했다). 레이건이 대통령이 되었고, 이제 "공급자 주도"의 경제, 이란 게이트, 소련을 "악의 제국"으로 부르는 시대가 열리게 된다.

아 참, 이란에 붙들려 있던 인질들도 석방되었다. 레이건이 미국의 40대 대통령으로 취임선서를 한 직후에.

★·★

'10월의 깜작 쇼'를 막아라 카터의 참모였고 카터 행정부에서 국가안보회의 위원이었던 게리 시크(Gary Sick)는 그의 논란 많은 저서 『10월의 깜작 쇼 : 이란의 미국 인질과 레이건의 선거』에서 레이건의 선거본부장이자 후에 CIA 국장이 된 윌리엄 케이시가 카터가 당선되는 것을 막기 위해 정부의 인질석방 노력을 어떻게 방해했는지 상세하게 기록하고 있다.

카터 행정부가 인질석방을 위해 미국 내 이란 자산을 동결하는 등 경제봉쇄를 시작하고 국제사회에 대이란 무기수출을 중단할 것을 요청하자 이란이 협상에 응할 움직임을 보였다. 대통령선거가 치러지기 전에 인질이 석방되면 레이건의 선거운동에는 치명타가 된다는 것을 알고 있던 케이시가 사태를 뒤집기 위해 재빨리 움직였다. 시크의 주장에 따르면 케이시와 조지 부시는 정보계의 옛 인맥을 동원하여 이란과 대화하기 위한 "뒷길"을 뚫었다. 케이시는 1980년 8월에 마드리드에서 이란의 성직자 메디 카루비를 만나 로널드 레이건이 당선되기까지 인질석방을 미루어 주면 집권 후에 군사적인 지원을 해주겠다고 약속했다(당시 이라크가 이란을 침공하겠다는 위협을 하고 있어서 이란은 무기를 절실히 필요로 했다). **아야톨라 호메이니**

가 이 거래를 승인하였다.

공화당은 이란이 커터 행정부에 양다리를 걸치고 이중 거래를 할까 염려하여 상황을 면밀히 주시했다. 이란 쪽 대리인과 케이시, 그 밖에 레이건 캠프의 몇몇이 10월에 회동했고, 분위기가 무르익어 갔다. 카터가 인질석방의 성과에서 한 톨의 지분도 요구할 수 없도록 레이건의 취임일 이후에 석방하는 조건으로 무기를 공급하고 미국 내 이란 자산의 동결을 해제하기로 합의되었다. 거래조건을 협상하는 동안에 한편에서는 케이시의 친구들인 퇴역장성들이 네트워크를 형성하여 카터가 이란 측의 다른 분파와 거래를 하는지 파악하려고 미국 공군기지로부터 일상적이지 않은 징후가 나타나는지 모니터링하였다.

인질들은 1월 20일 테헤란 공항에서 비행기에 태워진 후 레이건이 취임선서를 할 때까지 활주로 위에서 대기했다. 그후 인질들을 태운 비행기는 독일의 비스바덴을 향해 이륙했다. 며칠 후부터 레이건 행정부는 이란에 군사장비를 보내기 시작했다.

재미있는 일은 1991년에 기자들과 만난 레이건은 시크가 주장하는 그런 형태의 비밀거래가 있다는 것을 알았느냐는 질문에 대해 "인질들을 … 그곳으로부터 데려오는 데 도움을 주려고 나는 그것과는 좀 다른 방향으로 노력했다"고 말했다. 기자가 재차 "그러면 이란 정부 쪽과 접촉했다는 의미인가요?"라고 묻자 레이건은 "내가 접촉한 것은 아니고 … 그렇지만 상세한 얘기는 해줄 수 없소. 아직 기밀해제가 안 된 부분도 있으니까"라고 답변했다.

토론 게이트 : 도둑맞은 브리핑 자료 1980년의 선거 패배에 관해 얘기를 나누던 가운데 카터의 스피치라이터이던 헨드릭 헤르츠버그(Hendrik Hertzberg)는 당시 TV 토론에서 레이건이 보수주의 이론가가 아니라 세련되고 상냥한 인물로 부각된 것이 카터로서는 결정적인 패인이었다고 지적했다. "사람들은 카터를 떨쳐내도 세상이 망하지 않을 것이라는 것을 알게 되었고, 그래서 그대로 했다."

오늘날까지도 지미 카터는 토론 브리핑 자료를 도둑맞았다고 믿고 있다.
그런데 누가 그랬을까?

카터의 1급 비밀 토론 브리핑 자료가 10월 28일 TV 토론이 있기 전에 도난당해 레이건 진영에 건네졌고, 그래서 레이건이 카터의 돌발적인 공격에 재치 있게 대응할 수 있었다는 것은 의문의 여지가 없다. 그래도 한 가지 의문은 남는다. 누가 그랬을까?

비교적 근래인 2005년에 국립 라디오 방송과 가진 인터뷰에서 카터는 보수주의 작가 조지 윌(George Will)을 지목하였다. 레이건을 위해 토론자료를 준비했던 조지 윌은 워싱턴포스트에 기고한 칼럼을 통해 그와 동료들이 레이건의 토론자료를 준비할 때 방안에 문제의 브리핑 자료 사본이 있었던 것은 사실이지만, 그는 그 자료를 훔치지도 않았고 레이건을 위한 토론준비 자료를 만들 때 그것을 참고하지도 않았다고 반박했다.

조지 윌에게 책임이 있든 없든 간에 카터 진영 내부에 최소한 한 사람의 스파이가 있었음은 분명하다. 1983년에 있었던 의회의 조사는 레이건의 선거운동 본부장 윌리엄 케이시가 "민주당 대통령이 인질을 석방시키려는 노력과 카터 선거운동 본부의 활동과 밀접한 관련이 있는 정부 내부의 정보를 담은 분류된 보고서"를 받아보고 있었음을 확인했다. 레이건도 문제의 브리핑 자료가 도난당했음을 부인하지 않았다. 그는 후에 이렇게 말했다. "그 사건은 언론이 펜타곤 문서를 앞다투어 보도한 사건과 별로 다르지 않을걸."

지금에서 되돌아보면 불편부당하다는 평을 받던 조지 윌 같은 언론인이 어떻게 레이건의 토론을 코치해 주고는 토론이 끝난 그날밤에 막후에서 활약한 사실을 숨기고 ABC 방송의 '나이트라인'(Nightline)에 나와 레이건이 "완벽한 토론솜씨"를 보여주었다고 칭송할 수 있었는지 의아스럽다. 한동안 조지 윌은 자신의 행동을 변호했으나 이제는 레이건의 코치로 활동한 그의 역할이 "적절하지 못했다"고 인정하고 있다.

투견 낸시 레이건 : 으르렁거리기만 해도 되! 1980년 선거 이전에는 대통령 후보들은 안정되고 화목한 가장으로서의 이미지를 부각시키기 위해 아내를 동원했다. 그러나 1980년에는 선거사상 처음으로 후보의 아내가 공격적인 광고에 등장했다. 선거운동 기간의 마지막 주에 낸시 레이건(Nancy Reagan)이 출연한 광고가 두 차례 방영되었다. "나는 카터 대통령이 내 남편을 전쟁광으로 몰아붙이고 사회복지 예산을 삭감해서 노인들을 길거리로 내몰 사람으로 묘사하는 데 대해 불쾌감을 느낍니다. 내 남편은 그런 말을 한 적이 없습니다. 그런데 나이 드신 분들은 걱정하고 있습니다. 그건 가혹한 짓입니다. 많은 사람들에게도 그렇지만 내 남편에게도 가혹한 짓입니다. 어머니이자 아내로서 정말 유감스럽습니다."

1984

로널드 레이건

★ ★ ★ ★ ★ ★ ★ ★ ★ ★ VS. ★ ★ ★ ★ ★ ★ ★ ★ ★ ★

월터 먼데일

1984년의 레이건 선거광고가 묘사했듯이 "미국의 아침"이 찾아왔다. "당신이 사는 동네에서 멀지 않은 곳에 젊은 가족이 새 집으로 이사왔습니다. 강 아래 쪽에 있는 공장이 다시 돌아가기 시작했습니다 … 생활이 더 나아졌습니다. 옛날의 미국이 다시 돌아왔습니다."

그렇기도 하고 아니기도 하다. 1984년에는 일자리는 더 많아졌고 이자율은 내려갔다. 그러나 예산적자는 하늘 높은 줄 모르고 치솟았고, 세금감면의 혜택은 부자들에게만 돌아갔으며, 신앙을 같이하지 않는 사람들을 관용하지 않는 종교적 근본주의자들이 늘어나고 있었다. 공화당 전당대회에서 '도덕적 다수'(Moral Majority)[62]의 제리 폴웰(Jerry Falwell)이 축복기도를 하면서 로널드 레이건과 그의 부통령 조지 H. W. 부시를

"미국을 재건하기 위한 하나님의 도구"라고 칭송했다.

　'하나님의 도구'에 맞선 사람은 지미 카터 밑에서 부통령을 지낸 월터 먼데일(Walter Mondale)과 최초의 여성 부통령 후보인 뉴욕 출신 하원의원 제럴딘 페라로(Geraldine Ferraro)였다.

선거전　1984년의 선거전은 역사상 가장 단조로운 것이었다. 역사가들은 1984년의 선거를 번영의 시대에 또 다른 공화당 후보인 드와이트 아이젠하워가 당선된 1954년의 선거와 비교한다. 월터 먼데일조차도 선거의 흐름이 "빙하가 흐르듯" 움직임이 없었다고 표현했다. 1981년에 가까스로 암살을 면한 레이건은 일부에서는 나이 때문에―그는 73세였고 역사상 최고령의 대통령이었다―새로운 임기를 다 채우지 못할지도 모른다는 우려가 있었으나 대부분의 미국인들로부터 사랑을 받았다.

　실제로 레이건은 건망증 증세를 보였다. 1981년에 백악관에서 전국 시장회의가 열렸을 때에 레이건은 주택 및 도시개발 장관인 새뮤얼 피어스(Samuel Pierce)를 보고 "시장님"이라 불렀다. 그는 국가안보 보좌관 버드 맥팔레인(Bud McFarlane)의 이름을 전혀 기억하지 못했다. 그리고 "지금 우리는 실업률을 높이려고 노력하고 있고, 이런 노력은 성공할 겁니다"라고 말하는 등 말실수도 잦았다.

　그래도 문제될 건 없었다. 먼데일에게는 레이건과 같은 카리스마가 없었고, 페라로는 부동산 개발업자인 남편의 부당한 세금환급 때문에 인기가 떨어졌다.

승자 : 로널드 레이건　레이건은 1936년의 프랭클린 루즈벨트와 알프 랜든의 선거와 비견되는 압승을 거두었다. 레이건은 먼데일의 고향

인 미네소타를 제외한 모든 주에서 이겼다. 직접투표에서 레이건이 54,455,075표, 먼데일은 37,577,185표를 얻었다. 1972년의 닉슨의 승리 다음가는 표차였다. 선거인단 표에서는 레이건이 525표, 먼데일 13표. 아이쿠!

1988

조지 H. W. 부시

★ ★ ★ ★ ★ ★ ★ ★ ★ ★ vs. ★ ★ ★ ★ ★ ★ ★ ★ ★ ★

마이클 듀카키스

"그 호로자식이 짖지 못하게 만들 테야!"

– 리 애트워터(Lee Atwater), 조지 부시의 선거운동 책임자.
비보도를 전제로 한 기자와의 대화에서 마이클 듀카키스를 평하다 –

혼탁도 　★ ★ ★ ★ ★ ★ ★ ★ ★ ★
　　　　　1　2　3　4　5　6　7　8　9　10

1988년의 선거운동은 표면상으로는 정책대결로 진행되었다. 8년 동안 '레이거노믹스'를 실시한 결과 예산적자는 천문학적으로 늘어났고, 무역적자도 증가세에 있었으며, 노숙자는 미국의 새로운 문제로 떠올랐다. 반면에 인플레이션은 진정되기 시작했고, 냉전은 레이건이 연출이라도 한듯 극적으로 끝나가고 있었다.

이 정도면 양당의 후보가 들고 나올 수 있는 이슈가 풍부한 상황 아닌가? 그랬을까? 천만에! 1988년의 선거는 미국 역사상 가장 극렬하고 추악하며 거친 선거였고, 오늘날까지도 공화 – 민주 양당이 진흙탕 싸움을 벌이는 선거의 모델이 되었다.

후보

공화당 : 조지 H. W. 부시 조지 H. W. 부시(George H. W. Bush)는 이력이 긴 인물이었다. 그는 뉴잉글랜드의 부유한 집안에서 태어났고, 제2차 세계대전의 전쟁영웅이자 유엔 대사, CIA 국장, 부통령을 지낸 인물이었다. 그러나 미국인들은 이런 인물에 대해 낯선 느낌을 갖고 있었다. 그렇게 된 부분적인 이유는 그의 말투가 분명하지 않았기 때문이다. 그는 중얼거리듯 말했을 뿐만 아니라 "신앙편협주의 반대, 반유대주의 반대, 반인종차별주의 반대를 지지한다"거나 "직업을 가진 사람, 직업을 원하는 사람을 확실하게 해주겠다"는 말처럼 어휘를 혼용하거나 오용하는 경향이 심했다.

어쨌든 그는 키는 컸다.

민주당 : 마이클 듀카키스 반면에 마이클 듀카키스(Michael Dukakis)는 키가 작아—5피트 8인치—"낙타가 바늘귀를 통과하는 것보다 키 작은 놈이 백악관에 들어가기가 더 어렵다"는 옛말을 입증해 준 인물이었다. 또한 그는 훌륭한 경력을 가진 인물이었다. 매사추세츠 주지사 때는 첨단기술 회사들을 유치하여 주의 휘청거리는 경제를 되살려 놓았고, 빈곤한 사람들을 구제하는 사회보장 프로그램을 부활시켰다(이 일은 그보다 훨씬 카리스마가 있는 부지사 존 케리의 도움을 많이 받았다).

키가 작다는 것 말고도 듀카키스는 말투가 지루하고—결점이라고 해도 좋을 만큼 딱딱하고 근엄하며 진지했다—리처드 닉슨 이후로 최악의 '5시의 그늘'이란 놀림을 받았다. 그런 얼굴이라면 속이거나 장난치러 나갈 때 얼굴에 숯을 바른 것과 같은 느낌을 주기 마련이다.

선거전 ──────────────────────

부시가 "보다 쾌적하고 품격 있는 나라"를 외치고 다니며 박수를 받고 있을 때 그의 선거참모 리 애트워터는 듀카키스를 공격하는 광고를 뿌리는 "네거티브" 전략을 실행하고 있었다. 광고의 메시지는 듀카키스를 범죄와 마약에 대해서는 지나치게 관대하면서 안보문제에 대해서는 소녀 같은 발상을 하는 진보주의자로 묘사했다.

듀카키스도 반격을 시도했다. 그런데 무엇을 제시할 것인가? 국방예산의 대폭적인 삭감? 사회적 약자를 위한 프로그램? 록키와 람보가 영웅시되는 시대에 듀카키스의 정책은 섹시할 수가 없었다. 민주당이 반격의 소재를 찾아 고심하고 있는 동안에 애트워터는 이전의 모든 추잡

때로는 후보가 자신에게 최악의 상처를 입힌다.
마이클 듀카키스의 연출된 이 사진은 패배의 원인이 되었다.

스러운 광고 캠페인을 무색케 하는 광고 캠페인을 벌였다.

　광고의 초점은 "윌리" 호튼이란 39세의 흑인 죄수였다. 듀카키스가 주지사로 있을 때 호튼은 죄수의 주말 일시귀가 프로그램의 혜택을 받아 교도소를 나왔다가 돌아가지 않고 매릴랜드로 달아나 그곳에서 백인 여성을 강간하고 여자의 약혼자를 칼로 찌르는 범행을 저질렀다. 여기서 피부색이 문제가 되었다.

공화당은 현대 미국의 선거 역사상 가장 인종차별적인 공격을 시작했다. 공화당은 우선 호튼의 이름부터 바꿨다. 그의 본명은 윌리엄이었다. 그의 어머니, 가족, 친구, 적, 동료, 교도관들도 모두 그를 윌리엄이라고 불렀다. 그의 범죄기사를 다룬 신문도 그를 윌리엄이라고 지칭했다. 오직 공화당의 비방광고만 그를 "윌리"라고 불렀다.

어떤 종류의 공격이었을까? 몇 가지만 예로 든다.

"감옥에서 나오는 카드" 어린이들의 부자 되기 게임에 쓰이는 카드를 모방한 전단이 4십만 명의 텍사스 유권자들에게 뿌려졌다. 우편함 속에 들어 있던 이 전단지에는 "듀카키스는 살인범의 가장 좋은 친구이고 성실하고 정직한 시민의 가장 나쁜 적이다"라고 씌어 있었다.

"친가정 편지" 매릴랜드에서는 공화당의 후원금 모금 편지에 마이클 듀카키스와 윌리 호튼의 사진을 싣고 이런 제목을 달았다. "이것이 여러분들이 선택할 1988년의 친가정 팀입니까?"

"주말 외박증" 매우 비슷한 모습의 듀카키스와 호튼의 얼굴을 나란히 보여주는 60초짜리 TV 광고가 방영되었다. 광고 제작자들은 지치고 면도하지 않은 듀카키스의 어두운 사진을 이용했다. 물론 듀카키스의 머리카락은 헝클어져 있었다.

"회전문" 이번 선거에 등장한 모든 추잡스런 광고 가운데 압권이었다. 흑백 TV 광고는 죄수들의 행렬이 회전문을 통해 감옥으로 들어갔다가 이내 돌아오는 모습을 보여주었다. 죄수로 출연한 사람들은 하루 동안 수염을 깎지 말라는 지시를 받은 공화당원들이었다는 사실에 대해서는 누구도 관심을 가지지 않았다. 무엇이 초점인지는 분명하게 전달되었다.

승자 : 조지 부시 _____

조지 부시의 서명

1924년 이후 가장 투표율이 낮았다. 직접투표에서 부시는 48,886,097표를 얻었고 듀카키스는 41,809,074표를 얻었는데 선거인단표에서는 조지 부시가 압승했다(426 : 111).

아 참! 세 번째 득표자가 있었지. 웨스트버지니아의 한 민주당 선거인은 듀카키스에게 너무나 실망한 나머지 부통령 후보인 로이드 벤츤(Lloyd Bentsen)에게 표를 던졌다.

★·★

당신도 좋았어? 민주당은 부시가 혼외정사에 몰두한 적이 있고 부정한 석유거래를 했다는 점을 부각시키려 했으나 이런 시도는 선거전에 별 영향을 주지 못했다. 결국 조지 부시에게 가장 수치스러운 스캔들을 폭로한 사람은 조지 부시 자신이었다. 선거가 있기 몇 주 전에 디트로이트에서 한 연설을 통해 조지 부시는 이렇게 말했다. "나는 [레이건 대통령과] 함께 일했고 그의 파트너라는 점에 대해 긍지를 느낍니다. 우리는 승리도 함께 했고 실수도 함께 했습니다. 그리고 우리는 섹스도 함께 했습니다 … . 아 참, 좌절(setbacks)을 잘못 말했군요!"

대통령 퀘일 공화당 부통령 후보 댄 퀘일(Dan Quayle)이 대통령직을 승계할 만한 인물이 못 된다는 우려를 활용하기 위해 민주당은 해리 트루먼과 린든 존슨이 대통령직을 승계하는 취임선서 광경을 담은 낡은 필름을 끄집어내 선거광고를 만들었다. 이 광고에는 엄숙한 목소리의 내레이션이 붙었다. "미국의 부통령 다섯 중에서 한 사람은 최고사령관의 자리를 승계했습니다. 조지 부시는 5개월 동안이나 장고한 끝에 댄포스 퀘일(Danforth Quayle)을 선택했습니다. 바라건대 그의 선택이 너무도 잘못된 것이라는 사실이 증명되는 날이 오지 않았으면 좋겠습니다." 이 해설은 불안한 예감 때문에 가슴이 두근거리게 만들었다.

져주려고 … 때로는 최고의 광고가 오히려 역효과를 불러오기도 한다. 마이클 듀카키스는 안보문제에 대해 그렇게 유화적이 아니라는 것을 보여주기 위해 미시간에 있는 제너럴 다이내믹스사를 방문하여 이 회사가 제작한 탱크를 모는 장면을 연출한 사진을 찍었다. (미래의 후보들에게 주는 충고 : M1 애이브럼스 탱크의 해치를 열고 머리를 내밀 때는 웃음을 지으며 손을 흔들지 말 것. 넥타이를 맨 채 헬멧을 쓴 우스꽝스런 모습을 보이지 말 것. 그런 모습이면 무슨 짓을 하든 알프래드 E. 뉴먼[63]과 너무나 흡사하니까.) 이 사진은 거의 재앙이었다. 공화당은 이 사진을 재활용하여 "탱크"라는 제목의 광고를 만들었다. 듀카키스가 모는 탱크는 한 자리에서 원을 그리며 계속 돌고만 있는데 해설이 흘러나온다. "이 사람이 미국의 최고사령관이 된단 말입니까? 미국은 그런 위험을 감수할 수 없습니다." 해설자의 목소리는 회의 그 이상의 정서를 담고 있었다.

연쇄살인범이 보낸 항의편지 부시 선거운동 본부는 듀카키스가 당선되면 연쇄살인범 존 웨인 게이시 같은 죄수도 일시휴가를 얻어 석방될 것이라는 광고를 내보냈다. 게이시는 감옥에서 장문의 분노에 찬 항의서한을 보내왔다. "공화당이 조지 부시에게 투표하도록 유도하기 위해 시민들을 겁주는 것은 유권자들에 대한 모독입니다."

1992

윌리엄 제퍼슨 클린턴

★ ★ ★ ★ ★ ★ ★ ★ ★ ★ VS. ★ ★ ★ ★ ★ ★ ★ ★ ★ ★ ★

조지 H. W. 부시

"언론이 나에게 질문한 것은
함께 잔 적도 없는 여자와 기피한 적도 없는 병역문제뿐이었다."

– 빌 클린턴 –

혼탁도 ★ ★ ★ ★ ★ ★ ★ ★ ★ ★
       1 2 3 4 5 6 7 8 9 10

1990년 100시간 만에 걸프전을 성공적으로 끝마친 직후의 조지 부시에 대한 지지도는 90%에 이르렀다. 그는 난공불락의 요새 같았다. 공화당이 집권한 12년 동안 미국은 번영했고 민주당의 대통령 후보군은 극도로 빈약해 보였다. 휘그당이나 연방주의자들처럼 민주당도 사라져 버리는 게 아닐까 관측하는 정치평론가도 있었다.

그런데 부시 행정부가 성숙해져 갈수록 지지율이 서서히 떨어지기 시작했다. 걸프전 덕분에 부시는 영웅이 되었지만 광신적인 로널드 레이건 추종자들의 지지를 얻지는 못했다. 부시는 1988년에 내건 "새로운 세금을 만들지 않겠다"는 약속을 지키지 못했고, 이것은 민주당에게는 좋은 공격거리였다. 레이건이 물려준 4조 달러라는 어마어마한 국가 채무(1980년 이후로 3조 달러의 국가 채무가 늘어났다)란 유산도 부시에게 별 도움이 되지 못했다.미국 인구의 상위 1%는 폭발적인 부의 증가를 맛보았지만 미국인 10명 중 1명은 정부가 지급하는 식량카드로 생활했고 8명 중 1명은 빈곤선 이하의 생활을 하고 있었다.

상대적으로 혼미한 민주당의 후보군 가운데는 아이오와 출신 상원의원 톰 하킨(Tom Harkin), 네브라스카 출신 상원의원 밥 케리(Bob Kerry), 아칸소 주지사 빌 클린턴, 매사추세츠 출신 상원의원 폴 총가스(Paul Tsongas)가 포진하고 있었다. 그러나 부시에게는 민주당 후보보다 더 신경써야 할 상대가 있었다. 보수적인 기독교 칼럼니스트이자 닉슨의 스피치라이터였던 팻 뷰캐넌(Pat Buchanan)이 기독교 신앙을 기반으로 한 정치운동을 표방하고 나와 몇몇 예비선거에서 선전했다. 게다가 미국에서 14번째로 돈이 많은 억만장자 로스 페로(H. Ross Perot)가 연방보조금을 받지 않고 자신의 돈으로 선거에 나서겠다고 선언하고 1912년 시어도어 루즈벨트와 그가 만든 '수사슴당' 이후로 가장 성공적인 도전을 시작했다.

후보

민주당 : 윌리엄 "빌" 클린턴   20세기 후반에도 "통나무 오두막집"에서 자란 대통령 후보가 있다고 한다면 그 후보는 윌리엄 제퍼슨 클린턴(William Jefferson Clinton)일 것이다. 그는 1946년에 아칸소의 가난한 집에서 태어났다. 아버지가 자동차 사고로 죽었을 때 클린턴은 겨우 3개월 된 갓난아기였고 그의 계부는 심각한 알코올 중독자였다. 클린턴은 이런 어려운 환경을 극복하고 로즈 장학금[64]을 받았고, 예일대 법대에서 공부했으며, 1978년에는 32세의 젊은 나이로 아칸소의 주지사가 되었다.

빌 클린턴은 비상한 카리스마를 가진 인물이었다. 6피트 2인치의 키에 잘 생긴 외모와 다른 사람과의 감정이입에 뛰어난 재능을 갖고 있었으며(그는 "당신의 아픔을 나도 느낍니다"라는 표현을 자주 했다), 자잘한 것까지도 잘 기억하는 뛰어난 기억력을 가진 "정치 야심가"였다. 그는 힐러리 로드햄 클린턴(Hillary Rodham Clinton)과 결혼했다. 그런데 공화당 쪽의 주장에 따르면 그는 "대마초를 피우고 여자를 밝히며 징병을 기피한 경력이 있는" 문제 인물이었다.

클린턴의 러닝메이트도 역시 남부 출신인 테네시 주 상원의원 알고어(Al Gore)였다.

공화당 : 조지 H. W. 부시   1992년 여름 선거운동이 날씨처럼 뜨거워지자 부시의 지지율은 대략 40%대로 떨어졌다. 민주당의 맞수보

다 나이가 21세나 많은 부시는 외교적 업적을 내세워 증세와 거대한 규모의 예산적자 문제를 얼버무리려 하였다. 그러나 그에게는 카리스마와 감정이입의 재능이 없었다. 클린턴이 나라의 고통을 "느낀다"고 말하고 있을 때 부시는 자신의 특유한 구어체 축약어법을 써서 "신경 쓰이는 메시지"라고 말했다. 공화당 전국위원회가 여론조사의 표본 그룹으로 운용하던 집단에서는 대통령보다 아내 바바라의 인기가 더 높았고, 백악관에서 키우는 애완견 '밀리'의 인기도 대통령의 인기에 크게 뒤지지 않았다.

운을 갉아먹는 부통령 댄 퀘일을 떨쳐버리면 대통령의 인기가 많게는 6%나 올라갈 수 있다는 조사결과가 나왔어도 부시는 퀘일을 포기하지 않았다.

선거전 _____

수년 동안 클린턴의 여성편력에 관한 여러 가지 소문이 나돌아다녔고, 선거운동 기간에는 좋은 비방 소재가 되었다. 공화당의 흑색선전 대가들은 클린턴과 흑인 여성 사이에서 아이가 태어났다는 소문을 퍼뜨렸고, 이 소문은 점점 새끼를 쳐갔다. 그는 강간자, 성적 약탈자가 되어버렸다. 심지어 결혼식 날에도 화장실에서 다른 여자의 성기를 만졌다는 얘기가 나돌았다. 그리고 기타 등등 ….

1992년까지 클린턴을 괴롭힌 유일한 성적 실수는 나이트클럽 가수이자 전직 아칸소 주 직원이었던 제니퍼 플라워스(Jennifer Flowers)와의 관계일 것이다[소문에 의하면 클린턴은 이 여자를 두고 "수도 호스(질)로 테니스 공(고환)을 빨아들일 줄 아는 여자"라고 말했다고 한다]. 1992년 겨울에 플라워스는 타블로이드 신문 *Star*에 모든 것을 털어놓았다. 그녀의 주장에 의하면 두 사람의 관계는 12년 전으로 거슬러올라간다(물론 클린턴은 부인했지만). 플라워스는 기자회견을 열고 녹음된 클린턴과의 전화통화를 들려주었는데, 두 사람은 다정하게 서로를 '허니'라고 불렀다. 아칸소 주지사는 뉴햄프셔에서 선거운동을 나설 때마다 서로 먼저 질문하려는 기자들 무리 때문에 발걸음을 옮길 수가 없을 지경이었다.

클린턴은 소문을 진정시키기 위해 재빨리 움직였다. 그는 힐러리와 함께 TV 뉴스 쇼 '60분'에 출연하여 "결혼생활에 고통을 유발했다"고만 시인하고 무사히 빠져나갔다. 후에 그는 1960년대에 대마초를 피운 전력에 대해서나(믿기 어렵지만 그는 "폐속 깊이까지 들이마시지는 않았다"고 말했다) 징병을 기피했다는 의혹에 대해서도("기피"란 말은 너무 심하고 운 좋게 징병순번이 뒤로 밀려서 군복무를 피할 수 있었다고 해명했다) 이런 식으로 빠져나갔다. 이런 해명을 두고 공화당이 그를 "매끄러운 윌리"라고 부른 것은 당연한 일이다. 공화당의 클린턴에 대한 미움은 민주당이 닉슨을 미워했던 것만큼이나 격정적이었고, 거의 히스테리에 가까웠다. 공화당을 지지하는 한 사업가는 선거운동이 시작되자 클린턴을 날려버릴 추문을 찾는 일에 4만 달러를 사용했으나 별 성과가 없었다.

부시에게는 다른 문제가 있었다. 그것은 아무리 해도 사그라지지 않는 로스 페로의 인기였다. 역사학자 리처드 호프스타터(Richard Hofstadter)는 미국의 제3당은 "벌과 같이 침을 쏘고 나면 죽어버리는 존재"라고 표현했다. 1992년에 로스 페로는 조지 부시에게 수많은 침을 쏘았다.

페로는 매우 독특한 인물이었다. 그는 1932년에 텍사스 주 텍사카나에서 목화 따는 노동자의 아들로 태어나 1962년에 EDS란 컴퓨터 데이터 복구 회사를 세워 10억 달러짜리 회사로 키운 인물이었다. 페로는 대통령으로 가는 전통적인 길을 무시하고 '레리 킹 쇼'에 나와 출마를 선언했다. 그는 선거운동 조직의 이름을 '뭉쳐야 미국이 산다'로 정하고 국가 부채를 주 공격 소재로 삼았다. 그의 점잔 빼는 듯한 느린 말투와 큰 귀, 자신의 논지를 얘기할 때는 파이 차트를 애용하는 모습은 사람들에게 구시대의 고등학교 수학선생 같은 인상을 주었다. 어떤 여론조사에서는 그가 클린턴과 부시를 앞지르는 때도 있었다.

그런데 페로가 '전국 유색인종 지위향상협회'(NAACP)의 모임에 나가 회원들을 "당신네들"이라고 부르고, EDS사에서 턱수염을 길렀다고 하여 정통 유대교인을 해고한 사실을 부인하는 거짓말을 한 후로 그의 인기는 떨어지기 시작했다. 7월에 페로는 갑자기 선거운동을 중단한다는 발표를 했다가 9월에 다시 선거운동에 복귀하고서는 공화당의 추악한 모략꾼들이 그의 회사 전화를 도청하고 자신의 딸이 결혼 전에 찍은 누드 사진을 공개하겠다는 위협을 하고 있다고 주장했다. 페로는 또 "나의 이미지를 왜곡하기 위해 '상대 연구'라는 조직이 90일 동안 활동하였다. 그들은 일반적으로 추악한 속임수를 꾸미는 무리라고 알려져 있다"고 주장했다.

노동절[65]이 지나자 클린턴은 지지도 조사에서 13%나 앞서 나갔다. 당황한 공화당은 경제불황과 형편없는 지지도에도 불구하고 선거에서 승리한 영국의 존 메이저(John Major) 수상[66]에게 자문을 구했다(영국쪽의 유일한 자문은 제니퍼 플라워스의 사진 아래에다 "이 사람이 이제는 미국과 잠자리를 같이하려고 합니다"라는 문구를 넣은 포스터를 제작하여 전국의 광고판에 붙이라는 것이었다).

부시는 자기 방식대로 클린턴과 민주당을 공격했다. 그들은 "문화적 엘리트주의자"이고, "나무를 껴안는 사람들"이며, 무신론자들("민주당의 정강에는 G-O-D 세 글자[67]가 들어가지 않으므로")이라고 공격했다. 부시는 또 트루먼이 살아 있다면 공화당에 표를 던졌을 것이란 이해할 수 없는 주장도 펼쳤고, 이 일로 인해 트루먼 대통령의 딸 마가렛이 강력하게 비난하는 소동이 벌어졌다(공화당은 레이건이 집권한 후로 평이한 말로 미국인을 설득한 모범으로서 트루먼 대통령을 칭송하였다는데, 1950년대에는 공화당이 트루먼을 얼마나 악의적으로 공격했는지는 자기들 편한 대로 잊어버리고 있었다).

　　부시는 또 클린턴과 고어를 가리켜 "외교문제에 관해서는 우리 집 개 밀리가 민주당의 두 녀석보다 더 많이 안다"고 주장했다. 그런데 미국인들이 정말로 흥미를 느끼던 것은 "경제─빵점!"이라는 구호였다(이 구호는 클린턴─고어 선거운동 본부에 걸려 있던 펼침막에 적혀 있었다).

승자 : 윌리엄 제퍼슨 클린턴

　　선거일에 역사상 가장 많은 유권자가 투표소로 나왔다. 클린턴 44,908,254표, 부시 39,102,343표. 무소속 후보인 페로는 19,741,065표를 얻었는데, 이는 총 투표의 19%에 해당하는 숫자이며 1912년 시어도어 루즈벨트 이후로 제3당 후보로서는 가장 높은 득표율이었다. 페로는 선거인단 표는 한 표도 가져가지 못했으나 부시를 흠집내겠다는 술책은 깨끗하게 성공했다. 그 덕분에 클린턴은 우드로 윌슨이(득표율 41%) 태프트와 루즈벨트를 꺾은 1912년 선거 이후로 가장 낮은 득표율(43%)로 대통령에 당선되었다. 페로가 한여름에 선거운동을 일시 멈추지 않았더라면 어떤 일이 일어났을까?

　　JFK 이후로 가장 젊은 나이(46세)에 대통령이 된 클린턴은 황홀경에 빠졌다. 그런데 그는 머지않아 백악관 안에서 다른 여자와 성관계를 가지는 일에 있어서도 JFK와 이름을 나란히 하게 될 줄은 몰랐다.

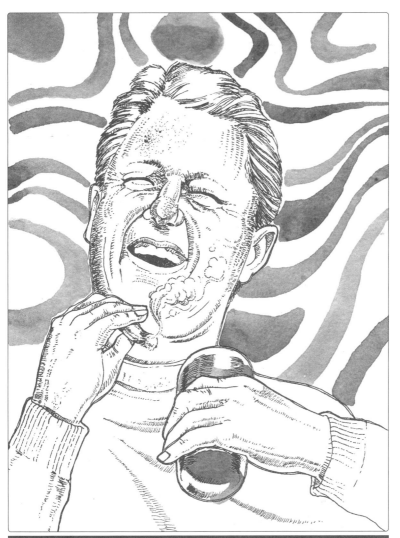

공화당은 빌 클린턴이 대학 시절에 대마초를 피웠다고 비난했다.
"폐속 깊이까지 들이마시지는 않았다"는 변명은 불난 데 기름 붓는 격이었다.

★·★

　　OPPO 상대연구(Opposition Research)의 약칭인 "OPPO"는 1992년의 선거운동을 위해 공화당이 별도로 만든 조직이었다. 이 조직은 애트워터가 죽기 전에 잠시 공화당 전국위원회 위원장을 맡았을 때에 만들어졌다. 워싱턴의 공화당 전국위원회 본부 건물 안에 있던 OPPO 자료실은 넓은 사무공간, 최신의 데이터 복구용 컴퓨터, 60여 명의 직원, 6백만 달러의 독자적인 예산을 자랑하였다. 마리오 쿠오모(Mario Cuomo) 같은 사람이 민주당의 유력후보로 떠오르자 OPPO 직원들은 그에 관한 수천 건의 정보 파일을 만들어냈다. 그들은 또한 같은 공화당원 동지의 사생활을 캐고 다니는 것이 온당한 짓이 아니라는 것을 알면서도 극우 보수파 공화당 거물인 팻 뷰캐넌에 관한 자료를 모았다.

　　그런 다음에는 당연히 빌 클린턴에 관한 자료도 모았다.

　　OPPO 팀은 '매끄러운 윌리'와 관련된 냄새나는 정보들을 모으기 위해 아칸소의 리틀 록으로 갔다. 그들은 클린턴 관련 기사가 실린 20년치의 신문기사 마이크로 필름을 가져온 후 30여 명의 분류 전문가를 동원하여 클린턴의 성생활에서 흠을 잡을 수 있는 단서를 찾으려 했다. 그런데 클린턴이 후보로 지명되고 나자 뜻밖에도 조지 부시가 OPPO 팀이 수집한 성추문을 활용하지 말라는 지시를 내렸다. 어떤 직원은 부시가 고차원의 선거운동을 하려 한다고 짐작했고, 어떤 사람은 여자문제에 관한 한 부시 자신도 매우 취약한 입장에 처해 있었기 때문이라고 믿었다.

　　댄 퀘일 : 머피 브라운 1992년이 되자 부통령 댄 퀘일도 사람들의 입방아에 오르내리기 시작했다. 퀘일은 연예계에 "가족의 가치"가 부족한 것을 자신이 내세울 이슈로 설정했다. 그는 랩 가수 튜팩 셰이커(Tupac Shakur)의 노래는 "우리 사회에서 설 자리가 없다"고 비난했다. 튜팩 셰이커는 비교적 손쉬운 대상이었으나

당시 선풍적인 인기를 끌고 있던 TV 연속극 '머피 브라운'(Murphy Brown)을 집적거린 것은 큰 실수였다. 브라운[여배우 캔디스 버겐(Candace Bergen)이 브라운 역을 맡았다]은 결혼하지 않고 아이를 낳기로 결심한 앵커우먼이었다. 퀘일은 아버지 없이 아이를 가진다는 것은 "아버지의 역할을 조롱하는 것"이며 TV를 물들이고 있는 "가치관의 빈곤"의 실례라고 호통쳤다.

퀘일의 행동은 경솔했다. 많은 공화당원들도 이 연속극을 즐겨보고 있었고, 시트콤의 주인공을 마치 실제 인물인 양 공격하는 것도 이상한 모양이었다. 백악관 참모들은 대통령에게 퀘일이 목소리의 색깔을 바꾸어 머피 브라운이 낙태가 아니라 아기를 낳기로 결심한 용기를 찬양해 주어야 한다는 권고를 내놓았다. 낭패한 퀘일을 대통령인 조지 부시가 편들어 주었고 새로운 에피소드가 생겨나 사태가 해결되었다. 6월 초에 부통령은 뉴저지의 한 초등학교를 방문하여 윌리엄 피구에로아라는 아동에게 "포테이토"(potato)가 아니라 "포테이토우"(potaoe)라고 발음해야 한다고 교정해 주었다.

부통령 각하, 당신이 틀렸어요. 포테이토에는 e자가 들어가지 않아요. 어쨌든 이 일로 머피 브라운 건은 낡은 뉴스파일 속에 묻혀버렸다.

1996

윌리엄 제퍼슨 클린턴

★ ★ ★ ★ ★ ★ ★ ★ ★ ★ vs. ★ ★ ★ ★ ★ ★ ★ ★ ★ ★

밥 돌

빌클린턴의 첫 임기 동안에는 소소한 스캔들이 계속 터져나왔고, 그것들을 제대로 세려면 스코어 카드가 필요할 지경이었다. 첫 번째가 이른바 "여행 게이트." 백악관의 여행업무를 맡고 있던 장기 근속자들이 부적절한 행위와 관련되었다는 이유로 해고되고 그 자리에 클린턴과 관련 있는 사람들이 임명된 사건이다. 그 다음으로 "파일 게이트"가 나왔다. 백악관 보안 책임자가 적절하지 못한 방식으로 FBI에게 정부 고용인의 보안검사 파일을 요구하고 이를 넘겨받은 사건이다. 또 하나는 화이트워터 스캔들. 클린턴 부부의 아칸소 부동산 거래와 관련된 매우 복잡한 이 사건은 결국 특별검사 케네스 스타(Kenneth Starr)에 의해 대통령의 부적절한 행위가 없었다는 쪽으로 결론이 났다.

1993년 7월에 클린턴의 절친한 친구이자 백악관의 법률고문이던 빈스 포스터(Vince Foster)가 자살했다. 6개월 후인 1994년 1월에는 아칸소 주의 하급 직원이었던 폴라 코빈 존스(Paula Corbin Jones)란 여성이 클린턴을 성희롱 혐의로 고소했다. 폴라의 주장에 따르면 클린턴은 주지사일 때 그녀를 방구석으로 몰아세운 뒤 자신의 바지를 내리고 성기를 입으로 빨아줄 것을 요구했다고 한다("살아 있는 동안에는 그 일을 잊을 수가 없을 거예요. 그의 얼굴은 시뻘개졌고 그의 페니스는 밝은 붉은 색에 구부러졌어요").

힐러리 클린턴은 이 모든 사건들이 "광범위한 우익 음모"의 일부라고 주장했고, 이런 주장을 뒷받침할 증거는 많았다. 한 가지만 예를 든다면, 한 보수적인 실업계 거물이 클린턴과 관련된 추문을 찾아내는 데 수년 동안 2백만 달러나 되는 돈을 썼다.

이렇게 많은 스캔들에 휘말려서야 나라를 통치하는 데 신경 쓸 시간이 남아 있었을까? 시간이 있었음이 밝혀졌다. 클린턴은 노련하게 대부분의 이슈의 핵심을 파고듦으로써 우파 공화당 의원들의 공격을 물리쳤다. 그는 예산의 균형을 잡았고 사회보장제도를 개선했다. 1996년이 되어 로버트 돌 상원의원과 겨루게 될 무렵에는 클린턴은 튼튼한 경제를 훌륭하게 조종하고 있는 현직 대통령이 되어 있었다. 결론 : 페니스는 사탄과 같았으나 이 정도면 선거에서 패배할 수 없는 일.

선거전 캔자스 출신 상원의원 로버트 돌(Robert Dole)은 제2차 세계대전에 참전하여 부상당한 제대군인이었고 유머감각이 부족한 인물이었다. 그는 35년 동안 의회에서 활동했고 1976년에 제럴드 포드의 러닝메이트였던 72세의 정치인이었다. 그는 공화당의 정서로 보면 지나치게 온건한 정치적 입장을 갖고 있어서 낙태문제, 범죄, 주의 권리에 대한 당의 노선을 분명하게 따르지 않았다. 후에 그는 클린턴에 관해 말하면서 "그는 나의 맞수였지 적이 아니었다"고 했는데, 이런 생각은 클린턴을 혐오하는 사람들로부터 지지를 받을 수 없는 것이었다. 투표결과 현직 대통령 클린턴은 31개 주에서 이겼고 돌은 19개 주에서 이겼다. 득표수는 클린턴 45,590,703표, 돌 37,816,307표. 이번에도 출마한 로스 페로는 약 8백만 표를 얻었다.

1996년 1월 23일에 양원 합동회의해서 행한 시정연설을 통해 빌 클린턴 대통령은 "가정과 아이의 중요함에 대해 25년 동안 그 누구보다도 내게 많은 것을 가르쳐 준 사람이자 훌륭한 아내, 고상한 어머니, 위대한 퍼스트 레이디인 힐러리에게" 감사의 뜻을 표했다. 클린턴은 이 연설문의 공식 복사본을 한 친구에게 증정하였다. "모니카 르윈스키(Monica Lewinsky)에게 행운을 빌며. 빌 클린턴"

클린턴의 조지타운 대학 학생회장 선거 포스터. 1967년.

2000

조지 W. 부시
★★★★★★★★★★★ vs. ★★★★★★★★★★★
알 고어

"오직 알 고어만이 알 고어를 꺾을 수 있다.
그리고 그는 그 일을 아주 잘해오고 있다."

– 녹색당 후보 랄프 네이더 –

혼탁도 ★ ★ ★ ★ ★ ★ ★ ★ ★ ★
　　　1 2 3 4 5 6 7 8 9 10

모니카 르윈스키 사건과 관련하여 의회에서 위증을 한 혐의로 탄핵소추[68]당한 뒤 탄핵안이 부결됨으로써 위기를 면한 빌 클린턴이 2000년 퇴임할 때의 지지도는 68%였다. 이런 지지도는 로널드 레이건 퇴임시의 지지도보다 더 높았는데, 유권자들이 대통령의 혼외정사와 펠라치오는 성교에 해당되지 않는다는 그의 주장을 인정한 때문이 아니었다. 클린턴이 콧노래를 부르고 있는 사이에 미국 경제도 콧노래를 부르고 있었고, 이것이 미국인들로 하여금 안도의 한숨을 내쉴 수 있게 해주었다.

그러나 민주당의 앞길에는 도전이 기다리고 있었다. 차기 후보로 유력시되던 알 고어는 영민하고 정직한 인물임에는 틀림없었으나 클린턴과 같은 카리스마와 정치적 속임수를 쓸 줄 아는 재능이 없었다. 1988년의 선거에서 리 애트워터가 윌리 호튼을 마이클 듀카키스의 러닝메이트로 둔갑시킨 것처럼 공화당은 알 고어에게 호색한 전임 대통령의 거대한 그림자를 뒤집어씌우는 전략을 준비했다.

그러자면 공화당 후보부터 먼저 정해야 했다. 공화당의 돈줄이 조지 W. 부시의 뒤에 줄을 섰다. W. 부시는 H. W. 부시의 아들이자 텍사스 주지사였다. 오랫동안 그의 매니저 역할을 해왔던 칼 로브(Karl Rove)의 도움으로 부시는 순탄한 예비선거 운동을 시작했다. 그런데 아리조나 출신 상원의원이자 베트남전에서 포로가 된 경험을 가진 존 매케인(John McCain)이 걸림돌로 등장했다. 매케인은 뉴햄프셔 예비선거에서 60 : 40으로 부시를 꺾었다. 온건한 매케인은 독립적인 표와 빌 클린턴의 행태에 염증을 느끼는 일부 민주당원들의 표까지 걷어들였다. 그의 도전은 공화당 보수파들을 우려하게 만들었다.

부시 진영은 사우스캐롤라이나에서 매케인을 기다렸다. 그들은 구식의 얄팍한 '투표장으로 떠밀기' 전법을 써먹었다. 사우스캐롤라이나의 유권자들은 이런 질문을 받았다. "존 매케인이 불법적으로 검은 피부의 아이의 아버지란 사실을 알고도 그에게 표를 주시겠습니까?" (매케인 부부는 방글라데시에서 태어난 여자 아이를 입양했다.) 곳곳에 칼 로브의 지문이 묻어나는 이 수법은 결국 매케인 호가 탈선하게 만들었다. 매케인은 사우스캐롤라이나에서 졌고 마침내 부시가 후보로 지명되었다.

한편, 민주당 진영에서는 고어가 가장 강력한 적수인 전임 뉴저지 출신 상원의원 빌 브래들리(Bill Bradley)를 쉽게 따돌리고 후보 자리를 거머쥐었다. 그러나 제3당 후보의 도전이 끝까지 고어를 따라다니며 괴롭히게 된다. 사회운동가 랄프 네이더(Ralf Nader)가 녹색당 후보로, 보수적인 팻 뷰캐넌이 개혁당 후보로 출마했다.

후보

공화당 : 조지 W. 부시 부시는 45세였다. 부유한 공화당 집안에 태어난 부시—그의 할아버지 프레스콧(Prescott)은 상원의원을 지냈고 아버지 조지 H. W. 부시는 대통령을 지냈다—는 예일 대학을 마치고 하버드에서 MBA를 받은 진짜배기 뉴잉글랜드 양키였다. 그러나 부시의 정치적 성장기반은 텍사스였다. 그는 텍사스에서 석유회사를 경영해 돈을 벌었고, 하원의원에 출마하여 떨어진 곳도 텍사스였으며, 훌륭한 파티를 열어 성공한 곳도 텍사스였다. 1986년에 유명한 전도사 빌리 그래이엄의 설교를 듣고 감화를 받아 술을 끊고 기독교인으로 다시 태어난 부시는 그래도 누구에게나 붙임성 있게 등을 두드리는 따뜻한 매너를 버리지 않았다. 이런 매너는 그의 정책을 지지하지 않는 사람들로

부터도 호평을 받았다. 1994년에 부시는 주지사에 당선되었고, 2000년
이 되자 대통령에 도전할 완벽한 입지를 갖추게 되었다. 그의 부통령 후
보 딕 체니(Dick Cheney)는 아버지 부시 밑에서 국방장관을 지낸 매우 보
수적인 인물이었다.

민주당 : 알 고어 알 고어도 선택받은 정치적 혈통을 자랑하는
인물로 그의 아버지는 테네시 출신 상원의원이었다. 고어는 엘리트들이
다니는 사립 고등학교를 졸업하고 하버드에 들어갔다. 정치에 심취했던
그는 선거제도와 대통령선거의 역사에 매료되었다. 그러나 그는 때로 친
구들에게조차 완고하고 지나치게 이지적이며 약간은 거만한 인상을 풍
겼다. 그는 일관된 신념을 가지고 지구 온난화를 방지를 주장했고, 온실
가스 배출을 줄이는 도쿄의정서를 지지했다. 이런 정치적 태도 때문에
공화당은 그에게 "나무를 끌어안는 사람"이란 딱지를 붙여주었다.
고어의 러닝메이트는 코네티컷 출신 상원의원 조 리버만(Joe Lie-
berman)이었다. 리버만은 신앙심이 깊고 보수적인 인물이었으며, 유대인
으로서는 최초로 대통령선거전에 등장한 후보였다(아버지가 유대인이었던
배리 골드워터를 제외한다면).

선거전 _____

2000년의 선거는 초반부터 막상막하였다. 그런데 일별해 보면 왜
그렇게 접전이었는지를 이해하기란 어렵지 않다. 고어는 30년 이래로
범죄율이 가장 낮은 정부, 균형예산을 이루고 예산 흑자까지 달성한 정
부, 대체적으로 나라를 평화와 번영으로 이끈 정부의 일원이었음을 내세

울 수 있었다. 문제는 빌 클린턴이었다. 고어가 선거운동에서는 대통령과 일정한 거리를 두려고 했던 것은 백악관의 섹스 스캔들에 넌더리가 났기 때문인 것 같은데, 그러다 보니 클린턴 행정부의 진정한 업적을 부각시키는 일로부터도 거리를 두게 되었다. 훗날 칼 로브조차도 고어가 나라의 훌륭한 모습에 조금만 더 신경을 썼더라면 "우리[공화당]는 날아가 버렸을 것"이라고 말했다.

부시의 참모들은 그를 미국에 품위를 되찾아 줄 인물로 부각시키는 전략을 세웠다(부시는 기자들에게 "대통령이 나라를 창피하게 만든 것은 부인할 수 없다"고 말했다). 부시는 또한 의료보험과 사회보장제도를 "개혁"하고 환경보존을 위해 나선 "열정적인 보수주의자"로 변신했다. 부시의 이런 변신을 두고 알 고어와 수많은 민주당원들은 당혹스러울 수밖에 없었다. 민주당의 내부 정서를 가장 잘 표현 한 사람은 존 매케인이었다. 매케인은 예비선거 과정에서 "그가 개혁가라면 나는 우주인"이라고 부시를 조롱했다.

고어에게 클린턴 시대의 스캔들을 연결시켜 흠집을 내는 전략은 바라던 만큼 효과를 낼 수가 없음을 알아차린 부시의 전략가들은 고어를 두 얼굴을 가진 거짓말쟁이로 몰아가기로 방향을 바꾸었다. 그들은 우선 고어의 정치적 견해를 논쟁거리로 부각시켰고, 이런 전략은 상당한 효과를 거두었다. 한 가지 예를 들자면, 그들은 알 고어가 인터넷을 발명했다는 널리 인정받고 있던 (사실은 그런 게 아니었지만) 주장을 뒤집는 데 주력했다[고어가 1999년에 있었던 기자회견에서 실제로 한 말은 "미국의 의회에서 봉직하는 동안 나는 인터넷을 창조하는 일에 앞장서 왔습니다"라는 것이었다. 그래, 약간의 과장은 있지만 그건 사실이지. 그런데 인터넷 기술을 개발하는 데 참여한 사람들 가운데 일부는 알 고어 상원의원은 "정보 초고속도로(Information Super-highway)"—군사통신 시스템이던 인터넷을 전 세계에 걸친 정보유통 통로로 변모시키는 데 도움을 준 미국 정부 프로젝트—의 건설을 지원하는 예산을 의원으로서 기능적으로 승인해 준 역할밖에 한 것이 없다고 주장한다].

고어는 부시와의 첫 번째 TV 토론에서 능글맞게 웃거나 놀랍다는 듯 눈동자를 굴림으로써 오히려 자신의 정치적 주장이 설득력을 잃게 만드는 실책을 저질렀다. 유권자들은 고어의 태도에서 그가 상대를 조롱하고 있다는 느낌을 받았다(이런 경우 레이건은 "또 그 말씀이군요" 하고는 빠져나갔지만 고어는 집요하게 물고 늘어졌다).

물론 민주당 측 전략가들도 열심히 노력했다. 그들은 부시가 1976년에 과속으로 차를 몰다가 경찰에 체포된 사실을 끄집어냈다(부시는 150달러의 벌금을 내고 풀려났다). 고어가 거짓말쟁이라면 부시는 백치다 … 민주당은 이런 농담도 만들어냈다. 부시는 기자들에게 그가 가장 좋아하는 책은 고전적인 어린이 책인『배가 고픈 캐터필라』(*The Very Hungry Caterpillar*)라고 말한 적이 있었다. 부시는 말실수가 잦았다. 그는 민주당은 "연방정부가 사회보장제도를 연방의 프로그램인 것처럼 운용하기를 바란다"고 말한 적도 있었다. 뿐만 아니라 "가족은 나라의 희망이며 날개에다 꿈을 달아주는 곳"이라고 말한 적도 있었다.

승자 : 조지 W. 부시

2000년 11월 7일의 투표날에 유권자의 50% 가량만 투표하였다. 이날은 혼돈의 날로 영원히 기억될 것이다. 밤이 깊어지자 알 고어가 직접투표에서 이긴 것이 분명해 보였다(공식 집계로는 고어 50,996,582표, 부시 50,456,062표). 50만 표의 차이로 선거는 끝났다. 이런 표차는 케네디가 닉슨을 이긴 1960년 선거의 표차보다는 좀 컸지만 닉슨이 험프리를 꺾은

1968년 선거의 표차와 비슷했다.

문제는 (물론 고어의 입장에서 그랬지만) 성가신 선거인단 표였다. 2000년 선거에서는 어느 후보든 당선되려면 최소한 270표의 선거인단 표가 필요했다. 플로리다의 선거인단 표(25표)가 아직 확정되지 않은 상태에서 고어는 267표를 확보했고 부시는 246표를 가져갔다. 플로리다가 어느 쪽으로 떨어지느냐에 따라 차기 대통령이 결정될 상황이었다.

동부 시간으로 선거일 오후 7 : 50에 주요 언론들이 투표소 출구조사를 바탕으로 플로리다(주지사가 조지 부시의 동생 젭 부시였다)가 고어 쪽으로 넘어갔다고 보도했다(훗날 어떤 공화당원들은 플로리다에서 투표가 끝나기 10분 전에 이런 예측이 나오자 부시 지지 유권자들이 아예 투표장에 가는 것을 포기했다고 주장했지만 입증할 만한 증거는 없다). 밤 10시가 되자 뉴멕시코, 미네소타, 미시간이 민주당 쪽으로 넘어왔고 내슈빌에 머물고 있던 고어는 승리를 확신했다.

그런데 플로리다의 개표가 진척될수록 상황이 변해갔다. 새벽 2시, 개표가 97% 가량 진척되었을 때 플로리다에서는 부시가 이긴 것 같았다. 이때 고어가 심각한 실수를 저질렀다. 품위 있는 정치인처럼 보이고 싶어했던 고어가 텍사스에 머물고 있던 부시에게 전화를 걸어 성급하게 패배를 시인한 것이다. 전화를 끝낸 고어는 패배를 인정하고 민주당원들에게 감사의 인사를 전하는 연설을 하기 위해 내슈빌의 전쟁기념관으로 향했다.

고어가 막 연설을 시작하려는 순간에 미칠 지경이 된 선거참모들이 플로리다에서의 표차가 너무 근접해 가고 있어서 부시의 승리를 인정하기에는 이르다는 소식을 전해왔다. 고어는 그 자리에서 부시에게 전화를 걸었다. 후에 부시가 가엾다는 어투로 전한 말에 의하면 이때 고어는 패배를 "불시인"했다고 한다.

다음에 소개하는 통화내용은 별로 알릴 가치가 없을지도 모른다. 위대한 후보들도 시시한 일로 싸우는 십대들과 다름없는 대화를 한다는 사실을 보여주고 있으니까. 내부 관련자들의 전해준 얘기를 재구성하면 이렇다 :

> 고어 : "상황이 극적으로 변했어요. 카드 패를 엎기에는 플로리다가 너무 근접했어요."
>
> 부시 : "내가 제대로 이해하고 있는지 확인해 봅시다. 시인을 철회하기 위해 전화한 게 맞나요?"
>
> 고어 : "그렇게 퉁명스럽게 얘기하실 필요는 없어요."
>
> (이때 부시는 동생인 플로리다 주지사 젭 부시가 승리를 확인해 주었다고 설명했다.)
>
> 고어 : "내가 몇 가지 설명할게요. 이 문제에 관해서는 당신의 동생이 최종결정권을 가진 사람이 아닙니다."
>
> 부시 : "당신 하고 싶은 대로 하시오."

이리하여 선거 후의 선거가 시작되었다. 그후로 36일 동안 차기 대통령이 누구인지는 아무도 몰랐다.

★ · ★

민주당 : 공화당 플로리다 주법으로는 개표결과 표차가 근소하면 자동으로 기계식 재개표를 하게 되어 있다. 재개표를 한 결과 전체 590만 표 가운데서 1,784표 차이로 앞섰던 부시의 표차가 300표 이하로 줄어들었다. 그러자 민주당은 플로리다에서 가장 큰 3개 카운티—마이애미 데이드, 팜비치, 브로워드. 이곳은 민주당 우

세지역이었다―를 선정하여 주법에 따라 수작업으로 재개표 해줄 것을 요구했다.

물론 공화당도 고어가 민주당 우세지역만 골랐다고 이의를 제기했고 어떤 선거, 어떤 주에서도 이런 저런 실수는 있게 마련이라고 주장했다. 표차가 매우 작았던 뉴멕시코―이곳에서는 고어가 이겼다―에서도 공화당 쪽에 유리한 실수가 있었음이 분명한데 왜 이곳의 재개표는 요구하지 않는가?

다섯 번의 대통령선거에서 공화당 선거운동 본부를 지휘했고 아버지 부시 밑에서 국무장관을 지냈으며 극도로 약삭빠른 제임스 베이커(James Baker)가 이끄는 부시 지지자들은 선거는 이미 끝났다고 주장했다. 부시가 승자이다. 선거결과를 확정하고 빨리 끝내자.

과다표시, 과소표시, 부스러기 민주당 쪽에서는 국무장관을 지낸 워렌 크리스토퍼(Warren Christopher)가 앞장서서 이번의 경우는 몇 표가 잘못 계산된 평범한 사건이 아니라고 주장했다. 기계식 투표는 문제가 한둘이 아니다(기계식 투표에서는 유권자가 펀치카드같이 생긴 투표용지에 송곳으로 구멍을 뚫어 지지후보를 표시한 다음 용지를 투표함에 넣는다).

2000년 플로리다에서 사용된 투표용지, 중앙의 송곳이 투표용지에 구멍을 내는 도구이다.

팜비치 카운티―이곳의 유권자는 노년층과 유대인이 압도적으로 많았다―에서는 두 쪽으로 된 투표용지가 복잡하게 설계되어 있어서 3천 표 이상의 표가 구멍을 잘못 뚫어 극우적인 개혁당 후보 팻 뷰캐넌에게 갔는데, 뷰캐넌이 플로리다의 다른 카운티에서 얻은 가장 많은 표수보다 2,700표나 더 많았다(뷰캐넌조차도 이 표의 대부분이 자신에게 올 표가 아니라 고어에게 갔어야 할 표라고 말했다). 어떤 유권자는 실수를 발견하고 자신의 의사를 보다 명확히 표시하기 위해 고어의 이름 옆에다 구멍을 여러 개 뚫었다. 이런 표는 과다표시 표라고 불렸다.

투표용지의 설계 잘못에 대해서는 누구를 탓할 수가 없었다. 투표용지를 설계한 사람은 민주당원이었고 양당이 모두 용지의 형식을 인정했기 때문이다. 그러나 다른 카운티에서는 부분적으로 구멍이 뚫린 탓에 종이가 일부 남아 있어서 (부스러기라 불렸다) 개표할 때 집계에서 제외되었다. 이런 표를 과소표시 표라고 불렀다. 뿐만 아니라 구멍을 뚫을 때 표시선 가운데를 송곳으로 눌러 움푹하게 들어가기는 했지만 종이는 여전히 온전하게 붙어 있는 이른바 '보조개 표'와 '임신한 표'가 지겹도록 많았다. 이런 표는 모두 무효표로 처리되었다.

결론적으로 말해 민주당의 주장에 의하면 논란이 되는 과소표시 표가 61,000표나 되었다. 플로리다 주법은 재개표할 때는 문제가 되는 표는 절차상으로나 기계적인 하자가 있다 할지라도(즉, 구멍이 제대로 뚫리지 않았다 할지라도) 투표자의 의도를 고려하도록 규정하고 있다. 그러므로 간단하게 집계에서 제외시켜 버린 이런 표의 원래 갔어야 할 곳을 찾아주어야 한다는 것이 민주당의 주장이었다.

민주당의 주장에 따르면 그래서 수작업 재개표가 필요하다는 것이었다. 그러나 플로리다 주 내무장관인 캐서린 해리스(Katherine Harris, 부시 선거운동의 플로리다 지역 공동책임자였다)는 지금까지 드러난 결과대로 선거를 종결할 의도로 재개표의 허락을 거부했다. 11월 21일에 플로리다 주 대법원이 주 내무장관에게 민주당이 선정한 세 곳의 카운티에서 수작업 재개표를 실시하라는 명령을 내렸다. 수작업 재개표가 시작되자 공화당은 활동가들을 동원해 항의시위를 벌였다(그들 중 대부분이 비행기를 타고 플로리다로 몰려온 의원 보좌관들이었다). 데이드 카운티에서는 이들 "고급 옷을 아무렇게나 입은 항의자들"이 너무나 호전적인 태도를 보여 지친

걸려 있는 부스러기, 너덜거리는 부스러기, 보조개 부스러기, 임산한 부스러기 …
2000년의 선거가 끝나고 유권자들은 부스러기 때문에 진저리를 쳤다.

재개표 종사자들이 주눅들어 재개표 작업이 지연되게 만들었다.

플로리다 주 대법원이 정한 시한이 되어도 재개표는 끝이 나지 않자 해리스는 지체없이 플로리다에서는 부시가 이겼다고 선언했다(해리스가 발표한 표차는 537표였다). 그런데 민주당이 주 대법원으로부터 데이드 카운티의 재개표를 속행할 뿐만 아니라 67개 카운티 전체에서 선택한 후보가 표시되지 않은 표를 수작업으로 재개표하라는 명령을 끌어냈다.

마침내 승리는 … 민주당을 대리한 변호사들은 연방대법원에 항소했고 대법원은 항소를 받아들였다. 12월 1일에 연방대법원에서 첫 심리가 시작되었다. 부시를 대리한 변호사들은 부시에게 법이 정한 동등한 기회가 주어지지 않았으므로 수작업 재개표는 중지되어야 한다고 주장했다. 투표용지는 이미 집계되었고 다시 법이 정한 대로 기계로 재집계되었다. 그러므로 민주당은 수작업 재개표를 요구할 권리가 없다.

민주당 쪽은 주의 권한을 그토록 열렬하게 옹호하는 공화당이 근본적으로 플로리다 주에서 결정해야 할 사안에 대법원의 개입을 요청한 것은 사리에 맞지 않다고 응수했다.

12월 9일, 미국 연방대법원은 5 : 4로 수작업 재개표를 정지하라는 명령을 내리는 결정을 했다. 5명의 보수적인 대법관이 4명의 진보적인 대법관을 눌렀다. 12월 11일 월요일에 대법원은 부시와 고어 양쪽이 벌이는 논쟁을 들었다. 12월 12일에 대법원은 수작업 재개표의 진행을 더 이상 진행시키지 말라는 명령을 내렸다. 이리하여 2000년 선거의 승리는 부시에게 돌아갔다.

도대체 얼마나 지저분했어? 부시는 직접투표에서는 졌으나 선거인단 표에서 271 : 266으로 이겨 대통령이 되었다. 역사가들은 직접투표에서 지고도 선거인단 표에서 이겨 대통령이 된 후보를 한 사람 찾아냈다. 1888년, 벤자민 해리슨.

2000년의 선거는 러더퍼드 헤이스 : 새뮤얼 틸던의 1876년 선거와 흡사했다. 민주당 후보인 틸던은 루이지애나, 사우스캐롤라이나, 플로리다(그때도 플로리다가 문제였다)의 공화당이 장악한 '선거관리위원회' 때문에 거의 이긴 선거를 도둑맞았다. 선거전은 너무나 지저분해서 결국 헤이스는 그 후유증 때문에 단임 대통령으로 끝나고 말았다.

공화당이 플로리다에서 한 짓은 어떤 면에서는 알려진 것만큼 야비하지는 않았을지 모른다. 알려진 것처럼 흑인들의 투표를 막기 위해 도로를 차단하지는 않았다. 그러나 주 전체의 선거를 관리하는 플로리다 주정부의 공화당 관리들 가운데서 당파적 행동을 하지 않은 사람은 없었다.

판이 바뀌어 민주당이 플로리다 주정부를 장악했더라면 그들은 좀 덜 당파적으로 행동했을까? 그건 아무도 모를 일이다. 그러나 고어에게 불리했던 조건들을 모두 공화당 탓으로 돌릴 수는 없다.

고어가 자신의 출신 주—고어는 테네시에서 졌다—에서 이겼더라면 플로리다의 문제는 미완의 법률적 논쟁으로 남겨졌을 것이다.

랄프 내이더나 팻 뷰캐넌이 제3당 후보로 출마하지 않았더라면 고어가 이겼을 것이다.

빌 클린턴이 재임 중에 추문에 휩싸이는 행동을 하지 않았더라면(또는 고어가 아직도 인기를 유지하고 있던 대통령을 자신의 선거운동을 위해 뛰도록 해주었더라면) 고어가 이겼을지 모른다.

이 모든 것을 다 제쳐두고라도 고어와 그의 참모들이 부시와 그의 참모들이 했던 것처럼 플로리다에서 일을 벌이기로 작심했더라면 고어가 이겼을지 모른다. 그러나 성급하게 패배를 시인하는 전화를 건 그 순간부터 고어는 모진 마음을 먹은 승자가 아니라 우아한 패자처럼 행동했다.

그것은 자업자득의 예언이었다.

파렴치한 놈! 2000년 어느 여름날 고어의 선거 자원봉사자 한 사람이 고어의 처방약 지원 프로그램[69]을 비난하는 공화당의 선거광고를 지켜보다가 "파렴치한 놈"이란 글자가 나오는 순간장면을 발견했다. 이 자원봉사자는 고어 선거운동 본부에 이 사실을 알렸고, 본부의 간부가 문제의 광고 필름을 구해다가 저속으로 돌려보았더니 "파렴치한 놈"이란 흰색 대문자가 "관리들이 결정하나?"라는 문장 뒤에 이어 나왔다.

이 광고는 1950년대에 처음 등장한 이른바 잠재의식 광고—TV 광고 속에 비밀 메시지를 숨겨둔다—기법을 활용한 것이었을까? 연방통신위원회는 이런 방식의 광고를 명시적으로 금지하고 있지는 않으나 기만적인 것으로 간주하고 있다.

민주당 간부들은 이 광고를 공화당의 비열한 수법을 비난하는 소재로 삼았다. 공화당 쪽의 광고책임자는 "파렴치한 놈"(RAT)이란 순간영상을 노출시킨 것은 "관리들"(BUREAUCRATS)이란 글자의 마지막 스펠을 강조하여 "시청자들에게 직접 관련이 있는 사안에 대해 관심을 갖도록 유도하기 위한 … 영상적 경고신호"라는 어설픈 해명을 내놓았다.

부시도 ABC 방송의 뉴스 프로 '굿모닝, 아메리카'에 나와 파렴치한 놈이란 글자는 숨기려고 넣은 것이 아니라 보여주기 위해 넣은 것이라는 설명—대부분의 시청자들은 설명을 듣기 전에는 그런 글자가 들어가 있는 줄도 몰랐다—을 하였고, 더 웃기는 일은 부시가 "잠재의식적"(subliminal)이란 단어를 사용해야 할 장면에서 계속해서 "잠재의식할 수 있는"(subliminable)이라고 말했다는 것이다.

공화당 전국위원회는 이 광고를 교체했으나 전국에 4천 회 이상 방영되고 난 뒤였다.

2004

조지 W. 부시

★ ★ ★ ★ ★ ★ ★ ★ ★ ★ VS. ★ ★ ★ ★ ★ ★ ★ ★ ★ ★ ★

존 케리

"우리의 적들은 혁신적인 사고를 하며 지략이 풍부합니다.
그렇다면 우리도 그렇게 해야 합니다.
그들은 우리나라와 우리 시민들을 위협하기 위해
새로운 방법을 찾아내는 일을 멈춘 적이 없습니다.
그렇다면 우리도 그렇게 해야 합니다."

– 조지 W. 부시 대통령, 선거연설에서 –

혼탁도 ★ ★ ★ ★ ★ ★ ★ ★ ★ ★
         1 2 3 4 5 6 7 8 9 10

$2$000년의 선거가 끝나고 4년이 지나자 미국의 분위기는 크게 변했다. 클린턴 시대의 섹스 스캔들 같은 것은 1920년대에 유행한 너구리 털코트나 1960년대에 유행한 히피의 머리띠처럼 이제는 지나간 시절의 한때 야단법석에 불과했다. 그것들이 지나간 자리에 2001년의 9월 11일이 자리잡았다. 알-카에다 테러리스트가 여객기를 몰고 와 무역센터와 펜타곤을 덮쳤고 백악관을 겨냥했음이 분명한 다른 비행기 한 대는 펜실베니아에 추락했다. 3천 명의 미국인이 목숨을 잃었다.

지지부진하던 부시의 지지율이 아버지 부시가 걸프전을 시작할 무렵과 마찬가지인 90%대로 치솟았다. 광범위하고 초당적인 지지를 등에 업고 부시는 아프가니스탄을 침공하여 탈레반 정권을 무너뜨렸다. 그러나 미군은 9·11의 주범인 오사마 빈 라덴을 붙잡는 데는 실패했다. 부시가 독재자 사담 후세인이 알-카에다를 지원하였고 세계를 위협할 수 있는 대량살상무기를 보유하고 있다는 두 가지 명분을 내세워 2003년에 이라크를 침공하였을 때도 그에 대한 지지율은 떨어지지 않았다.

그런데 유일한 문제는 두 가지 명분이 근거가 없음이 밝혀진 것이었다. 이라크에서 시민들이 미군을 공격하고 더 많은 숫자의 미군 병사가 목숨을 잃어가자 미국 시민들은 부시의 판단에 대해 의문을 갖기 시작했다. 게다가 닷컴 거품이 걷히고 경제가 곤두박질치기 시작했다.

2004년이 다가오자 그래도 공화당은 부시를 중심으로 굳게 뭉쳤다. 예비선거가 시작도 되기 전에 8,600만 달러의 후원금이 들어왔고, 당내에서는 실질적으로 상대가 없었다.

민주당의 예비선거는 공화당과는 달리 혼돈과 부침의 연속이었다. 알 고어는 2002년에 재출마하지 않겠다는 선언을 하였고, 그가 비운

무대에는 퇴역장군 웨슬리 클라크(Wesley Clark), 매사추세츠 출신 상원의원 존 케리(John Kerry), 전직 노스캐롤라이나 상원의원이자 법정 변호사인 존 에드워드(John Edward), 버몬트 주지사 하워드 딘(Howard Dean)이 등장했다. 딘은 이라크전 반대와 의료복지의 확대란 기치를 내걸고 풀뿌리 선거운동을 펼치며 선두로 나서고 있었다. 그런데 딘은 2004년 1월 아이오와 예비선거에서 3위를 한 후 "딘의 비명"[70]이라고 알려진 연설을 함으로써 스스로를 파멸시키고 말았다. 존 케리 상원의원이 민주당의 후보로 지명되었다.

후보

공화당 : 조지 W. 부시 이라크 전선이 남쪽으로 옮겨가자 부시도 따라갔다. 전쟁의 도입부가 끝나자 이라크전에 파견된 항공모함으로 날아가 전투기 조종사의 복장을 한 채 "임무완수"라고 쓰인 플래카드를 배경으로 승리의 연설을 한 조울증 환자 같은 부시의 행동은 전투가 치열해져 가자 더욱 우스꽝스러워졌다. 이라크에서 대량살상무기를 찾지도 못했고 경제는 계속하여 하강하자 부시의 대통령 자리도 흔들리는 것 같았다.

민주당 : 존 케리 존 케리는 후보 수락연설의 첫머리를 이런 말로 시작했다. "저 존 케리, 임무를 부여받았기에 이에 신고합니다." 이 말은 의례 있는 상투적인 말이 아니었다. 민주당은 조지 맥거번 이후 처음으로 인기 없는 전쟁을 비판하는 참전용사 출신 후보를 발굴해냈다. 매사추세츠의 중상류층 가정에서 자란 케리는 1960년대에 예일 대학을

다녔고, 대학을 졸업한 후 (당시에 그와 같은 배경을 가진 또래 젊은이로서는 보기 드물게) 해군에 입대하여 4년 동안 베트남에서 쾌속정 선장으로 복무했다. 군복무 중에 그는 은성 무공훈장과 동성 무공훈장을 받았고, 전역하면서 명예 전상장(戰傷章)을 받았다.

케리는 약간 무뚝뚝하고 때로는 초연한 듯한 인상을 주었다. 참모들은 그를 쉬운 말을 사용하는 평범한 인물로 부각시키기 위해 애썼다. 그러나 언론의 관심의 표적은 그의 아내 테레사 하인츠 케리(Teresa Heinz Kerry)였다. 테레사는 하인츠 케첩 회사의 상속자였고 포브스지에 의하면 그녀의 재산은 7억 5천만 달러나 되었다.

선거전

2004년 가을이 시작되자 정치적인 의견을 표현하는 간판들이 미국 전역에서 사라지기 시작했다. 전날밤에 문앞에 세워둔 지지후보의 표시판이 다음날 아침이면 사라지고 없었다. 펜실베니아의 어떤 마을에서는 길가에 세워둔 부시/체니 간판 500개가 밤 사이에 부서져 버렸다. 플로리다의 펜사콜라에서는 케리/에드워드의 선거간판 수백 개가 사라져 버리자 이에 대한 보복으로 케리 지지자들이 부시의 선거간판을 나무 가지에 걸어놓았다. 사우스다코타, 위스콘신, 워싱턴, 켄터키, 오하이오, 콜로라도, 미시간, 오레곤에서도 호보들의 선거간판이 사라지는 일이 발생하였다.

대통령선거를 연구한 한 역사가의 말에 따르면 선거간판이 없어지기 시작한다는 것은 나라가 분열되고 양극화하여 거칠고 무절제한 선거가 벌어졌다는 증거라고 한다. 2004년의 선거가 바로 그랬다. 인터넷,

케이블 뉴스, 라디오 토크 쇼, 신문 어디에서나 쉴 새 없이 선거전이 벌어졌다. 민주당은 대통령 자리를 도둑질해 갔고 나라를 위험하고 불필요한 전쟁으로 끌고 간 사람으로부터 자기 몫을 되찾겠다는 각오를 다졌다. 공화당은 공화당대로 민주당이 이라크에서 명예롭지 못하게 전쟁을 끝내려 하고 있고, 그렇게 된다면 미국은 9·11 같은 공격에 더 많이 노출될 것이란 믿음을 갖고 있었다.

존 케리 상원의원은 공화당이 4년마다 한 번씩 민주당에게 뒤집어씌우는 외적인 위협에 맞설 용기가 없다는 비방을 깨부술 결심을 하고 있었다. 선거전이 시작되기도 전에 케리는 대통령이 오사마 빈 라덴을 붙잡기 위해 아프가니스탄에 충분한 무력을 투입하지 않았다고 비난했다. 케리는 이라크에서 무력사용을 지지했으나 후에는 87억 달러의 추가 전비지출에 대해서는 반대 표를 던졌다. 부시 진영은 이것을 물고 늘어져 케리를 표리부동한 인물로 부각시키려 했다(케리는 자신의 입장을 변호하기 위해 "나는 87억 달러 지출에 대해 반대 표를 던지기 전에 실제로는 찬성하는 입장을 밝힌 적이 있다"고 말했고, 이런 발언은 공화당의 비난을 엄청나게 정당화시켜 주는 결과를 낳았다).

한편, 부시는 강인한 모습을 보여주려 했다. 그는 어떤 실수도 인정하려 하지 않았고, 테러리스트 문제에 대해서는 "오기만 해보라!"고 소리쳤다. 또 그는 이렇게 말했다. "여러분은 내 주장에 항상 동조하지는 않겠지만 내가 나의 주장대로 행동해 왔다는 것은 인정하실 것입니다."

케리가 젊은 여자와 관계를 맺었다는 아주 저급한 모략도 등장했다(물론 케리는 이를 부인했다). 베트남전 때 케리와 여배우 제인 폰다가 함께 얘기를 나누는 사진이 인터넷에 떠돌아다녔는데 이 사진은 조작된 것임이 밝혀졌다. 민주당도 부시가 당선되면 징집제도가 시행될 것이란 e-mail을 흘려보냈다.

이라크 전쟁이 지지부진해지자 부시의 지지율도 50% 이하로 떨어졌고 선거전도 치열해졌다. 그런데 8월 4일에 베트남에서 케리와 함께 복무했던 사람들이 모여서 만든 '진실을 위한 쾌속정 전역자' 란 모임이 나타나 "케리가 군대경력을 속이고 있으며" 케리는 "전쟁영웅이 아니라"는 발표를 하였다.

'쾌속정 전역자들' 이 2004년의 선거판을 온통 뒤흔들어 놓았다. 그들은 케리의 군대경력에 대한 대중의 인식을 휘저어 놓았고, 선거전의 주요 이슈는 사라져 버렸다. 워싱턴 포스트 지가 '쾌속정 전역자들' 의 핵심 인물 가운데 한 사람이 군대경력에 관한 케리 자신의 주장이 틀리지 않았다고 시인했다는 기사를 내보내자 케리는 얼마간 힘을 얻어 반격에 나설 수 있었다. 그러나 그는 선거운동 절정기에 2주 동안이나 자신을 변호하는 데 시간을 허비해야 했고, 마음을 정하지 못한 유권자들은 이제 무엇을 믿어야 할지 망설이게 되었다.

그래도 케리는 두 번의 TV 토론에서 부시를 이길 수 있었다. 투표일이 다가오자 케리가 승리할 것이란 예측이 나돌았다.

승자 : 조지 W. 부시

출구조사는 케리에게 승산이 있다는 결과를 내놓았다. 11월 2일 저녁에 TV를 지켜보고 있던 미국인들은 해설자들이 한결같이 케리가 당선될 것 같다는 출구조사 결과를 인용하는 것을 들었다.

그런데 자정 무렵이 되자 부시의 승리가 확실시되었고, 다음날 아침 케리는 패배를 시인하는 발표를 했다. 공식적인 개표결과는 부시 60,693,281표, 케리 57,355,978표였고, 현직 대통령이 선거인단 표에서도

286 : 251로 이겼다. 2%를 약간 넘는 표차는 결코 큰 표차라고는 할 수 없었으나 2000년 선거의 표차보다 큰 것은 분명했다.

오하이오 전투 2004년 대통령선거의 결전장은 오하이오였다. 부시는 이곳에서 118,061표차로 이겨 20표의 선거인단 표를 가져갔다.

그러나 투표함이 봉인되기 전부터 오하이오에서 선거부정이 있다는 보도가 나왔다. 하원 법사위의 고참 의원(민주당 소속)인 존 코니어스(이 사람은 닉슨의 정적명단에 이름이 올라 있었다)가 조사에 나섰다. 2005년 1월 의회에 제출한 보고서에서 코니어스는 "오하이오의 대통령선거에서 수많은 심각한 선거부정이 있었고, 그 결과 상당수의 유권자가 투표권을 행사하지 못했다"고 주장했다.

그가 제시한 사례 : 선거 2개월 전인 9월 초에 오하이오 주 내무 장관 케네스 블랙웰(J. Kenneth Blackwell)—2000년 선거에서 플로리다의 캐서린 해리스와 마찬가지로 오하이로 주 부시/체니 재선운동 본부의 지역 공동책임자였다—이 사문화된 규정을 끄집어내어 유권자의 등록을 막았다. 블랙웰은 유권자 등록시에 방수처리하지 않은 8파운드짜리 흰색 종이(우편엽서 용지)를 사용하도록 요구했다. 이 규정은 우편으로 등록한다면 문제될 것이 없었으나 블랙웰은 본인이 직접 출두하여 규정된 용지를 사용하여 유권자 등록을 하도록 요구했다. 다른 방식으로 유권자 등록을 한 경우는 모두 소급하여 무효로 처리되었다. 중립적인 유권자 등록 운동 단체인 '위대한 클리블랜드 투표연합'이 발표한 바에 따르면 이런 규정 때문에 최소한 15,000명의 유권자가 투표권을 행사할 수 없었다.

코니어스가 조사한 바에 따르면 공화당이 장악한 오하이오 주정부는 "감금"이라고 부르는 기만적인 수법을 사용하여 민주당 지지 성향의 유권자들을 투표자 명부에서 삭제했다. 2004년 여름에 주정부는 우편번호를 기초로 하여 민주당 지지 성향이 강한 도시지역의 신규 유권자 등록 대상자 20만 명을 상대로 등기우편을 보낸 후 수령서명을 거부하거나 "배달 불능" 딱지가 붙어 반송된 유권자는 선거일을 겨우 2주 남겨두고 투표자 명단에서 일괄적으로 삭제해 버렸다.

일부 유권자들은 투표장에서 12시간이나 줄을 서서 기다리게 만들었다. 그런데 공화당 지지 성향이 강한 지역에서는 그렇게 긴 줄이 생겨나지 않았다. 한 카운티에서만 해도 투표기 배부의 불균형 때문에 15,000명의 유권자가 투표할 기회를 상실한 것으로 추산되었다. 코니어스의 조사에 따르면 주 전체로 보아 아프리카계 미국인은 투표장에서 평균 52분을 기다려야 했지만 백인 미국인은 평균 18분을 기다렸다.

투표부정을 막기 위해서 선거법이 개정되었다. 그러나 컴퓨터를 이용한 선거─유권자들은 ATM 단말기처럼 생긴 터치스크린을 사용하게 될 것이다─가 광범위한 지역에서 실시될 것으로 예상되는 2008년 선거에서는 더 많은 문제가 생길 것으로 추측된다. 새로운 부정선거 전문가가 등장하여 악의를 드러내지 않고도 컴퓨터 흥행사로 활동할 수 있을 것이다.

말을 막는 테레사 동화 속의 주인공 같이 돈이 많은 케리의 아내 테레사 하인츠 케리는 사람들이 흔히 말하는 이상적인 후보의 배우자는 아니었다. 부시의 참모들이 기회만 있으면 내세우고자 했던 로라 부시와는 달리 테레사는 미세스 U. S. A.가 아니었다.

그녀는 모잠비크에서 태어났고 뉴욕으로 이주하여 UN에서 통역사로 일했다. 1966년에 케첩회사의 상속자인 상원의원 존 하인츠(John Heinz)와 결혼했다. 1991년에 하인츠가 비행기 사고로 죽자 테레사는 하인츠의 거대한 재산을 물려받았다. 1995년에 존 케리와 재혼했을 때 그녀는 등록된 공화당원이었고, 남편이 민주당 후보로 대통령에 출마할 때까지도 공화당원으로 남아 있었다.

테레사 케리는 선거유세에 따라다니면서도 변덕스럽고 무뚝뚝했다. 그녀는 기자들에게 "비키세요!"라고 말하는 적도 있고, 로라 부시가 제대로 된 직업을 가져본 적이 없다고 흉을 보기도 했다. 그녀가 가장 큰 말썽을 일으킨 곳은 민주당 전당대회장이었다. 케리가 후보 수락연설을 한 후 관례에 따라 러닝메이트가 등장할 차례에 테레사가 먼저 나가겠다고 고집을 피웠다. "나는 그의 배우자이니까 내가 먼저 나가야 해요!" 말로는 누구도 그녀를 설득할 수 없었기 때문에 케리가 연설을 마치자 젊은 참모가 두 팔을 벌려 테레사의 앞을 가로막고 부통령 후보 존 에드워드에게 소리 질렀다. "뛰어요!"

혹 게이트 부시가 케리와 첫 번째 토론을 벌였을 때 많은 시청자들이 부시의 등 가운데쯤에 혹처럼 불룩 솟은 무엇인가가 있는 것을 보았다. 이에 대해 여러 가지 추측이 나돌았다. 일부에서는 그것이 무선 송수신기라고 단정했다. 부시는 토론이 진행되는 동안 답변을 하기 전에 긴 시간동안 멈추고 있는 경우가 많았고, 한번은 아무도 그에게 말을 걸지 않는데 "내가 말을 끝낼 때까지 기다려!"라고 말하기도 했다. 토론이 끝난 후 NASA의 한 과학자는 문제가 되는 장면의 화면을 확대해 보고 대통령이 등에 지니고 있는 물건은 무선 송수신기임이 분명하다는 견해를 밝혔다.

그 혹 같은 물건이 방탄조끼이거나 아마도 심장박동을 조절하는 의료기기였을 것이라는 추측을 하는 사람들도 있었다. 부시는 2002년 1월에 미식축구 경기를 보다가 호흡곤란으로 졸도한 적이 있었다.

2004년은 인터넷에도 추악한 속임수가 등장했다. 존 케리가 반전운동을 하던 여배우 제인 폰다와 반전집회에서 얘기를 나누는 사진이 돌아다녔다. 물론 사진은 가짜였다.

기록을 남기기 위해서 밝혀두겠다. 백악관은 그것이 "옷의 주름"이었다고 해명했다.

대통령선거에서의 10가지 고전적인 공격

세상에는 결코 변하지 않는 것도 있다. 대통령선거에서 후보들이 상대를 공격할 때 사용하는 화법이 그렇다. 200년 동안 대통령선거에서 변치 않고 등장한 경멸, 비방, 악담의 10가지 고전적 사례를 정리해 보았다.

1위 "당신은 용기가 부족해!" 이 공격은 전시에는 빠짐없이 등장했다. 대통령선거 사상 겁쟁이라고 불린 후보의 명단은 다음과 같다 : 토마스 제퍼슨은 프랑스에 대해 너무 유화적이라는 평을 들었다. 프랭클린 피어스는 전장에서 졸도하였다고 놀림을 받았고, 지미 카터는 이란에게 굴복했다고 비난받았다. 그리고 요즘에는 많은 후보들이 테러리스트와 싸우는 데 있어서 "남자답지 못하다"고 공격받는다.

2위 "당신은 나라를 전쟁으로 끌고갈 거야!" 10위를 뒤집어 놓은 것. 이런 공격을 받았던 후보들—앤드류 잭슨, 테디 루즈벨트, 배리 골드워터, 조지 W. 부시—은 자신들이 얼마나 강한지 보여주기 위해 나라를 해외에서의 유혈전쟁으로 끌고 가려 했던 사람들이다.

3위 "당신은 나이가 너무 많아!" 윌리엄 헨리 해리슨, 윈필드 스캇, 드와이트 아이젠하워, 로널드 레이건, 밥 돌—당신네 노틀들은 나가서 원반 밀어치기 놀이나 하시오! 핵무기 발사명령 버튼에 손가락을 올려놓은 채 잠들면 어쩌려고 … 쉰다섯 살짜리가 대신하게 하란 말이오!

4위 "당신은 백면서생이야!" 토마스 제퍼슨, 존 퀸시 애덤스, 아들라이 스티븐슨, 유진 매카시, 지미 카터, 알 고어—정적들이 보기엔 이들은 머리는 좋지만 자신의 선의를 지나치게 믿는 사람들이었다. 더 나쁜 것은 이들은 책만 아는 사람들이었다. 제퍼슨은 건축을 좋아했고, 스티븐슨은 시를 사랑했으며, 매카시는 시를 짓기까지 했다. 하나님 맙소사 … .

5위 "당신 백치야!" 반면에 루이스 캐스, 윌리엄 하워드 태프트, 허버트 후버, 알프 랜든, 조지 W. 부시는 젊은 시절에 낙제한 적이 있거나 머리를 심하게 부딪친 적이 있음이 분명하다. 제럴드 포드의 경우 민주당은 그가 헬멧을 쓰지 않은 채로 미식축구를 너무 많이 했다고 추정했다.

6위 "당신은 난봉꾼이야!" 토마스 제퍼슨, 그로브 클리블랜드, 워렌 하딩(공화당 후보로서는 예외적이다), 우드로 윌슨, 존 F. 케네디, 게리 하트, 빌 클린턴, 존 케리는 여자들이 옆에 있으면 일에 집중하지 못했다.

7위 "당신은 분명히 누구하고도 섹스를 하지 않을거야!" 반면에 미국인들은 대통령이 피가 뜨거운 인물이기를 원치 않았다. 최고사령관이 무미건조하고 성적으로 냉정한 모습이면 좋지 않다. 제임스 매디슨, 벤자민 해리슨, 캘빈 쿨리지, 리처드 닉슨, 지미 카터가 그랬다. 가슴 속에는 욕정이 가득했으면서도 ….

8위 "당신은 최소한 약간의 동성애 기질을 갖고 있어!" 그게 꼭 나쁘다는 것은 아니다. 그런데 많은 사람들이 제임스 뷰캐넌과 아들라이 스티븐슨은 "몰래 딴짓 한다"고 생각했다.

9위 "당신은 언제나 취해 있어!" 이 단골 메뉴는 율리시즈 S. 그랜트에게 가장 많이 적용되기는 했지만 헨리 클레이, 프랭클린 피어스, 테디 루즈벨트, 워렌 하딩, 조지 W. 부시도 그 못지않게 이런 비난을 받았다. 부시는 2000년 선거 때에 술 취하지 않은 맨 정신이었지만 아무도 그걸 믿지 않았다. 한번 술고래이면 영원한 술고래이니까.

10위 "당신은 미쳤어!" 정신과의사들은 공개적으로 윌리엄 제닝스 브라이언과 배리 골드워터가 신경증 환자이며 과대망상증을 갖고 있다고 말했다. 호레이스 그릴리는 1872년 투표일 직후에 정신병원에서 죽었다. 토마스 이글튼은 전기충격 치료를 받은 적이 있었다. 그리고 닉슨은 … 그의 1952년 첵커스 연설을 보면 알 수 있다.

참고문헌

Ackerman, Kenneth D. *Dark Horse : The Surprising Election and Political Murder of President James A. Garfield*. New York : Carroll & Graff, 2003.

Aitken, Jonathan. *Nixon : A Life*. Washington D.C. : Regnery Publishing, Inc., 1993.

Ambrose, Steven E. *Eisenhower : The President*. New York : Simon & Schuster, 1984.

Auchincloss, Louis. *Theodore Roosebelt*. New York : Henry Holt & Company, 2001.

Boller, Paul E. *Presidential Campaigns : From George Washington to George W. Buch*. New York : Oxford University Press, 2004.

Brands, H. W. *Andrew Jackson : His Life and Times*. New York : Doubleday, 2005.

Brodie, Fawn M. *Thomas Jefferson : An Intimate History*. New York : W. W. Norton, 1974.

Bourne, Peter G. *Jimmy Carter : A Comprehensive Biography from Plains to Postpresidency*. New York : Scribner, 1997.

Calhoun, Charles W. *Benjamin Harrison*. New York : Henry Holt & Company, 2005.

Cannon, Lou. *President Reagan : The Role of a Lifetime*. New York : Simon & Schuster, 1991.

Dallak, Robert. *Flawed Giant : Lyndon Johnson and His Times, 1961–1973*. New York : Oxford University Press, 1998.

Dean, John W. *Warren G. Harding*. New York : Henry Holt & Company, 2005.

Dershowitz, Alan M. *Supreme Injustice : How the High Court Hijacked Election 2000*. New York : Oxford University Press, 2001.

Donald, David Herbert. *Lincoln*. New York : Simon & Schuster, 1995.

Donovan, Robert J. *Conflict and Crisis : The Presidency of Harry Truman, 1945–1948*.

New York : W. W. Norton & Co., 1977.

Ellis, Joseph J. *American Sphinx : The Character of Thomas Jefferson.* New York : Alfred A. Knopf, 1997.

Ellis, Joseph J. *His Excellency : George Washington.* New York : Alfred A. Knopf, 2004.

Ferling, John. *Adams vs. Jefferson : The Tumultuous Election of 1800.* New York : Oxford University Press, 2004.

Goldberg, Robert Allen. *Barry Goldwater.* New Haven : Yale University Press, 1995.

Goldman, Peter, et al. *Quest for the Presidency 1992.* College Station : Texas A&M University Press, 1994.

Goodwin, Doris Kearns. *Team of Rivals : The Political Genius of Abraham Lincoln.* New York : Simon & Schuster, 2005.

Greenfield, Jeff. *The Real Campaign : How the Media Missed the Story of the 1980 Campaign.* New York : Summit Books, 1982.

Howe, George Frederick. *Chester A. Arthur : A Quarter-Century of Machine Politics.* New York : Frederick Unger Publishing Co., 1957.

Jamieson, Kathleen Hall. *Dirty Politics : Deception, Distraction and Demo-cracy.* New York : Oxford University Press, 1992.

Jamieson, Kathleen Hall. *Packaging the Presidency : A History and Criticism of Presidential Campaign Advertising.* Third Edition. New York : Oxford University Press, 1995.

Johnson, David E., & Johnny R. *A Funny Thing Happened on the Way to the White House : Foolhardiness, Folly and Fraud in Presidential Elections, from Andrew Jackson to George W. Bush.* New York, Dallas : Taylor Trade Publishing, Lanham, 2004.

Ketchum, Ralph. *James Madison : A Biography.* Charlottesville : University of Virginia Press, 1971.

Klein, Joe. *Politics Lost : How American Democyacy Was Trivialized by People Who Think You Are Stupid.* New York : Doubleday, 2006.

Kutler, Stanley I. *The Wars of Watergate : The Last Crisis of Richard Nixon.* New York : W. W. Norton & Co., 1990.

Lorant, Stefan. *The Glorious Burden : The History of the Presidency and Presidential Election from George Washington to James Earl Carter, Jr.* Lenox, MA : Author's Edition Inc., 1977.

Leech, Margaret. *In the Days of McKinley.* New York : Harper & Brothers, 1959.

McCoy, Donald R. *Calvin Coolidge : The Quiet President*. New York : Macmillan & Co., 1967.

McCullough, David. *John Adams*. New York : Simon & Schuster, 2001.

McCullough, David. *Truman*. New York : Simon & Schuster, 1992.

McFeely, William S. *Grant : A Biography*. New York. London : W. W. Norton & Co., 1981.

Martin, John Bartlow. *Adlai Stevenson of Illinois : The Life of Adlai E. Stevenson*. Garden City & New York : Doubleday & Co., 1976.

Miller, Douglas T. & Marion Nowak. *The Fifties : The Way We Really Were*. Garden City, New York : Doubleday & Co., 1977.

Morgan, Ted. *FDR : A Biography*. New York : Simon & Schuster, 1985.

Morris, Edmund. *Theodore Rex*. New York : Random House, 2001.

Nagel, Paul C. *John Quincy Adams. A Public Life, A Private Life*. Cambridge, MA : Harvard University Press, 1997.

Patterson, James T. *Restless Giant : The United States from Watergate to Bush vs. Gore*. New York : Oxford University Press, 2005.

Phillips, Kevin. *William McKinly*. New York : Henry Holt & Co., 2003.

Pringle, Henry F. *The Life and Times of Howard Toft : A Biography*. New York, Toronto : Farrar & Rinehart,1939.

Reeves, Thomas C. *A Question of Character : A Life of John F. Kennedy*. New York : The Free Press, 1991.

Robinson, Llody. *The Stolen Election : Hayes versus Tilden−1876*. Garden City, NT : Doubleday & Co., 1968.

Roseboom, Paul H., and Alfred E. Eckes Jr. *History of Presidential Election : From George Washington to Jimmy Carter*. Fourth Edition. New York : Macmillan Publishing Co., Inc., 1979.

Seigenthaler, John. *James K. Polk*. New York : Henry Holt & Company, 2003.

Shephard, Edward M. *Martin Van Buren*. New York and Boston : Houghton, Mifflin & Company, 1899.

Sick, Gary. *October Surprise : American Hostages in Iran and the Election of Ronald Reagan*. New York : Times Books, 1991.

Slayton, Robert A. *Empire Statesman : The Rise and Redemption of Al Smith*. New York : The Free Press, 2001.

Smith, Richard Norton. *An Uncommon Man : The Triumph of Herbert Hoover*. New York : Simon & Schuster, 1985.

Stephanopoulis, George. *All Too Human : A Political Education*. New York : Little, Brown & Co., 1999.

Toobin, Jeffrey. *A Vast Conspiracy : The Real Story of the Sex Scandal That Nearly Brought Down a President*. New York : Random House, 1999.

Toobin, Jeffrey. *Too Close to Call : The Thirty−Six Day Battle to Decide the 2000 Election*. New York : Random House, 2002.

Walworth, Arthur. *Woodrow Wilson*. New York : W. W. Norton & Co., 1978.

White, Theodore H. *Breach of Faith : The Fall of Richard Nixon*. New York : Atheneum, 1975.

Wicker, Tom. *One of Us : Richard Nixon and the American Dream*. New York : Random House, 1991.

역자 주

1 Tammany Society : 민주당의 정치조직. 처음에는 독립전쟁에 참가한 퇴역군
인들의 모임으로 시작되었다. 뉴욕 시 정치를 좌우지하는 세력을 형성하였
고, 주로 아일랜드계 이민들을 정치적으로 동원하고 이들을 미국 정계에 진
입시키는 발판이 되었다. 1790년대부터 1960년대까지 활동. 태머니는 뉴욕
시의 구역 이름이기도 하다.

2 중남미의 스페인, 포르투갈 식민지에서 태어난 사람들. 또는 그들과 다른 종
족 간의 혼혈.

3 1812년 전쟁 : 미국-영국과 그 식민지[상부 캐나다(온타리오), 하부 캐나다
(퀘벡), 노바스코샤, 뉴펀드랜드, 버뮤다] 간의 전쟁. 영국은 1793년부터 프
랑스와 전쟁 중이었다(나폴레옹 전쟁). 프랑스의 대륙봉쇄 정책에 맞서기 위
해 영국은 프랑스와 교역하는 중립국(미국) 선박에 대해 무력으로 제재를 가
했고, 부족한 해군병력을 충당하기 위해 미국 선원들을 강제로 구인하여 영
국군에 편입시켰다. 또한 영국은 미국을 압박하기 위해 미국에 적대적인 인
디언들을 지원했다. 미국은 1812년 6월에 영국에 대해 선전포고를 했다. 1814
년에 양국 간에 평화조약이 체결되었으나 전투는 1815년까지 계속되었다.

4 Old Hickory : 앤드류 잭슨의 별명(역주)

5 아론 버는 1805년에 부통령직을 물러난 뒤 루이지애나 매입지를 여행하였
다. 역사적인 증거가 명확하지는 않지만 버가 루이지애나 매입지에 자신의
왕국을 세우려 했고 스페인이 점령하고 있던 멕시코와 전쟁을 벌이려고 했
다는 (반역죄의) 혐의로 기소되었다. 최소한 그가 200여 명으로 군대를 조직

한 것은 분명하다. 그는 유럽으로 망명하였다가 수년 후에 돌아와 죽을 때까지 뉴욕에서 은둔생활을 하였다.

6 토크빌(Alexis de Tocqueville, 1805~1859) : 프랑스의 정치사상가이자 역사학자. 프랑스 정부의 명령으로 토크빌은 미국의 행형제도를 조사하기 위해 1831년에 미국에 왔다가 1832년에 프랑스로 돌아갔다. 그는 미국에 머무는 동안 정치와 경제 전반에 관해 관찰하였고, 그 결과를 『미국의 민주주의』(De la démocratie en Amérique, 1835)란 책으로 펴냈다. 이 책의 주제는 "대의제 민주공화국이 미국에서는 가능한데 왜 다른 나라에서는 불가능한가?"였다. 미국의 민주정치를 분석한 고전으로 평가받는다.

7 1964년에서 1967년까지 방영된 미국의 인기 TV 시트콤. 미국 대중문화의 아이콘의 하나로 평가받는다.

8 Ann Coulter(1961~) : 미국의 여류 정치평론가, 칼럼니스트, 작가. 보수적인 관점과 도발적인 논쟁으로 유명하다.

9 크로켓은 1836년 알라모 전투에서 멕시코 군에 패하여 전사했다.

10 미국이 대서양에서 태평양까지 확장되어야 한다는 정치신념. 1840년대에 잭슨을 추종하던 민주당이 오레곤 준주 확장과 텍사스 합병을 추진하기 위해 만든 정치구호였으나 1890년대에는 미국이 북미대륙을 넘어 확장되어야 한다는 논리로 확대되었다.

11 1856년 5월 23일, 브룩스는 찰스 섬너가 3일 전에 의회에서 피어스 대통령과 남부의 노예제를 비난하는 연설을 한 보복으로 자신이 집고 다니던 지팡이로 의사당에서 섬너 의원을 심하게 두들겨 팼다.

12 존 그린리프 휘티어(John Greenleaf Whittier, 1807~1892) : 시인, 퀘이커교도, 열렬한 노예제 반대론자. 19세기 미국의 국민애송시인(Fireside Poets)의 한 사람.

13 대법원 판결의 핵심은 아프리카에서 데려온 흑인은 노예이며 그 후손은 미국 시민이 될 수 없다는 것, 연방의회가 각 주의 노예제 시행을 금지할 권한이 없다는 것이었다.

14 울타리치는 일을 하는 노동자(rail-splitter)는 링컨의 애칭이기도 하다.

15 Jeff and Mutt는 1907년부터 1982년까지 인기를 누렸던 신문 일일 연재만화의 제목이자 주인공 이름. Jeff는 큰 키에 마른 체구였고 Mutt는 작은 키에 뚱

뚱한 모습이었다.

16 북미산 독사 이름. 남북전쟁 당시 남부에 동조한 북부 사람들을 칭한다.

17 주로 북부군의 퇴역군인들. 남북전쟁 종결 후 사업, 농장경영의 꿈을 갖고 남부로 몰려왔다. 그들이 들고 온 값싼 여행가방(carpetbag)에서 이름이 유래되었다. 남부 공화당 지도자들은 대부분 이들이었다.

18 남북전쟁이 진행되면서 연방군의 병력이 부족해지자 의회는 징병법을 제정하였다. 징병에 반대하는 뉴욕 시민들이 폭동을 일으켰고 당시 시모어는 뉴욕 주지사였다. 이 폭동은 남북전쟁 자체를 제외하고는 당시까지는 가장 큰 규모의 폭력사태였다.

19 Rudolf Giuliani(1944~) : 1994~2001년 동안 뉴욕 시장 역임. 뉴욕 남부지역 지방검사로 출발하여 연방검사가 됨. 시장 재임 중에 뉴욕 시의 조직범죄와 월스트리트의 금융범죄를 척결하는 데 많은 공적을 세웠고 민주당 대통령 후보로 여러 차례 거명되었다.

20 Francis Scott Key(1779~1843) : 법률가, 작가, 시인. 미국 국가의 작사자.

21 연방정부는 재건계획을 물리적으로 뒷받침하기 위해 연방군을 남부에 파견하였다. 연방군의 철수는 공화당이 지배하는 남부 주정부의 붕괴와 재건계획의 중단을 의미했다.

22 강도 남작(男爵)들(Robber Barons) : 19세기에 독과점으로 산업을 지배한 기업가와 금융가들을 일컫는 비칭. 어원은 중세 독일에서 라인 강을 운항하는 선박으로부터 과도한 통행세를 거둔 귀족영주들을 일컫던 말이다.

23 John Jacob Astor(1763~1848) : 독일계 이민. 모피상으로 시작하여 아편, 부동산으로 치부하였다. Astor 가문은 Walldorf Astoria 호텔 체인에 흔적을 남기고 있다. Walldorf는 Astor가 태어난 독일 고향동네.

24 Jay Gould(1836~1892) : 목재, 피혁, 금융업으로 치부함. 철도회사를 사들여 철도 재벌이 되었다.

25 Cyrus W. Field(1819~1892), 전신회사로 치부함. 1858년에 최초로 대서양 해저 전신 케이블 설치. 만년에는 투자 실패로 파산하였다.

26 고드름 : 냉철한 사람, 냉정한 사람.

27 Credit Mobilier of America는 Union Pacific Railroad사가 만든 철로 건설회사. 철로 부설 공사에 연방정부의 재정지원을 얻기 위해 의원들과 고위 공무원

들에게 자사의 주식을 저가로 제공하였다. 1872년에 율리시즈 그랜트의 재
선을 반대하던 *New York Sun*지가 이를 폭로하였다.

28 William Kidd(1650?~1701) : 영국의 항해가, 해적. 키드 선장으로 불렸고 교
수형당함.

29 선거일인 11월 초를 얼마 남겨두지 않은 10월에 투표에 큰 영향을 미칠 수
있는 뉴스 이벤트를 만드는 선거전략을 말한다. 투표 전에 쌍방이 상대의 지
지도를 떨어뜨리기 위해 터뜨리는 폭로전을 지칭하나 후에는 현직 대통령
이 주로 군사/외교와 관련된 큰 뉴스거리를 만드는 행위를 가리키는 말로 바
뀌었다.

30 Rough Rider(s) : 루즈벨트는 스페인 전쟁이 일어나자 해군성 차관을 사임하
고 참전한다. 그는 제1 자원 기병연대를 지휘하였는데, 신문에서 이 부대에
'거친 기병대'란 별명을 붙여주었다.

31 처형장치로서 전기의자는 1890년에 처음 사용되었다.

32 1925년 3월에 테네시 주정부는 주정부의 재정지원을 받는 교육기관에서 성
서적 창조론을 부인하고 인간의 진화를 주장하는 다윈의 학설을 가르치는
것은 금지하는 '버틀러 법'(Butler Act)을 제정한다. 같은 해 5월에 24세의
고등학교 생물교사 존 스코프스(Jonh Scopes)가 진화론을 가르치다 검찰에
의해 기소된다. 이 재판은 전국적인 관심사가 되었고, 미국 인권연합(Ameri-
can Civil Liberties Union)은 클레런스 대로우를 스코프스의 변호인으로 파
견한다. 이 재판에서 브라이언은 검찰 측 증인으로 나와 클레런스와 논쟁을
벌였다. 재판결과 스콥스는 100달러의 벌금을 내야했다. 진화론을 둘러싼
법정 논쟁은 이후 수십 년간 계속되었다. 1968년에 연방대법원은 국교를 인
정하지 않는 헌법정신에 따라 진화론을 가르치는 것은 위법이 아니라는 판
결을 내린다. 한 해 전인 1967년에 테네시 주는 버틀러 법을 폐기하였다.

33 이 교단은 삼위일체설을 부인하고 하나님만을 유일한 신격으로 인정한다.
이들은 나자렛 예수의 가르침을 따르기는 하지만 이들의 교리에 따르면 예
수는 하나님이 보낸 예언자이며, 초자연적인 존재이기는 하지만 신은 아니
다.

34 토마스 마셜은 재치 있는 말을 잘 하기로 유명한 인물이었다. 1917년 상원
에서 논쟁을 즐기는 한 상원의원이 이 나라가 필요로 하는 것들을 장황하게
열거하자 토마스 마셜이 의회직원을 내려다 보고(부통령은 헌법에 의해 상

원의장이 된다) "이 나라가 필요로 하는 것은 정말 질 좋은 5센터짜리 시가 일세"라고 빈정거렸다.

35 1920~1933 동안에 금주령을 실시하였다. 수정헌법 18조에 의해 술의 제조, 판매, 운송, 소비가 금지되었다. 미국은 20세기에 들어와 제1차 세계대전을 거치면서 급속히 산업화되었고, 산업화의 성과와 폐해가 1920년대에 집중적으로 나타났다. 노동조건의 악화와 노동운동의 확산, 농촌의 기계화와 과잉생산으로 인한 이농현상, 도시화와 소비주의, 전통적 여성지위의 변화, 자동차와 라디오의 보급 확대와 영화의 등장, 사회적 소외계층의 증가 등이 이 시대의 특징이었다. 문화예술계에서는 산업사회의 비인간화를 비판하는 운동이 일어난 반면, 도시화와 가톨릭계 이민의 증가가 미국의 전통적 가치를 파괴한다고 믿는 지방과 농촌지역의 개신교도들이 금주법의 실시를 강력하게 주장하였다. 금주법의 실시를 주장하던 사람들과 같은 이념적 지향을 가지고 인종차별주의를 주장한 단체가 KKK이다.

36 미국에서는 광란의 시대, 영국에서는 황금의 20년대, 프랑스에서는 미친 시대라고 불렀다. 재즈 음악, 플랩퍼(flapper)라 부르는 신여성의 등장, 아르 데코(Art Deco : 장식에 치중하는 예술)의 유행이 이 시대의 표상이었다. 제1차 세계대전 후의 급격한 도시화와 경제 붐이 그 바탕이었고 미국에서 시작되어 유럽으로 번져갔다. 이 시대의 정신적 특징을 한마디로 요약하자면 전통과의 단절과 현대기술을 바탕으로 한 자신감이라고 할 수 있다. 1929년 뉴욕 증시의 폭락과 함께 시작된 대공황으로 광란의 시대는 막을 내린다.

37 H. L. Mencken(1888~1956) : 저널리스트 겸 작가. 산업사회의 비인간화와 세속주의를 풍자한 여러 작품을 남겼다.

38 뉴욕 시의 맨해튼 섬과 뉴저지 주 저지 시를 연결하는 고속도로 터널. 허드슨 강바닥 아래를 뚫은 두 개의 터널 가운데 하나(다른 하나는 링컨 터널). 1920년에 착공하여 1927년에 완공되었다.

39 철도회사 이름(Pullman Company)이면서 이 회사에서 운영하던 침대칸 열차를 지칭하였다.

40 Charles Curtis(1860~1936) : 커티스의 모계는 대부분 인디언이었다. 그는 유럽계 혈통이 아닌 사람으로서 미국의 대통령이나 부통령이 된 최초이자 유일한 인물이다.

41 Hiawatha는 아메리카 원주민 인디언 다섯 부족을 연합한 '오논다가 모호크' 연맹을 탄생시킨 정치지도자. 전설에 의하면 1100년대, 1400년대, 또는 1500년대의 인물이다. 그는 '위대한 평화창조자'로부터 정치적 영감을 받았다고 한다. 헨리 워즈워스 롱펠로우가 「히아와다의 노래」라는 제목의 서사시를 썼다.

42 웬들 윌키는 '뉴딜정책'과 루즈벨트의 열렬한 지지자였으나 정부가 테네시 계곡 개발을 통해 남부의 농촌지역에 싼 값으로 전기를 공급하자 태도를 바꾸어 공화당 지지자가 되었다. 그가 최고경영자였던 전력회사 Commonwealth & Southern Company는 TVA와 직접적인 경쟁관계에 있었다.

43 Agni Yoga : 1920년대에 러시아의 신비주의자 니콜라이 레리흐 부부가 전파한 신비주의 정신운동의 경전. 주로 뉴욕 일대에 전파되었다.

44 Dixie와 Democrat의 합성어. Dixie는 넓은 의미로는 미국의 남부 여러 주를 통칭하는 말이고 좁은 의미로는 남북전쟁 때 남부동맹을 구성한 11개 주를 지칭한다. 이 당의 정식 명칭은 주권(州權)민주당(State's Right Democratic Party)이다.

45 Teflon은 주방용기에 음식이 눌어붙지 않도록 해주는 화학물질의 상품명. 비판에 아랑곳하지 않는 사람, 특히 그런 정치인을 지칭하는 말. 테프론 대통령이란 명칭은 1983년에 콜로라도 출신의 민주당 여성 하원의원 패트리샤 슈뢰더가 처음으로 리건 대통령에게 붙여준 별명이다. '이란-콘트라 사건'(미국에 비우호적인 이란과 니카라과의 반정부군에게 미국 정보기관이 정부예산으로 무기를 공급한 사건)이 폭로되고 나서도 리건 대통령의 대중적 인기가 떨어지지 않자 조지 워싱턴 대학의 국제정치학 교수 제롤드 포스터(Jerrold Post)가 대통령을 테프론 대통령이라 불러 이 별명은 본격적으로 퍼지기 시작했다.

46 제2차 세계대전 종결 후 영국을 대신하여 서구 자본주의의 맹주로 등장하게 된 미국은 전쟁 중 동맹국이었던 공산주의 소련과 대립하게 되었다. 그런데 다가 중국 대륙에서 제2차 세계대전 때부터 미국이 많은 노력을 기울여 지원해 왔던 장개석 정권이 모택동에게 패퇴하였고, 뒤이어 한국전쟁에서는 (중공이 참전한 가운데) 미국은 큰 인명손실을 내고도 이기지 못했다. 여기다가 소련이 원자탄까지 개발하자 미국은 공산주의와의 싸움에서 밀리는

원인을 찾기 위해 비난받을 희생양이 필요했다. 1947년 의회에 반미활동 조사위원회가 설치되어 내부의 공산주의자와 그 동조자를 찾는 활동이 시작되었다. 공산주의 활동에 대한 의구심의 뿌리는 1920년대의 노동운동에까지 거슬러올라갈 수 있다. 이런 일련의 반공운동을 의회에서 주도한 인물이 상원의원 매카시였다(언론에서는 그의 이름을 붙여 매카시즘이란 말을 만들어냈다). 많은 공무원, 지식인, 예술가, 영화산업 종사자가 소련의 간첩, 반미행위 등의 혐의로 조사받았고 사형당하거나 투옥되거나 추방되었다. 이른바 블랙리스트에 올라 핍박을 받은 유명인사 가운데서 우리에게도 이름이 익숙한 일부 인사를 예로 들자면 다음과 같다. 엘머 번스타인(작곡가, 지휘자), 찰리 채플린(영화배우), 아론 코플랜드(작곡가), 줄스 닷신(영화감독), 아서 밀러(극작가), 로버트 오펜하이머(물리학자, 원자탄 개발자), 라이너스 폴링(화학자, 노벨상 수장자), 폴 스위지(학자, 먼슬리 리뷰 편집자), 오손 웰스(영화배우, 감독) 등.

47 Alger Hiss(1904~1996) : UN 창설업무에 주력했던 국무성 관리. 1948년에 소련의 간첩 및 위증죄로 (하원 비미국적 행위 조사위원회에 의해)고발되었고 1950년에 유죄판결을 받았다.

48 1957년에 소련이 최초의 인공위성을 쏘아올린 때로부터 1960년 미국의 U-2 정찰기가 소련 영공에서 격추되기까지는 냉전이 최고조에 달한 시기였다. 1959년 7월에 모스크바에서 '미국 전시회'가 열렸고 미국을 대표하여 부통령이던 닉슨이 참석하였다. 이 전시회에서 미국은 시민의 풍요로운 생활을 보여주기 위해 보통 가정의 내부 모습을 전시하였다. 닉슨은 흐루시초프에게 각종 가전제품(식기세척기, 잔디깎기, 식품이 가득 찬 냉장고, 캐딜락 컨버터블, 화장품, 하이파이, 믹서, 펩시콜라, TV)을 자랑하였고, 흐루시초프는 소련은 사치품이 아니라 의미 있는 기술을 중시한다고 응수하면서 밥을 떠먹여서 넘겨주는 기계는 왜 없냐고 조롱하였다. 두 사람 사이의 말싸움은 자본주의와 공산주의의 체제우월성을 서로 자랑하는 논쟁으로 비쳤고, 이 광경은 당시 실험적인 신기술이었던 칼라 비디오테이프로 녹화되어 미국에서 방영되었다.

49 닉슨은 1만 8천 달러의 불법 선거후원금을 받았다는 공격을 받자 공인회계사를 동원하여 자신의 재정상황을 조사하게 하고 이를 TV연설을 통해 공개

하였다. 회계사의 조사결과를 보면 닉슨은 매우 검소한 생활을 하는 것으로 비쳤다. 이 연설에서 그는 코카 스파니엘 종 개 한 마리를 선물로 받은 사실이 있음을 공개하고 (그의 딸이 개의 이름을 체커라고 지었다) 이 개는 뇌물이라는 소리를 듣더라도 키우겠다고 말하였다. 이 말은 루즈벨트 대통령이 알루션 열도에 갔다가 애견 펄라를 버려두고 왔던 일을 비꼬는 의미였다. 닉슨은 연설의 말미에 청렴한 자신을 다시 부통령 후보로 지명하도록 대의원들에게 권유하는 편지를 써 보내달라고 부탁하였다. 이 연설 후에 많은 사람들이 부통령 후보 지명을 받지 못할 것이라고 관측하던 닉슨은 두 번째로 부통령 후보 지명을 받는 데 성공했다.

50 아침에 면도를 했는데 퇴근시간 무렵이면 다시 수염이 자라는 사람, 그런 얼굴. 그런 얼굴은 예의에 어긋난다고 생각했다.

51 닉슨은 자신에게 적대적인 언론 때문에 선거에서 졌다고 생각했다.

52 슈라이버의 아내는 존 F. 케네디의 여동생이다. 슈라이버는 케네디 정권 때에 '평화군단' 설립 아이디어를 냈고 초대 평화군단 총재를 맡았다. 훗날 그의 딸이 캘리포니아 주지사 아놀드 슈와츠네거의 아내가 된다.

53 배관공(plumber)은 비밀정보의 누출을 막는 일을 하는 사람을 일컫는 속어이다.

54 맨해튼 섬 북동부의 흑인 거주지역.

55 Canuck는 프랑스계 캐나다인을 낮추어 부르는 말.

56 애그뉴는 닉슨의 첫 번째와 두 번째 임기의 부통령이었다. 두 번째 임기가 시작된 1973년 초에 애그뉴는 매릴랜드 주지사와 부통령 재임 중에 저지른 금품강요, 뇌물수수, 탈세혐의로 조사를 받았고, 부통령직을 사임(1973년 10월)하는 조건으로 탈세혐의 한 가지만 인정하였다. 애그뉴는 미국 역사상 형사적 소추를 받아 사임한 유일한 부통령이다.

애그뉴가 사임하자 닉슨은 수정헌법 25조(부통령이 궐위되면 대통령이 부통령을 지명)에 따라 제럴드 포드를 부통령으로 지명하였다. 제럴드 포드는 부통령이 되기 전 25년 동안 하원의원으로 활동하고 있었다. 닉슨이 사임하자 포드가 대통령직을 승계하였다. 포드는 미국 역사상 대통령직을 승계한 5번째 부통령이고, 선거를 치르지 않고 대통령이 된 유일한 인물이다.

57 닉슨은 의회의 탄핵이 임박하자 74년 8월 9일 사임하였다.

58 'killer rabbit' : 1979년 4월 20일에 일어난 사건. 카터가 낚시하던 중 물에 빠진 토끼 한 마리가 헤엄쳐와 낚싯배에 오르려 하자 그가 노를 가지고 토끼를 몰아냈다. 워싱턴 포스트가 이 얘기를 기사로 내보냈다. 나약하고 불 운한 카터 행정부를 빗대는 표현으로 언론에서 자주 언급하는 소재가 되었다.

59 미국은 맥킨리 대통령 때인 1903년에 파나마와 조약을 맺고 운하의 건설권과 영구관리권을 갖게 되었다(미국은 운하의 방어를 위해 군대를 주둔시켰다). 1977년의 미-파나마 간의 '파나마 운하 조약'에 의하면 모든 선박의 운하통행을 보장하고 통행을 방해하려는 외부의 간섭을 차단하기 위해 방어권은 영구히 미국이 가지며 운하의 운영권은 1999년 12월 31일부터 파나마가 가지게 되었다.

60 George "The Gipper" Gipp(1895~1920) : 전설적인 아메리칸 풋볼 선수. 노트르담 대학 선수로 활약하다 병으로 죽었다. 또 한 사람의 전설적인 아메리칸 풋볼 선수이자 노트르담 대학 코치였던 뉴트 로크니의 생애를 소재로 하여 1940년에 제작된 영화("Knute Rockne : All-American")에서 로널드 레이건이 기퍼 역을 연기했다.

61 이란의 젊은 대학생 이슬람 급진주의자들이 테헤란의 미국 대사관을 점거하고 대사관 직원들을 인질로 붙잡았다. 1953년에 CIA가 팔레비 국왕의 왕정복귀 쿠데타를 지원하였다. 1979년에 팔레비가 이슬람 시민혁명으로 권좌에서 물러나고 미국으로 망명하자 과격파 학생들이 미 대사관을 점거하였다. 인질석방 교섭이 시간을 끌자 미국은 1980년 4월에 인질구출 특공작전을 폈다가 실패한다. 알제리의 중재로 미국과 이란 사이에 협상이 성사되어 인질들은 1981년 1월 19일에 (444일 만에) 풀려난다. 이날은 새로운 대통령 레이건의 취임식 날이었다. 이 사건은 미국 측에서 보면 카터가 재선에 실패한 중요한 원인이었고, 이란으로서는 성직자 아야톨라 호메이니의 권위를 강화시켜 준 계기였다.

62 기독교 신앙을 기반으로 한 정치 로비단체. 1978년에 결성되었다가 1989년에 해산했다. 주로 공화당을 지지하였다. 폴웰은 이 단체의 창립자 중의 한 사람. 이 단체가 내건 의제는 낙태의 불법화, 동성애 금지, 양성평등을 위한 헌법개정 반대, 전략무기 제한협정 반대, 전통적인 가정윤리 강화, 반가정적인 뉴스의 검열 등이었다. 수백만의 회원을 거느리고 1980년 선거에서 레이

건의 당선에 기여하였다.

63 Alfred E. Neuman : 미국의 코믹 만화 잡지 『MAD』(1952년 창간)의 마스코트 캐릭터. 당나귀귀, 빠진 앞이빨, 짝짝이 눈을 한 좀 모자라는 듯한 모습으로 유명하다.

64 Rhodes Scholarship : 영국 옥스퍼드 대학이 주는 장학금. 대학원 과정의 학자금 전액을 지원한다.

65 9월의 첫 번째 월요일. 국경일. 미국인들은 노동절을 여름이 끝나는 상징적인 날짜로 생각한다.

66 존 메이저(1943~) : 보수당 수상, 1990. 11.~1997. 5. 재임. 대처 수상의 후임이며 존 블레어의 전임.

67 G-O-D : Great Old Party, 즉 공화당.

68 의회가 폴라 존스 사건을 조사하고 있는 가운데 클린턴과 백악관 인턴 직원이던 르윈스키의 성관계가 드러났다. 르윈스키는 친구에게 클린턴과의 관계를 털어놓았고 이 친구가 사건을 폭로하였다.

69 고어는 후보수락 연설 가운데서 의료보험 확대 실시를 정책으로 내걸었다. 이 정책에 의하면 의사처방약에 대해 보험적용을 하고 처방내용은 지정된 의약품으로 제한된다.

70 아이오와 예비선거에서 3위를 한 딘은 지지자들을 격려하는 연설을 하였다. 이때 그는 심한 감기를 앓고 있어서 목이 잠겨 있었다. TV화면에는 청중들의 환호는 들리지 않고 딘의 쉰 목소리와 상기된 얼굴만 보였고, 또 딘은 연설하는 중에 소매를 걷어올리며 이를 악물었다. 이런 모습을 지켜본 시청자들은 그가 지나치게 감정적이라는 생각을 하게 되었다.

지은이 **조셉 커민스**(Joseph Cummins)

미국 역사와 전쟁을 소재로 한 논픽션을 주로 쓰는 작가로 몇 권의 논픽션과 한 권의 소설을 썼다.

옮긴이 **박종일**(朴鐘一)

고려대학교 정치외교학과 졸업

30여 년간 기업에서 일한 후 은퇴하여 지금은 번역가로 활동 중이다.

번역서로는

* John Bellamy Foster 저, 『벌거벗은 제국주의』(공역, 2008, 인간사랑)

* Jan Melissen 편저, 『신공공외교』(공역, 2008, 인간사랑)

* 범문란(范文瀾) 저, 『중국통사(中國通史)』(상/하)(2009, 인간사랑)

미국 대통령선거 이야기

초판1쇄 / 2009년 2월 28일

지은이 **조셉 커민스**
옮긴이 **박종일**
펴낸이 **여국동**
펴낸곳 **도서출판 인간사랑**
인 쇄 **백왕인쇄**
제 본 **은정제책사**

출판등록 1983. 1. 26. / 제일 3호

정가 15,000원

ISBN 978-89-7418-271-7 03340

※ 잘못된 책은 교환해 드립니다.

(411- 815) 경기도 고양시 일산구 백석동 1178-1
TEL (031)901-8144, 907-2003
FAX (031)905-5815
e-mail/igsr@yahoo.co.kr / igsr@naver.com

※ 불법복사는 지적재산을 훔치는 범죄행위입니다.